PPP

项目运作与法律实务

宗延军 张 璐 著

南京大学出版社

作者序

自2014年以来政府与社会资本合作(PPP)作为政府撬动民间资本参与基础设施和公共服务建设的重要手段,在各个行业领域展开了如火如荼的实践。笔者因为执业律师的原因为诸多PPP项目提供法律服务,项目类型涉及港区码头、生物能源利用、污水处理、场馆建设、旅游、环境卫生等。服务内容既有全流程法律事务,也有专项变更;服务对象既有实施机构,也有监管部门和社会资本方。在提供法律服务过程中,笔者意识到在现有法律法规与规范性文件的规制及指引下PPP项目运作过程中仍有很多值得关注、探讨的法律问题,这些问题与PPP项目能否顺利推进、政府和社会资本的合作关系能否维系息息相关。因此,笔者围绕PPP项目运作与法律实务撰写本书,希望通过梳理、分析与总结对PPP相关法律问题形成更深入系统的认知,以便在未来工作中为PPP项目各方提供更优质的法律服务,为PPP的发展贡献一份力量。

PPP模式发端于域外,考虑到我国幅员辽阔经济水平差距大,需要了解更多的实例,我们选择了有代表性的发达国家如英美法德与发展中国家如巴西、印度,并对其PPP运用与管理规制现状进行分析。本书第二章将视线收回国内，沿PPP模式运用和PPP监管两条线索对我国PPP的发展历程进行回溯，对PPP发展与规制现状进行可视化呈现。在宏观上对PPP模式的发展历程与运用现状充分了解的基础上，本书第三章聚焦于PPP模式的具体运用领域和实际运作模式，介绍了PPP具体应用领域与具体运作方式，并就其在实务中要关注的法律问题进行讨论。本书后半部分围绕PPP的“合作”展开。第四章探讨了社会资本的选择、SPV公司的设立、社会资本退出的相关法律问题及实务处理。政府和社会资本的合作关系最终是通过PPP合同体系内的各个合同确立并维系的，第五章就PPP项目合同体系与合同的性质、PPP合同起草需要关注的问题、PPP合同的履约监管与履约保证、PPP合同的变更以及提前终止等问题进行探讨。第六章分析了PPP项目立项、用地、移交和绩效管理等方面的法律及实务处理问题。这些也是PPP合作全过程中其他必须关注的法律问题。

在撰写本书的过程中笔者遇到了诸多困难。第一，PPP项目体量庞大参与方众多，项目周期长，笔者虽然参与过诸多PPP项目，但毕竟无法尽然覆盖19个一级行业分类或实践中多达几十种的运作模式。为此，笔者花了一定的时间与不同的行业的业主方、中介机构、SPV公司的一线工作人员进行交流，了解他们在工作中所遇到的实际问题。第二，与PPP相关的规范性文件繁多。为更全面切实地了解PPP规制管理现状，笔者用了大量的时间收集中央各部委、各地方政府及其各职能部门印发的与PPP相关的文件，并对数以千计的文件进行仔细地整理和分析。相关的分析整理也都体现在书稿中，对一些重要的文件笔者整理成表格附于本书之后。

笔者在撰写本书时遇到最大的困难是如何处理好以下几个问题。其一，笔者如何把这本书写得既对PPP项目的实务有帮助，又能对PPP项目在实施过程中所遇到的尚未解决的问题或可能的风险进行探讨？其二，我国没有PPP的专门立法，但PPP项目又受现有民商法的调整。而监管部门所制定的规范性文件更多考虑实务的需要。如何实现PPP实务、规范性文件和现有法律之间的衔接？

为了解决上述问题，笔者充分运用财政部政府和社会资本合作中心建立的全国PPP综合信息平台项目管理库，通过检索筛选增加了更多的实例内容。同时，笔者借由具体的案例来对各领域或运作模式下的PPP项目法律问题进行讨论，通过举例帮助厘清性质、说明问题。为实现理论与实务的平衡，笔者通过提炼在各个项目中所遇法律问题的共性，尽可能概括的分类论述PPP项目实务运作中的法律问题，在探讨过程中围绕实例并与规范性文件、相关法律相结合。事实上，笔者在撰写本书的时候曾经两次对书稿的内容、篇章结构进行重大调整，才最终形成本书现在的面目。但是有许多问题无法概括提炼，只能在实务中根据实际情况有针对性地进行处理。

本书是笔者数年来在PPP法律服务工作实践中的所知所感所得的总结和沉淀，对现已存在的问题无法做到深刻全面的研究。随着PPP实务日新月异的发展，本书会呈现更多的不足之外。尽管如此，笔者希望借由本书与业界、同行探讨交流并促进PPP实践的更进一步发展。

二〇二二年一月于南京

目 录

第一章 域外 PPP 模式的发展与运用现状

PPP 即 public private partnership，其起源可以回溯至 18 世纪在欧洲开始的收费公路建设计划。1992 年英国财政大臣拉蒙特提出的私人融资计划（Private Financing Initiative，PFI）成为推动政府与私营部门合作的重要模式，并在 1997 年后在英国公共基础设施建设领域得到广泛运用。自 20 世纪 70 年代起，世界各国陆续在基础设施或公共服务的大型项目上积极尝试运用 PPP 模式。至今，PPP 模式已逐渐成为世界范围内实施多主体合作的重要运作模式①。

PPP 的译法有多种②，我国官方统一采用“政府与社会资本合作”这一译法。PPP 的概念众多，不同组织、机构和领域学者从不同角度对 PPP 的概念做出差异化的具体表述，但不论是何种表述都普遍认同了 PPP 模式——公私合作、以提供公共产品或服务为目标、公私部门利益共享风险共担的显著特征③。以我国财政部规范性文件中对 PPP 模式的表述为例，PPP 模式即“政府和社会资本合作模式是在基础设施及公共服务领域建立的一种长期合作关系。通常模式是由社会资本承担设计、建设、运营、维护基础设施的大部分工作，并通过使用者付费及必要的政府付费获得合理投资回报；政府部门负责基础设施及公共服务价格和质量监管，以保证公共利益最大化。”④

PPP 模式在各国的发展和应用，由于各国在社会背景、经济背景上的不同而产生了很大的差异。发达国家和发展中国家在类似 PPP 项目的处理上也有明显的不同。本章对域外部分典型国家的 PPP 模式发展趋势与运用现状进行相应的介绍和分析。

---

① 见刘薇：《PPP 模式理论阐释及其现实例证》，载《改革》2015 年第 1 期，第 78－89 页。

② 如公私伙伴关系、公私合作伙伴模式、公私机构的伙伴合作、民间开放公共服务、公共民营合作制等。联合国发展计划署（1998）认为，PPP 是指政府、营利性企业和非营利性组织基于某个项目而形成的相互合作关系的形式；欧盟委员会（2003）则认为，PPP 是指公共部门和私人部门之间的一种合作关系，其目的是为提供传统上由公共部门提供的公共项目或服务。美国 PPP 国家委员会（2002）指出，PPP 是介于外包和私有化之间并结合了两者特点的一种公共产品提供方式，它充分利用私人资源进行设计、建设、投资、经营和维护公共基础设施，并提供相关服务以满足公共需求。

③ 同前注①。

④ 见《财政部关于推广运用政府和社会资本合作模式有关问题的通知》（财金〔2014〕76 号）。

第一节 发达国家 PPP 模式的发展与运用现状

一、英国 PFI/PPP 的发展与运用

(一) 英国 PFI/PPP 发展历程

英国在 PPP 的实践方面可谓走在世界前列，纵观英国公共服务提供方式的变化过程，至今英国已完成了一个从私营到国营再到私营的循环。英国的公共服务大多从私人供给开始。以典型的公共服务——供水为例，伦敦从 16 世纪就由私人进行供水。私人供给在前期对伦敦的发展和市民生活质量的改善上有显著优势，供水企业为争夺市场以资金投入实现供水服务的提升和居民供水线路的增加。至 19 世纪，受益于市内大范围覆盖的供水系统，伦敦已经成为"欧洲居住和健康状况最好的城市之一"①。在供水技术发展到一定程度以后，供水技术的再进步已经无法由单一或规模较小的供水企业完成，激烈的竞争中很快产生了垄断性的自然联盟，供水价格开始上升。在 19 世纪晚期，"市政社会主义"被英国政府、伦敦市政当局纳入考量内容。将私营自来水公司变成政府直接管理的公立企业，可以限制私人供水企业滥用权利随意涨价以追求更高利润的行为，能够提高供水品质，减少随意断水的发生。议会为此制定了法规供水开始逐步走向国有化。

二战之后，政府对传统上由私人资本控制基础设施和公共服务供给的模式进行了大规模的改革。艾德里政府通过了八个国有化法令，对英格兰银行、煤矿、航空、电报和无线电通信、运输、电力、煤气和钢铁等行业实现国有化。② 19 世纪末 20 世纪初，英国地方政府逐渐成了道路、学校、公共建筑、电车线路、天然气、电网和发电、自来水、医院、收容所等公共服务建设和管理的主要参与者。但此举与英国各级政府一直奉行的政府最小化观念相悖，同时大规模的国有化并没能解决英国在公共服务供给上遇到的问题，市政服务的国有化被证明很难实现效益最优。

20 世纪 70 年代末保守党政府开始采取减少公共支出，减少政府债务的"双减"财政政策，同时大刀阔斧地开展了民营化改革。80 年代初，政府大规模出售国有企业，在水、电、天然气等领域大力推进公用事业私有化改革，以缓解财政压力。不过这一改革本质上是一种私有化运动，并不是我们本书所说的 PPP。在这样一种新保守主义改革风潮之下，到了 90 年代初，英国绝大多数的使用者付费类基础

---

① 见《世界发展报告 2004》。

② 八个国有化法令指：英格兰银行法、煤炭工业国有化法、民用航空法、电报和无线电通讯业国有化法令、国内运输法、电力法、煤气法、钢铁国有化法令。

设施项目都已经完成了私有化改革。同时，对于传统的政府付费类基础设施项目，保守党政府出于引入资金和提高运营效率的目的，也在积极寻找新的模式，引导私人资本进入这些领域，其中，最重要的是教育和医疗领域，其他的领域还包括监狱、国防以及社会保障性住房等。英国政府认为：政府与社会资本合作改变完全由政府直接经营，而只在部分领域合作并向社会提供公共服务，政府部门并不是将一些公共资产出售给私人部门，而是借助私人部门的融资能力，使公共服务得到保障。

在梅杰就任首相期间，保守党政府开始推行私人融资计划(Private Finance Initiative)。英国私人融资计划是一项鼓励公共部门向私人部门购买基本公共服务或产品的政策。[①] 1992 年财政大臣诺曼·拉蒙特(Norman Lamont)宣布正式启动"私人融资计划"。[②] PFI 模式主要用于公路、水务、国防、教育、卫生等部门以及政府办公和业务用房等方面。政府利用私人部门负责融资设计、兴建公共产品和服务，政府可以在不增加资本支出的同时保证公共服务的水平和质量。通过私人融资，政府可以将本应一次性支出的大规模资金分为未来各期的支付义务从而减轻当期的财政压力。PFI 的提出使得英国政府在经济困境中仍能满足公共基本需求。2000 年之后，英国政府正式引入 PPP 模式，该模式涵盖所有私人部门参与提供公共服务或物品的情形，包括 PFI 这一情形。

自从推出以来 PFI 已经成为英国最常见的 PPP 类型，在诸如学校、医院、道路、监狱、住房、国防以及垃圾处理等领域得到了运用。但在实践过程中，PFI 制度设计逐渐暴露了其所存在的不足，也出现了违规运作的情形。在 PFI 诸多的问题中，最为人所诟病的是社会资本的超额收益问题。PFI 项目的承包商(私人部门)在项目运营期可以获得高额的收益，一定程度上是由于英国政府对项目成本的监管与控制不足。一方面，政府更加强调项目产出的服务性，即服务效果如何，因此监管的侧重点是项目提供的服务质量，而不是成本；另一方面由于无法获取项目运营成本等相关数据，导致政府无法有效实施项目管理，PFI 项目处于"弱监管"状态。再加上 PFI 模式下，缺乏政府的超额收益共享机制，这就导致了参与 PFI 项目的承包商可以获得高额的利润，因此一些英国人认为 PFI 项目"薅了政府的羊毛"。

2007 年全球金融危机的到来，使得英国国家投资政策紧缩，资本市场流动性大幅降低。种种不利外部因素导致了基础设施项目融资的长期债务成本大幅上涨，可用资金规模大幅下降，PFI 项目融资难度加大，私人部门及金融机构参与 PFI 项目的意愿都大大降低，因此 PFI 项目的数量开始大幅减少。同时，由于 PFI 项目在实施过程中呈现出来的种种问题，英国国内反对 PFI 的声音逐渐增强。

---

① Jane Broadbent, Richard Laughlin. Accounting choices: technical and political trade, ffs and the UK's private finance ini-tiative[J]. Accounting Auditing & Accountability Journal, 2002 (15).

② 见：姚驰《英国 PFI/PPP 法律制度研究及借鉴》中国政法大学，2011.

2012 年,在充分考虑社会各界反馈意见的基础上,卡梅伦政府出台了新的 PF2 模式以取代之前的 PFI 模式,以适应经济环境变化并解决 PFI 之前受到的批评。本质上来看,PF2 仍然是一种政府可用性付费类 PPP 项目,项目公司负责项目的设计、建造、融资以及运营维护工作,合同期一般为 20 至 30 年。

尽管 PF2 针对 PFI 存在的一些缺陷与问题进行了调整与完善,但 PF2 的推出并没能彻底解决 PFI 模式在政府与社会资本合作中产生的问题。2018 年 10 月 29 日,英国政府在《2018 年预算报告》[①]中宣布,不再使用 PF2 模式进行基础设施和公共服务采购。英国政府虽然明确叫停 PF2 模式,但是政府对于利用社会资本开发本国基础设施项目的方针不会动摇。英国脱欧后,政府可能会在新的财政政策确定之后,制定出新的 PPP 模式,回归到更为广义的政府与社会资本合作方式中来,不论以何种新模式开展政府与私人资本的合作,可以预见的是英国政府仍将继续致力于引入私人投资进入基础设施建设领域。2020 年 11 月,英国发布的《国家基础设施战略》[②]进一步明确了英国将通过对私人投资的支持,以及对基础设施交付方式的全面改革来实现政府改造英国基础设施网络的计划,英国政府计划投入约 1 000 亿英镑用于基础设施建设,同时成立新的国家基础设施银行拉动私人投资进入基建领域。

(二) 英国 PFI/PPP 管理机制与相关法规政策

英国 PFI 主管机构的设置以财政部为核心。由于项目所必需的财务方面专业技能要求和当中涉及的政府资金运用,财政部被认为是最适合的主管机构。英国的整个政府管理体制的构建均是通过财政部实现的。[③]

英国并没有对 PPP 项目进行专项的立法而是将其纳入英国的公共采购法律体系进行规范,形成了以公共采购法为核心、以财政部相关政策指引为补充的 PPP 法律和监管制度。英国的公共采购法分为《公共合同法》(the Public Contracts Regulations)和《公用事业合同法》(the Utilities Contracts Regulations)两个部分,前者主要适用于英国政府部门的政府采购合同,后者主要适用于水务、电力、天然气、供热、石油天然气勘探开发、煤炭及其他固体燃料及交通领域的公用事业的采购合同。英国的公共采购法律体系主要是依据欧盟采购指令进行的本土化完善。其框架内容几乎都是依照欧盟的相关规定。欧盟成立后,为构建统一的欧盟政府采购市场进行了立法,此次立法针对政府采购供给、政府采购服务和政府采购工程三个方面制定了更为严格和具体的规定并对以往的各类相关欧盟法规进行了统一和清理。现行欧盟政府采购体系主要包括欧盟条约、欧盟指令和法规体

---

① 见 Budget 2018,https://www.gov.uk/government/publications/budget-2018-documents。

② 见 National Infrastructure Strategy,https://www.gov.uk/government/publications/national-infrastructure-strategy。

③ 见:姚驰:《英国 PFI/PPP 法律制度研究与借鉴》,中国政法大学硕士学位论文,第 22 - 26 页。

系以及欧盟法院判例三个层面的规范。

英国没有针对政府采购制定专门的法律规范，尤其是判例法典型国家的客观原因，也有英国的政府采购法律已形成了相当完整成熟的规范体系的影响，适用相关的公共采购法律并结合财政部颁布的指引政策足以对 PFI/PPP 项目实践加以调整。

除了法律规范以外，英国财政部作为的主管机构也颁行了大量的指引进行政策层面的规范和引导，例如：作为政府财政基本原则的《公共财物管理》；专门针对项目的系列指引，包括：物有所值指引、实施小组指引、金融指引、财政部工作小组技术指南、一般性指南、PFI 项目的标准化合同。

这些政策一般与实务的基本原则和原理相关等，不像法律条文有详细的制度安排和规定，但仍然是英国政府采购规范体系的重要组成部分。

《公共合同法》和《公用事业合同法》的适用对象有所不同但其中的程序性规定基本相同。两部法律主要规定了政府采购的基本制度和程序，其中竞争性谈判制度专门针对 PFI/PPP 等特别复杂的合同加以设计，是英国 PFI/PPP 法律规范的一项核心内容。由于 PFI/PPP 等特别复杂的项目通常难以在采购之初即设定明确的技术标准、解决方案以及金融法律方案，因此采购机关与私人部门参与者之间存在富有弹性的商谈关系。在此制度下，竞标人先提出可行的解决方案和技术指标。政府部门通过商谈选取其认为合适的方案提供方进行最终投标并根据最终投标的结果选取最经济的竞标人。

(三) PFI/PPP 实践中暴露的问题

在 PFI/PPP 实践过程中，英国国内各方对 PFI/PF2 模式的应用产生了一定的质疑与批评，主要包括对 PFI 是否实现了物有所值的质疑以及对合同缺乏灵活性的指责。

1. 是否实现物有所值

对 PFI 项目是否确实实现了物有所值的质疑，有如下几大缘由。首先，虽然 PFI 推出已经经过了 25 年，但是英国财政部至今没有建立项目实际运营数据的收集管理体系，无法对 PFI 项目是否实现了物有所值进行评价。英国财政部一直声称目前已经推动的 PFI 项目确实实现了物有所值。不过这缺乏实际运营数据的支持，所以不具有说服力。其次，某些私人投资人从 PFI 项目交易中获得了过高的内部收益率，这表明实施机构对转移至项目公司的风险支付了过高的风险溢价。而 PFI 合同中缺乏超额收益共享的机制（尤其是二级市场交易中的溢价收益共享）。没有超额收益共享，虽然可以激励项目公司改善经营水平，但是对于公共财政来说，却未必有利于实现物有所值。再次，PFI 项目融资属于政府的表外融资，给了公共部门过度追求 PFI 项目的动机。这产生了政府基于表外融资的动机要高过物有所值的动机的质疑，这跟其声称的项目采购评价标准不符。[①]

2. 合同缺乏灵活调整机制

PFI 合同持续期限长(20 年至 30 年)，期间社会经济环境会发生明显的变化。政府的财政状况也要求合同可以根据实际的社会需求和政府资源做出灵活调整。虽然财政部在 PF2 中进行了调整，做出了提高灵活性的努力，比如改变 PF2 适用的服务范围，去除一些软性服务，但是并没有对既存的 PFI 项目提供合适的解决办法。PFI/PF2 合同由于较为复杂且合同期限较长，其对于合同期内不断变化的经济社会环境，缺乏灵活的调整机制，这可能会对地方政府财政造成严重的压力。为了解决这个问题，需要在 PFI/PF2 合同中，设置提前终止和再谈判机制，使项目合同能够根据具体的社会经济环境而做出灵活的调整。在英国的实践中，实施机构对于有些 PFI 项目采取了提前终止的方式。这种做法的前提是要保证提前终止对于公共部门的物有所值。在 2017 年曼彻斯特地区垃圾处理管理局提前终止了一个垃圾回收和管理 PFI 项目合同；2014 年 Northumbria 医疗 NHS 基金会提前终止了一个医院 PFI 项目(基础设施项目管理局认为该项目的提前终止并不能实现相对于合同继续执行的物有所值)。然而，目前财政部尚没有在这方面进行全国统一的规定。

二、法国 PPP 的发展与运用

(一) 法国 PPP 发展历程

作为大陆法系国家的代表，法国政府早有通过特许经营引入社会资本上的传统。世界银行甚至认为法国特许经营制度是一种“真正的法国模式”[②]。20 世纪以来，法国的特许经营制度发生了诸多变化，不再局限于“公共工程”，投资方也不仅仅来自私人企业，相关的政府部门加强了监督等公务因素。[③]

伙伴关系合同制在 2004 年通过法律予以确认，[④]法国政府正式引入了“政府和社会资本合作(Partenariats public-privé)”的投资模式来建设公共服务项目。特许经营制度体现了典型的大陆法系特色，伙伴关系合同制则是借鉴了普通法系经验，尤其是对英国 PFI 制度的学习，是对传统政府采购、特许经营模式的创新[⑤]。

法国地方政府倾向于采用 PPP 的模式用于基础设施的融资，比如高等教育和中小学教育的基础设施、火车站和市政大楼的建设、公共设施(道路、照明等)以及其他设施(电影院、博物馆、游泳池等)。中央政府 PPP 项目重点投资在能源和垃

---

① 原则上对于一个项目是否能够采用 PFI/PF2 模式采购，英国财政部的规定要求是必须通过物有所值评价。

② 见裴俊巍：《国外 PPP 立法特点与经验借鉴》，载《中国财政》2016 第 12 期，第 34 页。

③ 见蒋涌：《法国政府和社会资本合作模式的发展及其借鉴意义》，载《法国研究》2016 年第 1 期，第 1 页。

④ 指 2004－559 号法案，Ordonnance n° 2004－559 du 17 juin 2004 sur les contrats de partenariat。

⑤ 见裴俊巍：《国外 PPP 立法特点与经验借鉴》，载《中国财政》2016 第 12 期，第 34 页。

圾废水处理的设施上，投资金额较大。①

法国的PPP项目主要有以下几种运作方式，②在具体项目中需要根据公共市场需求、交易模式和履行方式等因素决定。

法国PPP的公私合作类型和范围

类型	介绍
特殊行业项目	这些项目合同都属于公共事业市场法管辖范围中的特殊例外条款。该类合同指的是把全部的项目交付给一个法人或者一个集团法人，它们都是在公法或私法的约束下运行，全部的项目都包含在唯一的一个合同中。
行政长期租赁	简称BEA，指地方政府为了实现公共利益或者为了向文化公益团体提供建筑物而签署的长期租赁协议。包括往返协议、双运营协议、双公共部门协议。③ 不可适用于公共交通邻域。针对公共卫生领域的特征发展出医疗长期租赁合同(BEH)模式
临时占有许可	简称AOT，指私营部门对被授权临时占用的国土资源上建设的建筑物、工程与设施享有所有权，在项目协议到期后再将所有权转移给公共部门，与BOT模式类似。
公共服务特许	简称DSP，也被称作用户支付型PPP，是法国PPP的传统形式。指公共部门以协议方式将一项属于公共部门职能的公共服务许可给私营部门经营，私营部门向用户收费获利。在DSP模式下政府方可以同时征收公共服务特许费，但饮用水、污水处理、厨余垃圾及其他废弃物处理被禁止收取特许费。被禁止用于国防、司法、惩戒机构、国家教育的项目。
公私合作合同	简称CP，法国借鉴英国PFI模式于2004年确定，指通过私人融资成立项目公司由其负责设计、建造、运营、维护公用事业，由公共部门采用延迟付款方式支付使用费，即通常所说的政府付费的长期合同。主要应用于服务需求难以预估或难以采用用户收费形式收回投资的项目。

目前CP已成为法国最主要的PPP模式。CP模式的适用有严格的程序要求，当公共部门拟采取CP模式时，需书面论证其必要性，包括项目的复杂性说明或紧急性的材料、证明采取公私合作合同更符合公共利益的调研报告等。就程序而言，CP创立的初衷之一就是简化DSP复杂的法律程序因此提高效率。但随着CP的

① 见蒋涌：《法国政府和社会资本合作模式的发展及其借鉴意义》，载《法国研究》2016年第1期，第2页。

② 见徐琳：《法国公私合作(PPP模式)法律问题研究》，在《行政法学研究》2016年第3期，第118－119页；赵超霖：《英法PPP调研：以特许经营为主的法国模式更值得中国借鉴》，载《中国战略新兴产业》2015年第24期，第86页；孙淘，魏济民：《法国PPP的立法与实践——一带一路战略下指导中国海外PPP项目》，中国政法大学出版社，2017版第46－48页；贾韶琦：《法国PPP法制状况及对我国的启示》，载《天津法学》2019年第3期，第65－66页。

③ 往返协议指：私营部门向地方公共部门支付BEA长期租金，地方公共部门则向私营部门支付建设项目租金。双运营协议指：在往返协议的基础上，公共部门可以选择授予私营部门特许经营权或自行运营仅委托私营部门负责维护。双公共部门协议指：国家公共部门需要完成某公共项目但项目用地却归地方公共部门时的BEA协议。

前期论证工作越来越复杂，使得公共部门与私营部门对于采用 CP 模式推进 PPP 项目的热情受挫。①

PPP 运作模式与适用领域一览②

运作模式	适用领域
BEA	不动产管理、司法、医疗、能源、垃圾处理
BEH	医疗
AOT	不动产管理、司法、警察
DSP	新科技、交通、能源、供水、污水处理
CP	不动产管理、司法、教育、医疗、救助、新科技、交通、能源、供水、污水处理、垃圾处理

(二) 法国 PPP 的管理机制与相关法规政策

法国的 PPP 模式具有显著的国家特征，国家在项目公司中通常持有多数股份，只有少数项目公司是完全由社会资本控制的。法国政府通过全面立法规范 PPP 项目的管理，对项目公司的成立条件、运营年限、项目验收以及运营条件等方面都有明确的规定。代表政府的公共机构还管理监督 PPP 项目。法国政府专门成立了专门机构 MAPPP。MAPPP 负责对 PPP 项目实施初步审查，同时，也为参与 PPP 项目的政府部门提供合同准备、谈判和管理的专业支持，在技术上对诸如标准合同的准备等方面提供指导，是法国政府宣传和推动 PPP 模式发展的重要机构。

而法国的 PPP 法律框架相当复杂，包括法典、法律、法令等，且法国针对 PPP 的每一类运作形式都有比较完善的法律规定。从来源上看主要来自两方面，一是欧盟法对法国法直接或者间接影响作用，二是法国立法机构和行政司法机构制定的法律法规。这种复杂的法律体系虽能较为全面的约束各方在 PPP 实践中的行为，但确实在一定程度上限制了法国 PPP 的发展，因为这种法律很难在短期内适应 PPP 的快速发展。

按照 MAPPP 的说明，法国规范现代 PPP 最重要的立法是 2004 年颁布的 2004－559 号③法律及其 2008－735 号④和 2009－243 号⑤两个修正案。上述法律主要用于规范 CP 模式，目的是填补公共当局在使用传统工程合同和用户收费特许权安排(代理公共服务)之间所面临的差距，2004－559 号法律指出 PPP 合同属于行政合同，同时明确 CP 模式根据资本的折旧率和投资的回收率来确定具体的

① 见裴俊巍，王洁:《法国 PPP 中的伙伴关系合同》，载《中国政府采购》2016 年第 6 期，第 40 页。
② 见 www.ppp.bercy.gouv.fr。
③ 见 https://www.legifrance.gouv.fr/jorf/id/JORFTEXT000000438720/。
④ 见 https://www.legifrance.gouv.fr/loda/id/JORFTEXT000019261845/。
⑤ 见 https://www.legifrance.gouv.fr/loda/id/JORFTEXT000020337349/。

运营期限，由行政主体赋予私营方一定的权限以参与到公共服务领域的具体项目之中。私营方可通过实际资金投入占有一部分或者全部的项目股份。修正案进一步扩充了 PPP 模式的合作范围，在工程和货物之外新增了服务项目。对 PPP 模式公私合作合同中合作关系、涉及领域、期限、风险、盈利模式、投资方式等作出了较为清晰的定义。[①] 也对 PPP 模式公私合作合同中公共服务与私营经营的界限，以及涉及公私法中行政法院和普通法院之间在诉讼案件管辖权方面的划分等问题作出了解释。[②] 同时对与其他法典和法规中与 PPP 相关的内容做出了修订，涉及政府组织、城市管理、税收、金融、保险、行政及行政诉讼等法律。

法国 PPP 采购则同时由欧盟法与法国国内法规范，欧盟采购法律体系已在前文说明。2015 年和 2016 年，法国颁布了政府采购最新法律 2015－899 号法令[③]和 2016－360 号法令[④]将欧盟的政府采购指令进一步融合到了法国国内法之中。对不同 PPP 运作模式规定了分别适用的采购程序。[⑤]

PPP 运作模式与适用采购程序

运作模式	采购程序
BEA	竞争性磋商、非正式投标程序
BEH	竞争性磋商、谈判程序
AOT	竞争性磋商、受限制的投标程序、谈判程序
DSP	密封投标、简易程序、谈判程序
CP	竞争性磋商、受限制的投标程序、谈判程序

三、德国 PPP 的发展与运用

（一）德国的行政民营化与 PPP 模式运用

德国的 PPP 自始就与行政民营化相重叠，PPP 概念也因此常常被作为民营化（Privatisierung）的标志。“行政任务民营化”代表了一种原本由公共机构履行的事务，开始向私人领域转移的重新分配过程。德国有关民营化的经典区分为：机构民营化、财产民营化、功能民营化和实质民营化。当中功能民营化与 PPP 关系最为密切，功能民营化意味着履行某项任务的权能和责任仍旧属于公法主体，而任务的具体实施则归于私法主体。PPP 因为涉及公共任务通过“公私合作”的方式进行，

① 见 G.-M. ROBERTI, Le contr le de la Commission des Communautés européennes sur les aides nationales: AJDA 1993, p. 397.

② 见王名扬：《法国行政法》，中国政法大学出版社 1988 年版，第 548－549 页；第 553－559 页。

③ 见 https://www.legifrance.gouv.fr/loda/id/JORFTEXT000030920376/。

④ 见 https://www.legifrance.gouv.fr/loda/id/JORFTEXT000032295952/。

⑤ 除上述法令外，MAPPP 还列示了如下规范 PPP 活动的主要法令：关于特许权合同的第 2016－86 号法令、关于特许经营合同的第 2016－65 号法令、关于公共投资评估程序的第 2013－1211 号法令等。

因此是其最重要的表现方式。德国学者甚至认为："严格区分 PPP 概念与民营化不仅相当困难，有时也并无必要。"[①]

统一后的德国因不断攀升的财政赤字迫使国家必须通过出售国家股份、国家资产等方式，来减少负债。大规模的民营化从联邦铁路和联邦邮政的改革开始，其后覆盖信贷、保险、能源、医疗、航空安全、电话、水利、工作机会提供、医院、社会和文化设施，垃圾和污水处理，环境和科技法中的动物尸体清理或是监护等各个领域，德国的民营化浪潮也因此进入顶峰。伴随时间推移，诸多民营化举措在实施后也开始暴露出行政任务"不履行"或是"不良履行"的弊端，"并非所有的民营化措施都能兑现预期目标"，"由私人履行行政任务也并非必然比公部门更好、更有效率、更经济"。在民营化遭受挫败的许多领域，公共行政部门又再次将行政任务部分或全部收回。[②]

德国的 PPP 模式于 20 世纪 80 年代开始引入公共事业领域，与诸多发展 PPP 的国家相似，德国也将 PPP 模式作为缓解政府财政压力和提高公共项目效率的手段。

德国 PPP 项目数据库[③]显示，截至 2021 年 9 月有 PPP 项目 239 个，其中已签约项目 204 个，正招标项目 35 个。项目覆盖德国全境 16 个联邦州，各州 PPP 运用热度有明显区别，北莱茵-威斯特法伦州有 PPP 项目 73 个，而柏林、汉堡、不莱梅州等州仅有数个项目。项目领域涉及教育、健康、司法、文体设施、交通、国防、行政及其他，其中教育领域项目数量最多。现有项目合作期限在 15 至 30 年之间，普遍以福费廷模式[④]进行融资。

德国 PPP 的主要运作方式有：购买者模式（Erwerbermodell）、FM 租赁模式（FM leasingmodell）、租赁模式（Mietmodell）、所有者模式（Inhabermodell）、特许经营模式（Konzessionsmodell）以及公司模式（Gesellschaftsmodell）。[⑤]

在购买者模式中，由私人承包商对位于私人所有土地上由公共部门使用的项目的规划、建设、融资和运营负责。在合同到期后，项目用地及建筑物的所有权都转让给政府方，政府方定期向承包商支付费用。这一费用在合同订立时就已确定，包括规划、建设、运营、融资的成本，收购土地及建筑物所有权的费用，可能为商业利润而收取的附加费以及风险转移的对价。

所有者模式与购买者模式基本相同，但在所有者模式下项目涉及的用地为政

---

① 见赵宏：《德国公私合作的制度发展与经验启示＊》，载《行政法学研究》2017 年第 6 期第 10 页。

② 见赵宏：《德国行政民营化的制度发展与学理演进》，载《国家检察官学院学报》2016 年第 5 期，第 105 页。

③ 见德国 PPP 中心 PD 官网，https://www.ppp-projektdatenbank.de/index.php? id=9。

④ 福费廷模式指提前获得贷款的融资形式，相较于其他融资模式福费廷模式最大的特点在于没有追索权。

⑤ 见德国 PPP 中心 PD 官网关于 PPP 模型的介绍，https://www.ppp-projektdatenbank.de/fileadmin/user_upload/Downloads/OEPP-Vertragsmodelle.pdf。

府方所有。政府方在项目开始时就已成为建筑物的所有者。定期向承包商支付的费用在订立合同时确定，包括规划、建设、融资运营的成本、可能的商业利润附加费以及风险转移的对价。

FM 租赁模式由私人承包商负责物业的规划、建设、融资和运营。但与购买者模式截然不同的是，在合同到期后私人承包人没有转让建筑物所有权的义务。相反，承包商可以选择归还财产或者以预定的剩余价值接管财产。除了购买选择权之外，还可以选择租赁延期或签署清算协议。承包商定期支付与赎回购买选择权价格一样的使用费，这一费用在合同订立时确定，包括规划、建设、融资成本以及运营设施的部分摊销费用。

租赁模式与 FM 模式十分相似，但在租赁模式下并没有预先确定购买价格的购买选择权，最多可按合同期满时以市场价格确定的建筑物价值进行购买。客户按合同订立时约定的金额定期向承包商付费，费用有转让使用的租金和运营设施的报酬组成。

特许经营模式下私人承包商承诺为公共部门规划并建造建筑物，取得服务特许权向用户提供服务并直接向用户收费，如入场费、隧道通行费、停车费等。

公司模式则是由公共部门和私人合作伙伴成立合资公司，由合资公司负责项目的建造和运营。

（二）德国 PPP 管理机制与相关法规政策

德国 PPP 项目可分为联邦级项目、州级项目、市政级项目和其他级项目，各级政府根据行政权力负责各级 PPP 项目的管理。德国联邦级 PPP 项目主要由财政部和 PPP 中心 PD(Partnerschaft Deutschland)负责。财政部负责联邦级 PPP 项目的协调和政策制定以及联邦州之间的协调规划。PD 则负责 PPP 的咨询和信息服务，其目标是为 PPP 项目提供关于合同准备、招标、谈判等环节的建议。此外，德国联邦运输建设和城市发展部(BMVBS)、德国交通基础设施融资公司(VIFG)、联邦公私合作关系协会(BPPP)也是专门的 PPP 机构。

BMVBS 要负责区域规划、道路交通、城市建设、房屋建设和施工管理等。具体而言，BMVBS 评估竞标项目方案，并将最优项目方案提交联邦议会。VIGF 是由公共机构(联邦政府、联邦州和市)和私人机构共同持股，于 2008 年 11 月在联邦财政部和 BMVBS 的指导下成立。在 BMVBS 的授权下，德国交通基础设施融资公司(VIFG)主要负责道路等相关的融资。VIFG 会对交通基础设施建设项目进行风险性和可行性分析并决定贷款利率。此外，VIFG 借助社会融资减轻了政府的财政负担。PD 的目的是增加 PPP 项目，并且解决合同双方在 PPP 项目执行过程中的问题。PD 的核心业务是为公共部门提供咨询服务，并为合作者(私人承包商)提供相关服务，其资金来源于使用者支付的咨询费用。联邦公私合营协会(BPPP)。BPPP 成立于 2003 年，BPPP 不会参与某项 PPP 项目的实际管理和运营，BPPP 的主要任务是为 PPP 项目的实施提供交流平台。具体而言，BPPP 向有意愿按PPP模式实施项目的公共部门和有项目的私人承包商提供了协商交流的机会。其成立目的是发展和普及PPP的概念。[①]

德国至今都没有“专门的PPP法案”。现有的相关立法还处在对PPP所涉及的现有规范进行调整和再造的阶段，与PPP相关的法案主要有1994《远程公路建设私人融资法》和《公私合作促进法》。后者尽管没有提出公私合作的基础性规范，但该部法律仍被作为德国在这一领域的“基本法”。其基本内容包括：(1) 竞争性谈判的纳入。(2) 项目规划者参与公私合作项目招标。(3) 针对私人经营者的税收优惠和税收免除。(4) 风险分配。(5) 混合性采购合同的性质认定。

《PPP加速法案》的基本框架和思想主要都是受欧盟政府采购指令的影响，在欧盟法律体系下有专项的欧盟采购法律来规制欧盟的采购项目，很多欧洲国家也都是将欧盟有关的政府采购指令转化为国内采购法进行适用。德国政府针对PPP项目的特点将欧盟政府采购指令转化为《PPP加速法案》。加速法案的颁布还带动了德国国内的预算法、税收法、投资法等相关法律的修改，并且还引导了大量相关政策出台，为PPP项目模式在德国的发展提供了强有力的法律保障。加速法案对政府采购服务、政府采购供给及政府采购工程这三大项目类型进行了严格的规定，针对不同类型的PPP项目，在采购的适用条件、采购方式的选择、采购流程的具体规定以及法律责任方面都进行了不同的规定。

2009年德国联邦政府发布的《公私合作简化法》草案。该法延续了《公私合作促进法》仅是对现行法进行了相应的修改，内容更为概略。其核心规范只是在《联邦预算法》中增加“私人部门应该被委托执行任务，只要它能同样或更好地在公共任务履行中或是公共目的的经济活动中提供公共服务”以及在“去国家化”后增加“公私合作制”的表述。

欧盟成员国在区域经济和社会发展上存在客观差距，为弥合成员国间的差异必然要求政府加大对基础设施和公共服务领域投资。欧盟真正意义上的PPP探索开始于2003年发布的《统一市场战略(2003—2006)》[②]。2005年欧盟委员会发布了PPP绿皮书提出以PPP模式进行公共服务采购的绿皮书计划，并于2008年建立了解决PPP上诉和纠纷的专门机构——PPP管理委员会来协调与裁定各成员国之间关于PPP项目的纠纷。自全球金融危机和欧洲债务危机冲击以后，欧盟国家对于PPP的态度更为积极，继英国之后，PPP项目在欧盟各成员国持续增加。欧盟投资银行在20世纪90年代初到21世纪20年代末陆续为包括英国、法国、德国、西班牙、爱尔兰等在内的20个欧洲国家[③]的219个PPP项目提供投资，投资金

① 见周小梅，黄鑫：《德国公私合作(PPP)模式运营体系及经验借鉴》，载《经济界》2020年第3期，第10-11页。

② 见Internal Market Strategy(2003—2006)。

③ 这些国家包括欧盟成员国：奥地利、比利时、克罗地亚、丹麦、芬兰、法国、德国、希腊、匈牙利、爱尔兰、意大利、荷兰、波兰、葡萄牙、斯洛伐克、西班牙、瑞典；前欧盟成员国：英国，以及非成员国：土耳其、挪威。

额达到 469.87 亿欧元。这些国家大多为欧盟成员国，英国在提出脱欧以前获得了高达 126.45 亿欧元的投资。①

四、美国 PPP 的发展与运用现状

(一) 美国 PPP 发展历程

自 20 世纪 80 年代以来，借鉴五眼联盟发展 PPP 的成功经验，美国开始更多地利用私人部门资源，加快公共产品和服务的供给速度，PPP 在美利坚得以快速发展。如 1998 年弗吉尼亚州采用私营公司设计并建成的监狱。2004 年，弗吉尼亚州通过了《公私教育法案》，允许运用 PPP 模式建设幼儿园至高中阶段的学校。之后，该州通过法律将 PPP 模式扩大到供水、停车场、大学宿舍和医院等领域。其余的州也参照弗吉尼亚州的做法，将 PPP 的立法范围涵盖住房、水、交通等领域。

2008 年爆发金融危机后，为了刺激美国经济恢复和发展，美国各级政府将注意力集中到基础设施投资上。2009 年实施了《美国复兴和再投资法案》鼓励私营资本进入公路和桥梁的投资。奥巴马政府在 2014 年 7 月提出的《建设美国投资提案》旨在促进联邦和地方政府与私营部门合作以增加基础设施投资并扩大 PPP 市场。②

美国 PPP 理事会目前认可 18 种 PPP 模式，分为“绿地”(greenfield)项目与“棕地”(brownfield)项目两种类型。绿地项目涉及新建基础设施，而宗地项目则是对现有基础设施的修缮、翻新和运营。

类型	模式
绿地项目	设计-建设(DB)
	设计-建设-维护(DBM)
	设计-建设-运营(DBO)
	设计-建设-运营-维护(DBOM)
	设计-建设-融资-运营-维护(DBFOM)
	设计-建设-融资-运营-维护-转让(DBFOMT)
	建设-运营-转让(BOT)
	建设-拥有-运营(BOO)
	开发商融资

① 见 PPPs financed by the European Investtment Bank, https://www.economie.gouv.fr/files/files/directions_services/fininfra/TdB/epec_ppps_financed_by_eib_since_1990_en.pdf。

② 见傅宏宇:《美国 PPP 法律问题研究——对赴美投资的影响以及我国的立法借鉴》,载《财政研究》2015 年第 12 期,第 95 - 96 页。

（续表）

类型	模式
	租赁购买
	出售/回租
	免税租赁
	交钥匙
棕地项目	运营和维护(OM)
	运营、维护和管理(OM)
	购买-建设-运营
	增强使用租赁
	租赁-开发-运营

（二）美国PPP监管机制与相关法规政策

美国作为联邦制国家，各个州和地方政府具有较大的自治权。各州及地方政府会根据自己的特点和需求采取不同的PPP模式。没有一个全国性统一PPP政府机构，但以下一些非政府组织和机构正在积极推动美国PPP的发展。①

美国PPP理事会是1985年成立的非营利、非党派组织，为其会员提供有关PPP的咨询和培训，宣传和推动联邦、州和地方各级的公私合营，提高政府和企业实施PPP的实效市长商业理事会是美国市长联合会的核心部分。市长商业理事会的主要目标是改善城市的商业环境。该机构通过“最佳案例中心”宣传PPP，市长和企业领导人认为推进有创造性的PPP模式将会推动美国21世纪的城市发展。

在法规监管方面，美国联邦法律为各州实施PPP提供基本指导，而具体细节以及是否准许采用PPP模式由各州自行立法。

从州层面来看，通常需要通过立法以赋予公共部门与私营部门合作的法律权力。1989年加利福尼亚州通过了第一个针对交通项目的公私合营法令，1995年弗吉尼亚州通过了内容丰富的《公私交通运输伙伴关系法案》。2010年以来，康涅狄格州、俄亥俄州、马里兰州、宾夕法尼亚州和哥伦比亚区等都通过了PPP立法。截至2016年4月有37个州和哥伦比亚区已经实现了PPP立法，即接近75%的州通过法律准许在某个项目或某类项目上采用PPP模式。美国在州PPP立法方面主要确立了以下的一些做法：(1) 确定政府的责任重点；(2) 赋予州的一个行政部门(如州长办公室)一定的权力；(3) 为顾问专家配备人员和资金支持；(4) 对于支持PPP的人或事予以鼓励；(5) 详细规定招标流程；(6) 明确要求政府在购买土

① 见林俊：《美国PPP发展经验及启示》，载《财会月刊》2017第10期，第76-77页。

地、环境达标方面承担责任；(7) 明确规定如何确保州政府获得所需的资金。[①]

五、加拿大 PPP 的发展与运用现状

(一) 加拿大 PPP 发展历程

加拿大 PPP 的产生与发展：一是探索阶段(1980 年至 1990 年)，前期项目主要集中在桥梁、机场、公路等行业，后期开始开发中小学医院、水处理、卫生防疫等项目。这些项目没有统一的规划，各自为政。二是发展阶段(2000 年至 2005 年)，不仅项目数量增加，而且行业更加广泛，开始出现省级的规划和一些公私合作的专业机构，主要采用建设—融资，设计—建设—融资—运营、设计—建设—融资—管理三种模式。三是成熟阶段(2006 年以后)，经济基础设施和社会基础设施的 PPP 项目在全国普遍开展起来。加拿大设立了一个总额为 12 亿美元的“加拿大 P3 基金”(P3 Canada Fund)，为 PPP 项目提供不超过投资额 25%的资金支持。任何层级的地方政府都可以申请该基金，截至 2013 年一季度末，该基金已为加拿大 15 个 PPP 项目提供基金支持近 8 亿美元，撬动市场投资超过 33 亿美元。[②]

加拿大 PPP 各领域项目数量及投资额一览[③]

项目领域	住宅	能源	健康	司法	运输	教育	行政服务	信息技术	休闲文化	水及废水处理
项目数量	10	11	102	23	83	15	6	5	15	21
投资金额(亿美元)	40.8	260.9	300.0	66.8	642.3	31.5	10.3	7.7	14.2	20.2

加拿大 PPP 官网的项目数据显示，目前加拿大 PPP 项目共 291 项，投资规模约达 1 394.8 亿美元，以省级项目为主。涉及住宅、能源、健康、司法、运输、教育、行政服务、信息技术、休闲与文化、水及废水处理等领域。项目主要以设计-建设-融资-维护、设计-建设-融资-维护-运营、设计-建设-融资等方式展开。

加拿大各模式 PPP 项目一览[④]

项目模式	BF	BFM	DBF	DBFM	DBFO	DBFMO	其他
项目数量	39	20	42	93	16	73	8

公共基础设施公私合作规模的选择范围从设计建设到完全私有化，在范围内，公私伙伴关系可以根据公共和私营部门的参与程度和风险分配进行排序，私人部

① 见王天义，韩志峰，李艳丽：《美国 PPP 之发展及对中国之启示》，载《重庆社会科学》2016 第 10 期。

② CCPPP, Building Canada's Future: Canadian's Attitudes to Public Private Partnerships 2004 - 2010. 2011.

③ 数据来自加拿大 PPP 官网，见 http://www.p3spectrum.ca/project/。

④ 数据来自加拿大 PPP 官网，见 http://www.p3spectrum.ca/project/。

门参与项目的程度以及相应风险水平从低到高依次是：设计建设、委托运营、建设融资、设计-建设-融资-维护、设计-建设-融资-维护-运营、特许经营、完全私有化。

加拿大 PPP 项目主要模式[1]

类型	定义
单纯资金支持（Finance Only）	指一家私营性实体或企业，通常是金融服务公司，向项目直接或通过多种不同方式（如长期租赁或发行债券）提供资金支持。
委托运营合同（O&M）	指一家私营企业，根据与公共部门签订的合同，在合同约定时间内运营公共资产，常见于水/废水处理厂等资产。在该模式下，由私营企业所运营的资产所有权仍属于公共部门，私人部门企业只负责资产运营和管理。
建设融资（Build-Finance）	私人部门仅在项目建设期间负责项目建设及资本支出投资。
设计-建设-融资-维护（Design-Build-Finance-Maintain，DBFM）	指在长期协议框架下，私人部门负责项目设计、建造、投资，并提供项目硬件设施管理或维护服务。
设计-建设-融资-维护-运营（Design-Build-Finance-Maintain-Operate，DBFMO）	指在长期协议框架下，私人部门负责项目设计、建造、投资，并提供项目硬件和（或）软件设施管理、维护、运营服务。
建造-所有-运营（Build-Own-Operate，BOO）	指私人部门永久性地负责公共项目或公共服务的投资、建造、所有和运营事宜。该方式中公共部门对私人部门的约束需通过初始协议及项目运行过程中的监管实现。
特许经营（Concession）	指私人部门在一段特定时期内享有公共项目或公共设施的投资和运营特权，在该特定时期结束后，公共设施的所有权转回公共部门。

（二）加拿大 PPP 监管机制与相关法规政策

加拿大联邦与联邦以下政府分别享有相对独立的立法权，分别对各自权限范围内的 PPP 事宜进行立法，已出台相关法律政策对 PPP 进行规范。[2] 加拿大联邦政府对 PPP 规范主要在《加拿大战略性基础设施基金法》内。根据该法案，加拿大 PPP 模式能够适用于以公共利益为目标的“战略性基础设施”。包括六类：高速公路或铁路基础设施、地方交通运输基础设施、旅游或城镇发展基础设施、污水处理基础设施、水利基础设施、法律规定的其他基础设施。

---

① 见加拿大 PPP 官网对模式的介绍，http://www.pppcouncil.ca/resources/about-ppp/models.html。

② 见杨雅琴：《我国政府间事权与支出责任划分再思考——基于对加拿大财政联邦主义制度安排的分析》，载《地方财政研究》2015 年第 5 期，第 34－39 页。

加拿大 PPP 部分法律政策一览表

类别		名称
法案	联邦	加拿大战略基础设施资金法案
	不列颠哥伦比亚	交通投资法
		交通投资法修正案
		健康部门合作协议法案
		固定资产管理框架
	安大略	高速公路 407 法案
		基础设施项目公司法
	魁北克	魁北克基础设施法
		交通基础设施合作法
政策		渥太华 PPP 政策
		圣阿尔伯特 PPP 政策
		埃德蒙顿 PPP 政策
		卡尔加里 PPP 政策
		亚伯达 PPP 框架与指南

加拿大对 PPP 项目的推行有着完善的法律体系，从联邦政府到地方各级政府各自拥有自己的法律及项目采购的管理政策。加拿大联邦政府与省、地方政府还就 PPP 项目的责任比例进行有效的谈判和分配，形成了各级政府之间相互独立又分工合作的模式。在项目的采购机构上各级政府部门都成立了自己权责合一的专项采购机构。2008 年加拿大联邦级的 PPP 单位即 PPP 中心成立，该机构是加拿大财政部全权管辖的下属采购机构，而在魁北克等省份当地的政府部门则成立了自己的专项采购机构。PPP 中心作为加拿大全国 PPP 项目的总领机构不但要对各级政府部门实行的 PPP 项目进行可行性分析而且在有些 PPP 项目中还要亲自执行采购，对地方各级的 PPP 项目采购进行指导培训和监督管理，保证地方 PPP 项目采购有序地进行。地方的 PPP 项目采购机构则执行具体的项目采购，并且地方的 PPP 采购机构会邀请私人部口来监测 PPP 项目的运行，扩大了项目采购的监管主体，保证了采购程序的公平公正。加拿大政府成立的权责合一的专项采购机构不但提高了 PPP 项目的采购效益而且也有利于政府部门在 PPP 项目中实现管理与执行相分离。

第二节　发展中国家 PPP 模式的发展与运用现状

一、印度 PPP 模式的发展与运用现状

(一) 印度 PPP 发展历程

由于历史原因，印度的法律文化与体系深受英国的影响，它较早吸收了 PPP 发源地——英国的先进经验，成为最早引进和发展 PPP 模式的亚洲国家之一。印度 PPP 的发展，可以追溯到英国殖民统治时期英政府推动下的对印度铁路的私人投资。在 1947 年印度独立以前，印度 65%的发电是由私营公司完成的。独立后，国有化浪潮席卷全国，私营部门在提供基础设施方面的作用很快就被边缘化。在大多数情况下，私营企业仅限于作为承包商，只有在一些情况下才能作为基础设施与公共服务的提供者。1991 年经济改革，印度政府出台了政策文件允许私营部门作为独立发电商参与电力行业，由此拉开了 PPP 的序幕。总体来讲，印度 PPP 发展历程主要分为三个阶段。第一阶段为 1991—2006 年。该阶段存在比较分散的 PPP 项目，印度中央政府和邦政府都有参与，范围主要集中在道路和桥梁部门，并开始有初步的法律和政策规定。1997 年 1 月 30 日，印度成立了基础设施发展融资公司(IDFC)，PPP 的发展迎来重大转变。该公司的设立是政府为利用私营部门专门知识、资本和管理技能促进基础设施发展而采取的强力措施。同时，政府在各个领域颁布了许多其他立法，为 PPP 的发展创造了有利条件。如：1995 年修订的《印度国家公路管理局法》、2003 年的《电力法》以及 2005 年的《经济特区法》。第二阶段为 2006—2011 年，印度政府建立了 PPP 部门，简化了 PPP 项目流程，通过政策和合同约束等措施保障项目执行的一贯性。在这一阶段，印度 PPP 项目数量从 2009 年 11 月的 450 个增加到 2011 年 7 月的 758 个。截至 2011 年，印度在能源、公路、铁路、港口、机场、城市基础设施和旅游等行业共实施了 300 个 PPP 项目，投资额达 13 587.6 亿卢比。[①] 除此之外，在教育、卫生、通信等行业也有大量 PPP 项目。第三阶段为 2011 年之后，印度出现众多的 PPP 项目参与者，政府完善了 PPP 政策框架和指南，发布了 PPP 工具并优化了选择私人伙伴方的程序，有利的政策改革和创新性的 PPP 结构促使 PPP 模式被广泛地接受。[②]

截至 2019 年 12 月，印度 PPP 中心记录项目 1 824 个，项目总投入达 249 554

---

① Jain Neha, Public Private Partnership in India. ZENITH International Journal of Business Economics & Management Research. Volume 5, 2015.

② 见黄正华，郑伊：《印度 PPP 发展概述——基于第二届亚洲 PPP 治理论坛暨第三届公共采购国际论坛会议综述》，载《中国政府采购》2017 年第 2 期，第 54 - 61 页。

亿卢比。[①] 项目涉及常见的项目运作模式包括设计-建设-融资-运营(DBFO)及衍生模式、委托运营(O&M)、建设-运营-移交(BOT)及衍生模式、改建-运营-移交(ROT)、特许权(Concession)或特许经营(Franchise)、租赁或承租(Lease or affermage)以及私人融资计划(PFI)。

(二) 印度PPP管理机制与法规政策

在PPP监管理机制上印度在吸取英国经验的基础上,确立了适应本国国情的机构设置。为了简化中央一级PPP项目的评估机制和准则,印度内阁经济事务委员会在2005年10月27日的会议上通过了有关PPP项目的审批程序。根据本次会议,设立了PPP评估委员会(PPPAC),人员共5名,由经济事务部、规划委员会、法律事务部等各部委秘书组成,对PPP项目的发起进行初步审核。2006年设立了财政部经济事务司公私伙伴关系小组(DEA PPP UNIT)作为PPP评估委员会的秘书处。其是财政部经济事务司的内设机构,也是印度公私伙伴关系的中央协调机构。PPP小组负责审核经PPP评估委员会批准的中央部门公私伙伴关系项目,负责与PPP项目相关的包括政策、计划、方案、示范特许权协议和能力建设在内的事项,以及与PPP项目审批、基础设施PPP项目财政资助计划(VGF计划)和印度基础设施项目发展基金(IIPDF)有关的事项和提案。2015年为改善政府机构服务能力,创设更为优化的PPP管理框架,印度政府组建了一个以前印度政府财政秘书Vijay Kelkar为首的委员会,并于2015年11月15日发布了《重提和振兴公私合作模式(PPP)模式委员会》的报告(简称《Kelkar委员会报告》)。《Kelkar委员会报告》从一定程度上概括了印度PPP的发展情况以及未来完善路径,为印度PPP的发展设定了新的目标,包括:(1) 鼓励私人部门扩大投资;(2) 识别PPP重点要素,包括全球最优实践;(3) 重新审核和定位PPP模式。从上述报告可以看出,印度政府PPP体系发展将依旧着重于政府及相关机构PPP能力建设,完善相关的法律制度,并对实践过程中的风险配置、绩效评估以及纠纷解决等问题予以进一步的明确,使PPP项目在全生命周期的各个阶段都得到有效管理,促进了印度PPP模式的成熟。[②]

印度为联邦制国家,PPP的相关立法,呈现出分散化的特点。即使有中央层次的立法,也都主要规定在相互独立的各个基础设施领域的行业立法中,如《电力法》《港口法》等,缺乏统一的专门的PPP立法。印度各邦如古吉拉特邦、卡纳塔克邦、安得拉邦等都具有各自PPP法规和配套政策,这些政策并不只是对中央政府法律的解释和补充,更多是对PPP模式适用的初始立法。上述立法现状也导致印度PPP的发展出现以下问题:一是由于缺乏国家层面的PPP法规,印度PPP的发

① 印度PPP中心列示的《所有PPP项目清单》以项目投资大于五千万卢比、且于2011年4月1日处于准备阶段或建设阶段或运营维护阶段为筛选条件,收录截至2019年12月满足要求的项目数据。

② 见童雄:《印度PPP模式运行现状及启示》,载《合作经济与科技》2019第16期,第65页。

展在一定程度上存在信息不畅和地区发展不平衡的问题。二是PPP监管框架并不完善。由于各邦自主权较大，法律法规及监管政策在各地区之间存在较大差异，PPP发展前景不明，导致监管效果受到损害。

为了克服分散化立法带来的适用困难，统一和优化PPP项目操作，印度中央政府通过颁发系列指导文件和PPP工具书等方式，以指导政府、职能部门、联邦的各个事业单位、国有企业和社会资本方的PPP项目合作。印度政府发布了《制定、评估和批准公私伙伴关系项目的准则》(2006年)、《政府采购PPP特别程序指引》2007年、《国家PPP政策(草案)》、标准化的招标文件以及一系列评估和批准PPP项目的有关通知和命令。各部委还制定了特许权示范协议、合同谈判框架，如《粮食储粮公私合作示范特许协议》《主要港口私营部门项目示范特许权协定》《PPP项目合同再谈判框架》等，以便利于合同谈判与执行。通过颁布指导性文件，印度中央政府能够灵活的指导各邦创设最佳的实践方式，避免了法律的强制适用给各邦法律体系带来的过分干涉。

二、巴西PPI模式的发展与运用现状

(一) 巴西PPI的发展历程

巴西"投资伙伴计划"(Investment Partnerships Program)简称PPI，于2016年由13334号法令创立[①]，旨在通过签署伙伴关系协议以及其他私有化措施加强政府与私营部门在公共基础设施领域的伙伴关系，由政府向国内与海外投资者公开招标、拍卖，出让特许经营权、建立公私合营模式、实施私有化举措，积极推动基础设施建设。

巴西PPI的主要目标在于扩大投资和就业机会，刺激技术和工业发展，与国家的社会和经济发展目标相协调；确保公共基础设施的扩展和质量，以及适合用户的资费；在伙伴关系和提供服务方面促进公平竞争；确保合同的法律稳定性和安全性，并保证对商业和投资的干预最少；加强国家的监管作用和国家监管实体的自主权。巴西政府承诺一旦投资者获得了加入投资合作伙伴计划的资格，这些项目将被视为国家优先事项，相关机构和实体必须采取行动，以高效和经济的方式进行项目的建设和执行。

巴西为保证投资方的健康竞争理念以及政府方行为的透明度与可预见性，坚持在十大原则的指导下开展PPI。[②] 原则要求巴西PPI项目只有经过严谨评估确定项目的稳健性、一致性才能够投入市场，以确保为社会和投资者带来积极成果。同时PPI重点关注能够提高公共服务水平和涉及生产部门的项目，推动PPI的同

---

① See *LAW No. 13334 OF SEPTEMBER 13, 2016*, https://www.ppi.gov.br/html/objects/_downloadblob.php?cod_blob=3244。

② 见巴西PPI官网：The 10 Guidelines，https://www.ppi.gov.br/the-10-guidelines1。

时关注项目对环境的影响。[①] 为了保证更多社会资本以及国外资本能够参与到巴西 PPI 项目中，巴西 PPI 项目的所有招标公告都以葡萄牙语和英语双语发布，并且招标公告与开标之间的最短周期为 100 天，以保证社会资本有充足的时间对项目进行调研和进行必要的准备。

目前巴西共有 PPI 项目 216 个，其中已完成招标签约项目 36 个，在建项目 172 个，合同期延长项目 8 个，主要以特许权和租赁模式展开，也包括少量的私有化措施。从项目领域来看巴西 PPI 涵盖机场、港口、铁路、城市交通、高速公路、渔港码头、发电、输电、水利、矿业、油气、森林、国家公园等。项目合作期限从 10 年至 35 年不等，部分项目限制了合同到期后的延长。[②] 巴西计划在 2022 年推动 60 个新的 PPI 项目落地，主要是机场、高速公路等基建项目。[③] 巴西作为典型的发展中国家，与积极运用 PPP 的各国类似，均借助 PPI 推动国内基础设施建设，而较有特点的是巴西以 PPI 的方式运营彩票项目，目前已有两种彩票以 PPI 方式运营，在 2022 年 PPI 计划中亦有一项拟开展的彩票项目。

（二）巴西 PPI 管理机制与相关法规政策

13334 号法令在联邦政府中创建了两个新的机构：PPI 理事会和 PPI 特别秘书处。理事会由巴西总统以及包括经济、行政、建设、矿场与能源、环境保护、区域发展等部门的部门长官、政府秘书处处长以及巴西发展银行、联邦储蓄银行和巴西银行的行长组成。[④] PPI 理事会是对潜在项目进行是否具备加入 PPI 的资格进行评估并向进行项目推荐的合议机构，负责审议各部委关于将项目纳入 PPI 以及通过合作伙伴关系制定联邦长期投资政策的建议。理事会还决定与执行伙伴关系和去土地化合同有关的问题，协调、监测、评估和监督 PPI 项目并支持 PPI 项目执行部门的行动。

PPI 特别秘书处由经济学、法学以及 PPI 涉及领域专业的数十名专家组成。[⑤] 秘书处的职责包括接收各部委的提议并组织会议，就 PPI 相关事项向总统提出建议，提出规范 PPI 发展的措施与指导方针，同时负责宣传 PPI 项目并与项目投资者以及包括州、市政府机构在内的其他利益相关者保持联络。秘书处对经济部负责，支持各部委和监管机构执行计划 PPI 项目的必要活动。

一个 PPI 项目的诞生需要各机构的参与：首先由各部委负责提出供理事会审议是否纳入 PPI 的具体建议，PPI 秘书处负责接收各部委提出的 PPI 计划建议并安排会议议程，在递交总统审议之前，PPI 理事会负责审议各部委将项目纳入 PPI

---

① 这一点体现在任何 PPI 项目取得特许的前提是已获得环境可行性证明。

② 见 https://www.ppi.gov.br/projects#/s/Extension/u//e//m//r/。

③ 见 *Brazilian Investments Partnerships Program—PPI Presentation*，https://www.ppi.gov.br/html/objects/_downloadblob.php?cod_blob=8874。

④ 见 https://www.ppi.gov.br/the-council。

⑤ 见 https://www.ppi.gov.br/executive-secretariat-team。

以及通过 PPI 指定联邦长期投资政策的具体建议。而具体项目中提案评估负责人以及监管机构的总干事可能受邀参加理事会会议。对审议通过的项目由各部委在 PPI 秘书处的支持下进行具体项目的招标并监督项目的执行。

巴西对 PPI 的规范体系由与 PPI 相关的公共采购、特许权、私有化等法案，以及针对 PPI 各特定领域发布的法令构成。

发布时间	法案/法令	主要内容
1993 年 6 月	第 8666 号联邦法案	公共采购一般立法
1995 年 2 月	第 8987 号联邦法案	公共服务特许权立法
1995 年 7 月	第 9074 号联邦法案	制定特许权的授予和延期规则
1997 年 9 月	第 9492 号联邦法案	私有化立法
2004 年 12 月	第 11079 号联邦法案	公私合作立法
2016 年 9 月	第 13334 号联邦法案	创立投资伙伴关系计划(PPI)
2016 年 11 月	第 752 号临时措施	特许权的延期和重新招标
2015 年 4 月	第 8428 号法令	利益表达程序立法
2016 年 6 月	第 8791 号法令	
2016 年 10 月	第 8873 号法令	彩票与私有化
2016 年 10 月	第 8874 号法令	基础设施债券
2016 年 10 月	第 8875 号法令	铁路
2016 年 11 月	第 8893 号法令	能源与采矿项目
2017 年 5 月	第 9048 号法令	规范港口立法
2017 年 10 月	第 9180 号法令	机场经营

第三节　对我国 PPP 发展应用的启示

一、PPP 制度框架的比较

在本章前两节中我们对域外两大法系的部分发达国家以及在 PPP 运用上有代表性的发展中国家的 PPP 源起、发展与运用情况以及监管法规与制度进行了梳理分析。上述不同国家 PPP 项目的情况基本上涵盖了全球 PPP 发展的现状。由于每个国家社会发展和经济水平的差异，且各国有着不同的行政及法律传统，因此世界范围内不可能形成单一的 PPP 制度框架，同样也并不存在最佳的 PPP 制度框架，当然各国的 PPP 制度框架也存在一定的共性。

比较英美法系国家与大陆法系国家、发达国家与发展中国家，PPP 的发展与制度框架存在明显区别：

首先，大陆法系国家与英美法系国家对PPP活动有不同的规范路径和规制内容。大陆法系国家在发展PPP的过程中大多以制定成文法的方式对PPP活动加以规范，英美法系国家则倾向于以政策、指令来引导PPP的发展。以大陆法系代表国家法国为例，以立法对PPP的适用领域、运作模式及使用条件、采购方式及具体程序等诸多内容作出了细致规定。与此截然不同的，英美法系的代表国家英国则以标准化合同、PFI系列指引引导PPP的发展，用以指明PPP的基本原则和原理而并未涉及具体的制度规定。相较而言，法律明确且固定，政策则宽松灵活，二者各有优劣。法律的确定性与强制性能够更有力的规范PPP活动，但也必然存在无法应对多变的现实状况的问题。同时还能如法国PPP实践所发生的那样，因为过多的约束而在短期内限制PPP的发展。政策的原则性与灵活性则为各地适应地方社会与经济状况发展PPP留下了充分的空间，但这种灵活和自由也并非绝对的益事。可能造成PPP实践中各参与方的无所适从。

其次，这种差异体现在不同立法体制的国家发展PPP的主导力量与主要模式不同。法、德等国由于强调政府的主导力量，即便将公共事业交由私人经营但仍然强调国家对公共事业所承担的责任，因此PPP通常以特许经营为主导模式，且PPP的发展主要依靠政府的推动。而在诸如美国等市场主导型国家，PPP发展的主要动力来自市场的需求，PPP也往往被视作政府采购的延伸。单一制国家强调中央集权，因此主要依靠中央政府来推动PPP的发展，而联邦制国家则在各州形成不同的法规与政策，各州之间的PPP发展程度亦存在差异。

第三，不同法律传统的国家对PPP合同纠纷解决机制的偏向上深受自身法律传统的影响。但这种偏向并不明显，因为PPP是一项融资活动，是一个实实在在的工程。

正如两大法律也相互借鉴一样，对PPP而言，从适用的领域和监管法规也都在相互借鉴，比如大家都会在交通运输、港口建设等领域推行PPP模式进行建设。由于PPP项目实施周期长，许多国家对PPP项目都制订了回收和接管制度。

二、对我国的参考作用

我国既有发达的地区如长三角、珠三角的发达地区，也有内陆欠发达地区。各地经济发展并不平衡，各地与社会资本合作进行PPP项目建设的缘由并不相同。因此不仅西方发达国家的PPP发展对我国有借鉴、参考作用，对同为发展中国家的金砖国家在利用社会资本进行经济建设上也有相互借鉴的意义。主要体现在以下几个方面。

（一）加强PPP监管部门之间的协调，进一步加强管理

建立专业的PPP管理机构是PPP运用较为成熟国家（地区）的通行做法。英国和澳大利亚分别设立了国家基础设施局，加拿大成立了PPP中心，香港设有效

率促进小组(Efficiency Unit)。国家层面和地方政府层面 PPP 管理机构在 PPP 项目的宣传、推广、规划、管理、监督等方面发挥重要作用,是推动 PPP 模式发展的重要基础。我国目前对 PPP 项目采取双监管模式,涉及 PPP 管理的部门主要是发改委和财政部,各级发改委主要是依法行使项目审批的权限,承担了 PPP 模式推广和监督的职能。财政部已成立政府和社会资本合作中心,该中心制订了 PPP 模式的《操作手册》。由于 PPP 项目主要都是审批和核准的项目,基本都涉及财政奖补,并且在财政部门为了加强监管还设立了 PPP 项目库。因此,PPP 项目除了前期的审批之外,之后的监管主要由财政部门负责。因此,我国形成了双头监管的格局。我国可以由财政、发改部门牵头成立全国 PPP 协调委员会,定期召开会议,以研究 PPP 发展过程中所遇到的问题,加强立法、监管等有关问题的研究,以进一步促进与社会资本合作,从国家和地方层面共同推动 PPP 模式的推广、规划、管理、监督等工作。

(二) 进一步完善 PPP 法律法规与配套政策

PPP 项目一般建设、运营周期较长,涉及的利益主体多,不可预测因素多。没有完善的法律法规作为保障,容易出现难以解决的纠纷。既不利于政府公共产品和公共服务提供的稳定性,也会影响社会资本(私人部门)参与 PPP 项目投资的信心。完善的 PPP 法律法规的制定和实施是 PPP 成功运行的保障。因此,我国应该进一步完善 PPP 国家层面的立法工作,努力形成有中国特色的 PPP 监管体系。

无论是在西方发达国家,还是发展中国家,他们都是积极鼓励社会资本以 PPP 的模式参与社会公共服务项目的。为了鼓励社会资本参与 PPP 项目的投资,在国家层面已经制定了一系列的相关法规。由于我国各省之间实际情况差异较大,各级地方政府,特别是省一级政府及其职能部门应针对本地区的实际情况,加强本地实际情况的研究,积极完善投资引导、配套金融支持以及各种优惠政策。这对促进当地公共服务、公益项目的提升和经济发展有着非常巨大的作用。

其次,从程序法上为政策制定订立规则。PPP 项目的全生命周期长、投资大。每一个环节都应该有严格的工作程序。完整的程序减少或避免项目在后期发生各种问题,降低项目的各种风险。我国的 PPP 模式已经有多年的实践,已经有了成体系的法规和比较完备的监管体系。但是西方国家也同样对 PPP 模式有严格的监管,这取决于不同的 PPP 项目有着非常大的差异性。要使具有差异性的 PPP 项目减少甚至不发生各种风险,整体 PPP 项目的实施流程都应该有严格的操作流程和严格的监管程序作为保障。

(三) 合理分担风险,降低社会资本担忧

国际经验表明,合理的风险分担机制是 PPP 项目成功与否的关键。西方国家 PPP 模式的风险分担的原则主要是:遵循控制力最大化、抗风险能力最大化、控制风险费用最小化的原则来确定各方在风险分担中的责任。政府部门主要承担的风

险包括:法律、政策风险以及项目运营"兜底"风险等。私人部门承担的风险则主要落在项目设计、建设、经营维护等方面。另外,不可抗力如地震、洪水等带来的风险应在项目协议中确定政府与私人部门合理承担的比例。同时,由于PPP项目投资巨大、运营周期长,在运营后期可能存在许多运营困难,双方可以通过风险转换、提高议价透明度的方法,由政府部门适当地对私人部门进行运营补偿。我国的PPP相关法规和监管制度也基本采取了上述原则,但在具体制度上可以更加细化。

在政府与社会资本的合作中,很多情况只考虑借助社会资本提高公共服务供给效率和质量以及化解地方债务等有利于政府的一面,给予私营部门的利润空间并不确定,导致融资过程中作为投资方的社会资本看不到自己的盈利空间。从国际经验来看,政府在对于PPP项目充分考量并开始立项的时候,可以给予社会资本一些保证性的措施,通行的做法是让PPP项目的盈利与财政挂钩,通过财政部分或者完全补贴的方式从而达到社会资本的预期回报。如澳大利亚政府通过放开PPP项目特许的其他相关延伸业务让私营部门的盈利空间更加宽广,这些方面的经验值得我们借鉴学习。归根到底,所有的资本都在追逐增值,作为一种融资手段,PPP项目需要转向以现金流融资为主的项目融资。

PPP项目往往大部分的资金集中在前期建设阶段,而项目的收益主要来自运营阶段的现金流和政府的财政补贴,PPP项目进行证券化方式运作是寻求社会资本退出的外在力量,提供一个流动性强的金融环境,减少投资者的风险顾虑,是带动更多资本参与到PPP项目中的一个必备条件。因此,借鉴美国REITs的方式进行我国PPP证券化的探索,是我们营造一个社会资本灵活退出、市场化运作的PPP模式的关键所在,我国目前已经在某些方面运用了这一方式,如中信启航REITs。未来希望我国PPP模式的发展取得更长足的进步,立足本国国情,采纳国际经验,从而实现更好的发展。

(四)拓宽融资渠道,以制度鼓励民营资本参与

国际经验表明,PPP项目融资的便利性和多样化程度是影响PPP成功与否的重要因素。目前国际上许多国家通过成立国家PPP基金(加拿大)和项目基金(印度、菲律宾、印尼)的方式为PPP项目融资。结合我国的实际,在项目实施的不同阶段可以采取以下多种方式拓宽PPP融资渠道:国家PPP基金主要是通过股权投资的方式,同时,也可以考虑在经济发达、金融深化程度较高的省份设立或扩大地方PPP基金的规模。在项目的前期可以充分利用政策性银行的政策性贷款,也可以发行地方政府市政债券和项目收益债券融资;在项目进入运营阶段后可以进行资产证券化融资、引入养老、社保、保险等偏爱长期稳定收益的资金投资;对于我国这类PPP发展新兴国家而言,需要吸取经验,比如赋予贷款方就PPP合同获得担保能力以便后续获得更多的所需资本,允许相关的机构和地方采取投资的激励措施,诸如特殊税收待遇等可以让民营资本介入减少后顾之忧;加大对民营企业的融资政策扶持,如PPP政策性贷款对政策性银行要有最低比例要求;商业银行对民营企业的PPP项目贷款要出台优惠政策;政府要建立示范性专项基金,并约定给民营企业扶持比例的最低额度(50%以上),出台鼓励建立民营PPP基金政策;政府其他各项PPP项目的资金渠道,要更多地向民营企业开放。

(五) 完善相关法律法规和体系制度建设

与发达国家相比,我国没有包括PPP项目在内、与社会资本合作的专项立法,关于PPP项目的实施分别适用相关法律,比如PPP合同适用民法典、政府采购适用招投标法和政府采购法,相对于英国和澳大利亚的成熟体系而言,没有成熟的法律环境,必然会给社会资本的介入带来极大的困惑,不确定性的存在使本身承受风险能力较低的社会资本难以决策。

世界范围内PPP的发展,伴随着相关法律法规和体系制度的发展完善,意大利、法国、比利时、葡萄牙和西班牙、巴西、希腊、韩国等近几年都对PPP相关法律进行了大幅度修改,以便给予政府正确的角色定位并给予私营部门合理的职能作用。在这些PPP发展相对成熟的国家,法律的出台为各项目参与方带来了行动的依据和解决纠纷的法律依据。

第二章　我国PPP项目发展现状

第一节　我国PPP源起与发展

早在20世纪80年代，我国已经开始接触PPP模式并进行了探索。我国PPP发展历程大致可以划分为引入探索阶段、大力推广阶段，以及日趋规范化的新发展阶段。与PPP模式发展阶段相对应，我国对PPP的规制亦可大致分为三个阶段。

一、国内PPP模式的产生与发展历程

(一) 引入探索阶段(1984年至2003年)

第一个阶段从1984年开始到2003年，以外商投资参与公共基础设计建设为主的BOT模式的运用开启了我国政府和社会资本合作的探索阶段。

20世纪80年代是我国改革开放的初期，我国基础设施建设和公共服务提供严重滞后，仅仅依靠政府自身的财力根本无法满足基础设施领域的供给需求。当时我国的对外开放政策广受外资青睐。为解决资金瓶颈，中国政府开始在基础设施建设中引进外资，正式开启了PPP模式在我国的运用。《关于加强吸收外商投资工作报告的通知》(国发〔1986〕25号)的颁布为项目试点首次提供政策依据。此时的项目多以BOT形式为主。[①] 在此期间由香港合和实业公司和深圳能源集团(甲方)等在广东建设的沙角B电厂成为国内最早尝试使用BOT模式兴建的基础设施建设项目。深圳沙角B电厂BOT项目是真正意义上的第一个BOT项目，也是利用外资的成功案例，标志着我国PPP模式实践首先从电力行业开始。

之后10年内，BOT在中国进展不大。1992年以后，拥有PPP初期萌芽特点的项目主要集中在水利、电力、交通领域。1993年国家计委在制定吸收外资"八五"计划时提出在"先行试点、逐步推开、宏观引导、规范发展"的总体策略，该策略成为指导BOT方式投资发展的政策指引。次年，我国利用外资政策进行了重大调整，在基础设施方面，由限制外资直接投资转向引导，BOT模式开始受到我国政

---

① 见张剑智，孙丹妮，等:《借鉴国际经验推进中国环境领域PPP进程》，载《环境保护》2014年第17期，71－73页。

府的高度重视。1995 年国家对外经贸部发布《关于以 BOT 方式吸收外商投资有关问题的通知》,同年国家计委开始组织 BOT 项目的试点工作,选取了包括成都第六水厂项目在内的五个 BOT 试点项目,标志着第一波 PPP 高潮的到来。同年 8 月,国家计委、电力部、交通运输部联合发布颁布《关于试办外商投资特许权项目审批管理有关问题的通知》,表明政府的政策导引方向已经形成,为 PPP 模式在中国的进一步成长奠定了基础。

(二) 推广阶段(2003 年至 2013 年)

伴随着我国电力行业 BOT 项目的开展,自来水、地铁、新城建设、开发区、燃气、路桥项目也逐渐对私人投资者开放,外企、民企、国企等社会资本均积极参与进来。2003 年,十六届三中全会召开,允许非公有资本进入法律法规未禁入的基础设施、公用事业及其他行业和领域。2005 年,国务院在促进非公有制经济发展的措施中提出,允许非公有制进入垄断行业、公用事业和基础设施领域。据国家统计局发布的数据,2003 至 2007 年我国经济高速发展,对基础设施的需求量增加,使得国有资金支持的基础设施建设资金不足,这为社会资本参与投资提供了机会。此阶段的 PPP 模式主要以特许经营为主,主要参与方式为 TOT、BOT,集中在市政、电力、交通领域。这一阶段比较著名的 PPP 项目有鸟巢体育馆及配套设施项目、合肥王小郢污水 TOT 项目、兰州自来水股权转让项目、北京地铁 4 号线项目等。

这一阶段,PPP 模式发展虽然取得了长足的进展,但也逐渐暴露出一些问题。政策上也产生了一些波动。同时受到因美国金融危机而产生的对我国的经济冲击的叠加影响,一部分项目建设失败。这些失败的项目非但没有从根本上解决基础设施供应短缺的问题,反而增加了项目的交易成本。PPP 项目数量也处于波动状态。为应对这一问题,国务院发布《关于鼓励和引导民间投资健康发展的若干意见》(国发〔2010〕13 号)提出"在毫不动摇地巩固和发展公有制经济的同时,毫不动摇地鼓励、支持和引导非公有制经济发展,进一步鼓励和引导民间投资"。上述文件对我国 PPP 模式的发展起到了促进作用,但是国有企业在战略与实践中都占有绝对优势,社会资本的介入仍然占比较少。虽然在政府支持的四万亿计划上成功地度过了金融危机,政府对社会资本介入的项目的监管错位使得 PPP 发展仍然受阻,一些失败的 PPP 项目不得不转交给国有企业甚至终止。①

(三) 规范化发展阶段(2014 年至今)

自 2014 年国务院于国发〔2014〕18 号文中正式提出建立政府和社会资本合作机制后,我国的 PPP 模式进入了新的发展阶段,并掀起第三波高潮。在寻求规范

---

① 见李素梅,杨杰,张庆,邢钟丹:《我国 PPP 模式发展路径分析及比较研究》,载《工程管理学报》2018 年第 6 期,第 54 页。

化发展的新阶段，开始强调社会资本与政府利益共享、风险共担，对 PPP 项目的设计、融资、建造、运营、维护至终止移交全生命周期的各环节操作流程进行了全方位规范，相关配套制度更加完善。政府及职能部门不断发布法规和规范性文件以引导 PPP 项目的健康发展，参与 PPP 项目的社会资本越来越多样化，民营资本积极性逐渐提升，项目实施的规范化程度越来越高。

在相关法规政策的有力保障下，PPP 成为转变经济发展方式促进产业升级有力的工具。2017 年 11 月 28 日，国家发展改革委员会在鼓励促进 PPP 合作方面提出鼓励民间资本规范有序参与基础设施项目建设，优化供给结构，PPP 项目的发展进入规范时期，一部分不合规的 PPP 项目予以退库处理，PPP 模式由高速向高质转变。这表明 PPP 模式的发展已逐步进入成熟阶段。

二、我国 PPP 现况概览

我国对 PPP 项目的管理实行登记制度。根据国家发改委发布的《传统基础设施领域政府和社会资本合作(PPP)项目库管理办法(试行)》第二条的规定：各级发展改革部门建立 PPP 项目库。也就是说，我国发改部门在对 PPP 项目进行审批的时候进行了相应的登记，并且建立了内部管理的项目库。同时一个 PPP 项目的全生命周期涉及的立项、审批、项目变更等事项，都需要在财政部门进行备案。为进一步规范政府和社会资本合作(PPP)项目运作，防止 PPP 异化为新的融资平台，坚决遏制隐性债务风险增量，财政部门通过建立 PPP 项目库，按照 PPP 相关法律法规和制度要求，对 PPP 项目实施全生命周期管理，确保规范运作。PPP 项目库是对我国 PPP 项目、PPP 模式运用现状进行研究的重要数据来源。本部分对财政部政府和社会资本合作中心全国 PPP 综合信息平台项目管理库的数据进行分析，①以使我们对我国 PPP 项目有一个全面的了解。

(一) PPP 项目总体情况概览

截至 2021 年 9 月 30 日项目库共发布项目共 10 080 个，大部分项目已进入实施阶段。项目投资总额高达人民币项目 157 273.36 亿元。在 2014 年我国进入 PPP 模式发展高速期，蓬勃之势自 2017 年后明显减缓。②

① 本文对财政部政府和社会资本合作中心全国 PPP 综合信息平台项目管理库数据的梳理分析，以截至 2021 年 9 月 30 日平台发布的数据样本。

② 此处以数据库列示的 PPP 项目发起时间为准进行统计。

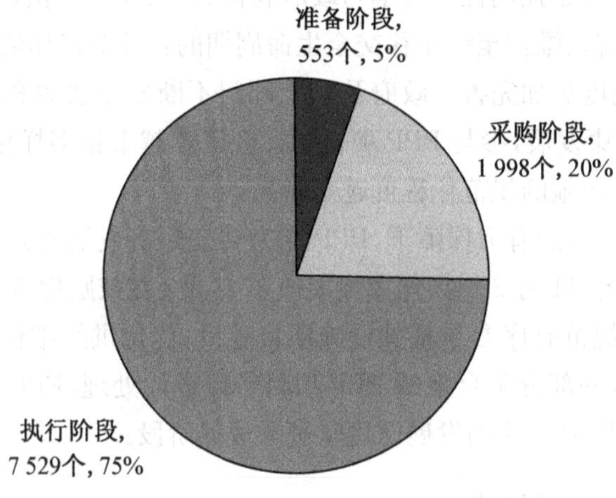

图 2－1　各阶段项目数量及占比

项目涉及行业领域包括保障性安居工程、城镇综合开发、交通运输、农业、教育、科技、林业、旅游、能源、社会保障、生态建设环境保护、体育、市政工程、文化、养老、医疗卫生、政府基础设施、水利建设及其他等 19 个大类。[①]

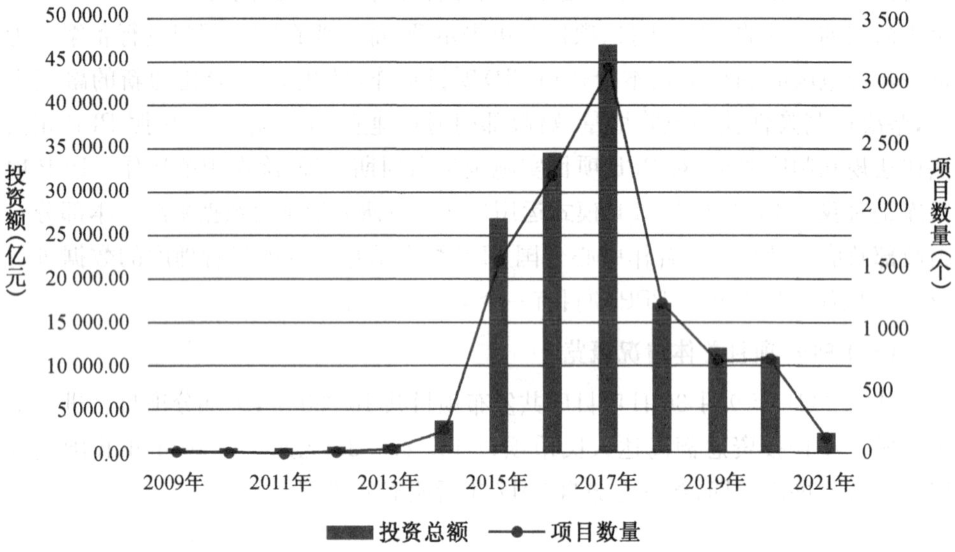

图 2－2　历年 PPP 项目数量与投资总额

从项目所在地来看，31 个省自治区直辖市范围内项目数量最多的五个省份为河南省、山东省、四川省、广东省、贵州省；投资总额最高的五个省份与项目数量最多的有所不同，为云南省、贵州省、四川省、河南省、浙江省，投资总额均在一万亿元以上。项目数量最少的五个省份为重庆市、宁夏回族自治区、青海省、上海市、西藏

① 此处以全国 PPP 综合信息平台项目管理库一级行业分类为准。

自治区；项目投资总额最少的五个省份为宁夏回族自治区、海南省、青海省、上海市、西藏自治区，投资总额均在一千亿元以下。

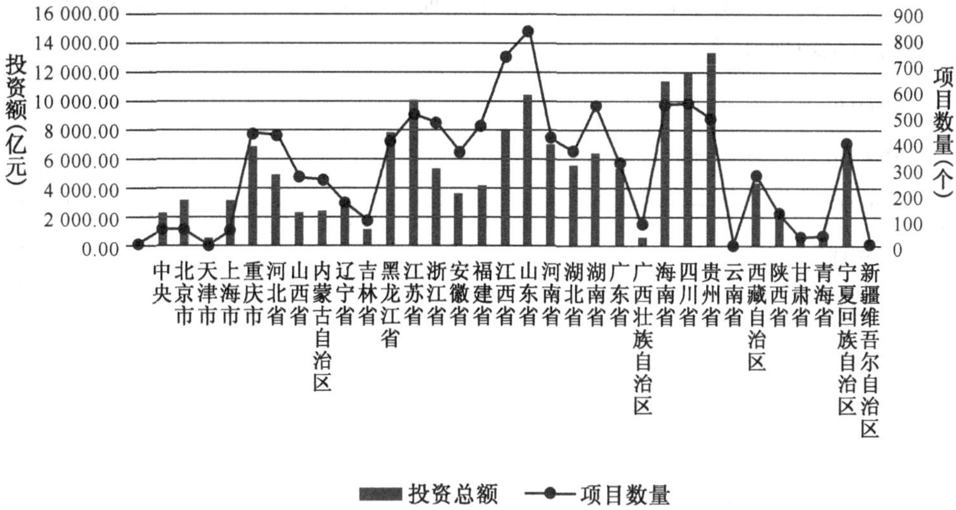

图 2-3 各地区 PPP 项目数量与投资总额

若将各省市自治区以地理区划加以区分，则华东六省一市 PPP 项目数量最多，东北三省 PPP 项目数量最少。纵观全国各省市自治区 PPP 模式的发展状况，不难注意到 PPP 模式发展存在明显的地区差异，这种差异或与地方经济发展状况、地方财政负担以及地方对基础设施和公共服务需求的差异有关。

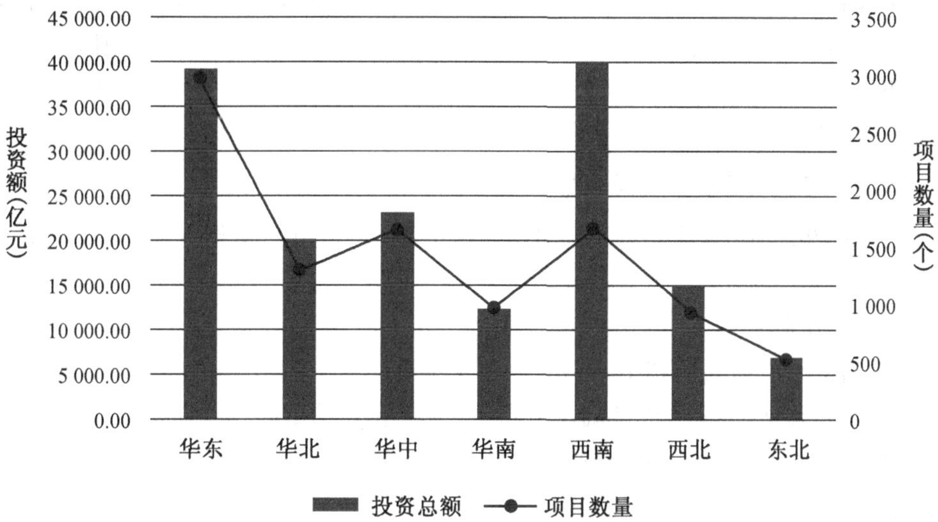

图 2-4 各区域 PPP 项目数量与投资总额

从项目所属行业来看，在项目数据库列示的 19 个一级行业中，项目数量前五的行业为市政工程、交通运输、生态建设环境保护、城镇综合开发、教育；行业投资总额前五为交通运输、市政工程、城镇综合开发、生态建设环境保护、水利建设。已公示的 PPP 项目中有百万级项目 3 个，千万级项目 782 个，亿级项目 6 065 个，十亿级项目 2 941 个以及百亿级项目 289 个。而在百亿级项目中近 7 成为公路、铁路或轨道交通项目。[①]

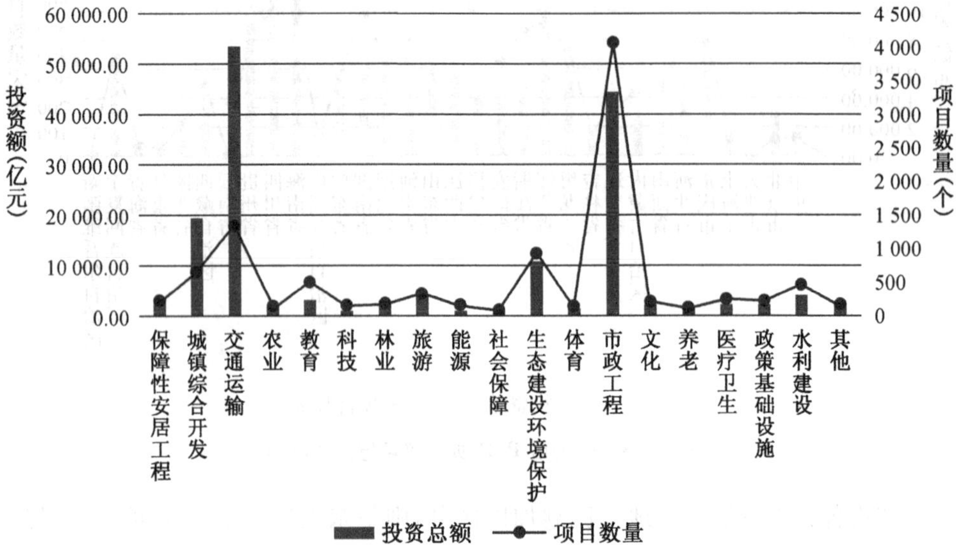

图 2-5 各行业(一级)项目数量与投资总额

为规范地推广运用政府和社会资本合作模式，形成可复制、可推广的实施范例，中央各部委及地方相关职能部门对 PPP 项目进行评审认定，确定某些项目为示范项目，给予资金支持、投融资推动等政策倾斜。目前 PPP 项目形成国家级、省级、市级三级示范体系，一个 PPP 项目可能同时为多级示范项目。目前有四批次国家级示范项目共计 916 个，省级示范项目 504 个，市集示范项目 54 个。

(二) PPP 项目要素数据一览

此处 PPP 项目要素指各个项目的回报机制、合作期限、运作方式、采购方式等要素。

1. 合作期限

项目的合作期限是 PPP 项目重要的交易条件边界，合作期限应在项目前期论证阶段进行评估，主要考虑基础设施或公共服务的供给期间、项目的经济和技术生命周期、项目的投资回收期、财政承受能力以及现行法律法规对项目合作期限的规定。

现有 PPP 项目的合作期限普遍较长，绝大多数项目的合作期限在 10 年以上。少数项目合作期限在 40 年以上，个别项目的合作期限甚至在 50 年以上，这些项目

① 在 289 个百亿级项目中有 150 个公路项目、54 个铁路(含轨道交通)项目，占比约为 69.55%。

所属行业多样，如城镇综合开发领域的河北省保定市易县经济开发区政府与社会资本合作（PPP）项目，旅游领域的四川省乐山市峨边彝族自治县黑竹沟风景名胜区旅游综合开发 PPP 项目，医疗卫生领域的浙江省金华市人民医院医养大健康综合体项目，养老领域的江苏省滨海县社会福利中心项目。

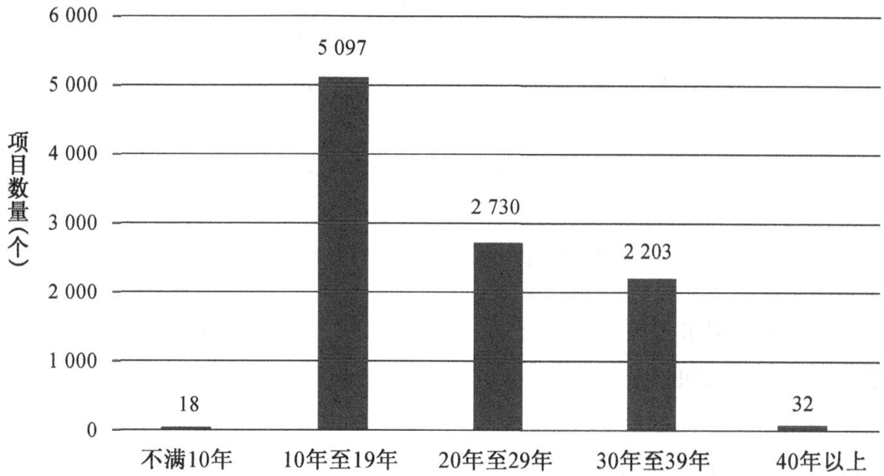

图 2－6　PPP 项目合作期限分布

财政部印发的《政府和社会资本合作模式操作指南（试行）》（财金〔2014〕113 号）中对各运作模式下的项目合作期限作出建议，在 PPP 实践中对项目合作期限建议常有突破。如文件指出 OM（委托运营）模式的"合同期限一般不超过 8 年"，而笔者发现在以 OM 单一模式运作的 28 个 PPP 项目中，合作期限自 8 年至 30 年不等。类似的按操作指南 MC（管理合同）模式的"合同期限一般不超过 3 年"，现有的 MC 模式运作项目较少，但合作期均远超过三年。国家体育总局北京市经济技术开发区体育中心场馆运营项目合作期限达 10 年，江苏省新沂市人民防空办公室结建人防工程维护管理项目合作期限达 20 年。

2. 回报机制

PPP 项目的回报机制主要说明社会资本取得投资回报的资金来源，根据项目所属行业、运作方式等情况进行确定。主要包括政府付费、使用者付费和可行性缺口补助。政府付费项目由政府直接付费用以购买公共产品或服务。使用者付费项目由社会资本或项目公司直接从使用者处收取费用。可行性缺口补助则是政府付费与使用者付费之间的一种折中，在使用者付费不足以满足项目公司合理收益的情况下，由政府给付一些补助以弥补缺口。

在 PPP 项目实践中，有近六成项目采取可行性缺口补助回报机制，采取使用者付费回报机制的项目仅为可行性缺口补助项目的十分之一。从项目数据来看政府付费回报机制主要用于政府基础设施、水利建设、市政工程等公共设施建设类或公共服务提供类项目，在公路等交通运输项目中也有使用。单纯的使用者付费回

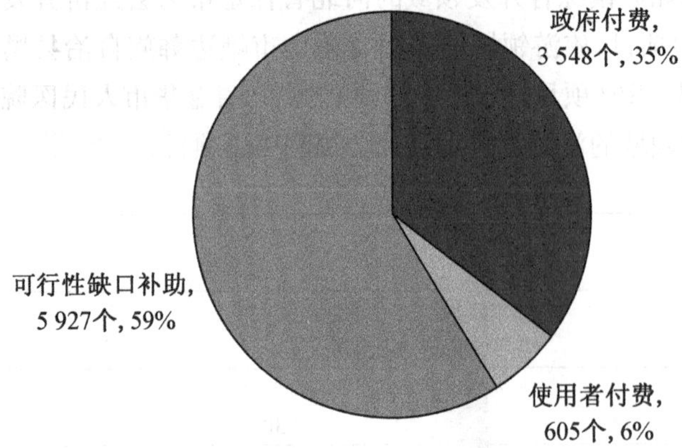

图 2-7　各回报机制项目数量与占比

报机制主要用于引水灌溉、供水供热供气、污水或垃圾处、高速公路、桥梁、医院等有充分收入来源的项目。

3. 运作模式

目前PPP模式大部分以确定的一种运作模式开展,其中以BOT模式运行的项目最多,有7 927个。由于PPP项目体量巨大,因此在很多项目中仅以一种运作模式并不能满足项目的实际需要。在实践中往往基于项目内容的特点,将多种运作模式结合使用。各模式的运用情况在后文PPP项目的运作模式部分进行详述。

4. 采购方式

PPP项目选择社会资本方的采购方式有公开招标、竞争性磋商、竞争性谈判、邀请招标、单一来源采购五种。在具体项目中,项目实施机构应根据本项目的采购需求和特点,依法依规选择适当采购方式。

对项目管理库公布的项目信息进行收集与分析,目前大部分项目以公开招标的方式开展采购工作,邀请招标、单一来源采购等竞争性稍弱的采购方式在项目中使用较少。各采购方式项目数量及占比如下图所示。

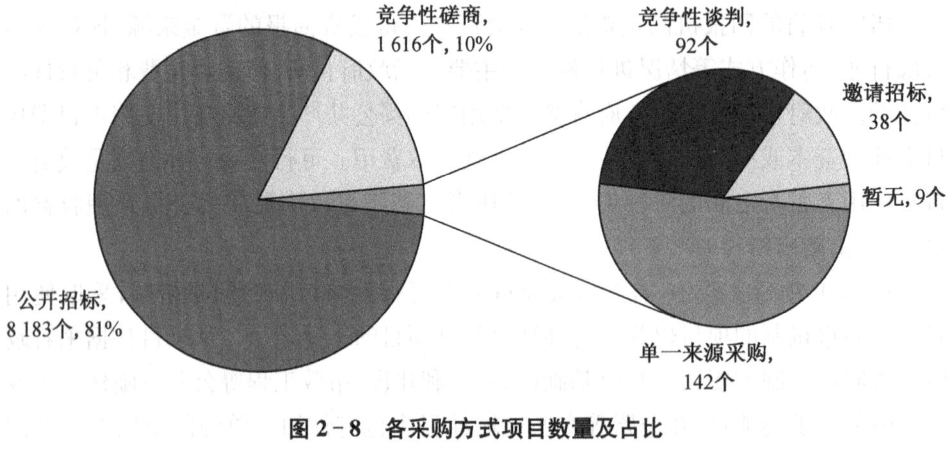

图 2-8　各采购方式项目数量及占比

第二节 我国PPP模式监管的现状

一、国内PPP规制的发展历程

PPP项目的规制发展与PPP在国内的发展历程相关联，大致也可以分为三个阶段。

(一) 1984年至2003年

第一阶段是在1984年至2003年间，这一时间段是政府和社会资本合作的引入与探索阶段。规制主要呈现为部门规章、少量地方法规及大量的政策性文件，内容上主要针对特定的合作方式如BOT、特许专营等。

如1995年国家计划委员会、电力部和交通运输部发布的《关于试办外商投资特许权项目审批管理有关问题的通知》；同年对外贸易经济合作部发布的《关于以BOT方式吸收外商投资有关问题的通知》；1997年国家计划委员会、国家外汇管理局发布的《境外进行项目融资管理暂行办法》；2002年建设部发布《关于加快市政公用行业市场化进程的意见》等等。以及地方政府发布诸多专营管理办法。①

在此阶段规制明显呈现出立法层次低，内容概括，可操作性较差的特点。立法上出现了“一案一法”的单项性立法形式。这些办法均是为针对某一项交通基础设施建设或者其他PPP项目而专门出台一部地方性法规。这种立法模式很好地适应了PPP项目投资规模大、项目内容极为复杂等特点，具有因地制宜、专事专办的性质，可以灵活适应具体项目的不同特点，但也仅适用于特定的项目。

(二) 2004年至2013年

第二个阶段是2004年至2013年之间，这一阶段在热潮的推动下出现了一大批令人瞩目的PPP项目，如国家体育场“鸟巢”等项目。但在2008年之后因受到之前地方违法融资、法律的不健全、公私合作缺乏长期契约精神等原因影响，PPP的发展出现困难速度开始放缓。

在这一阶段为鼓励社会资本参与公共事业，国务院及各部委发布了数量可观的政策、部门规章，如：国务院发布的《国务院关于投资体制改革的决定》(国发〔2004〕20号)、《关于鼓励支持和引导个体私营等非公有制经济发展的若干意见》《国发〔2005〕3号》《关于鼓励和引导民间投资健康发展的若干意见》(国发〔2010〕13号)；原建设部发布的《关于加快市政公用行业市场化的意见的通知》(建城

① 此类专营管理办法不胜枚举，如1994年印发的《上海市延安东路隧道专营管理办法》；1996年印发的《上海市大场自来水处理厂专营管理办法》；1996年印发的《沪宁高速公路江苏段管理办法》；2000年印发的《长春汇津污水处理专营管理办法》；2003年印发的《南昌大桥专营管理办法》。

〔2002〕272 号)、《市政公用事业特许经营管理办法》(建设部令第 126 号)等。

同时各部委发布文件以规范实践中出现的各种不规范操作,如:原建设部发布《关于禁止政府投资项目使用带资承包方式进行建设的通知》(建市〔2006〕6 号),以期禁止"变异性"BT 项目;[①]财政部、发改委、人民银行、银监会联合发布《关于制止地方政府违法违规融资行为的通知》(财预[2012]463 号),对政府违法违规融资如违规采用集资、回购(BT)等方式举债建设公益性项目以及其他方式违规举借政府性债务的行为进行限制。[②] 在这一时期大多地方政府颁布相关规定宣布以"一案一法"的形式所制定的诸多专营管理办法失效,如 2007 年上海市人民政府颁布《关于对〈上海市大场自来水处理厂专营管理办法〉等 4 件市政府规章宣布失效的决定》,该决定废止了上海市政府 1996 年针对大场自来水处理厂发布的专营管理办法。

(三) 2014 年至今

2014 年至今是 PPP 规制发展的第三阶段。国务院于 2014 年在国发〔2014〕18 号文中正式提出建立政府和社会资本合作机制。此后包括国务院、国务院办公厅及中央各部委在内,密集出台了数量可观的推广以及规范 PPP 项目的规范性文件,各地方政府纷纷公布本省市首批 PPP 试点项目,这些项目已经从交通、自来水、电力等几个传统领域,向医院、养老、教育、供暖、学校等领域全方面铺开,国内掀起了 PPP 项目热潮。2014 年国务院发布《关于加强地方政府性债务管理的意见》(国发〔2014〕43 号)、《国务院关于创新重点领域投融资机制鼓励社会投资的指导意见》(国发〔2014〕60 号)重点提到了政府与社会资本合作方式的推广。

国家发改委也发布《关于开展政府和社会资本合作的指导意见》(发改投资〔2014〕2724 号)、《通用合同指南》。财政部则相继出台了《关于推广运用政府和社会资本合作模式有关问题的通知》(财金〔2014〕76 号)、《关于印发政府和社会资本合作模式操作指南(试行)的通知》(财金〔2014〕113 号)等政策性文件。

在此阶段中央 PPP 政策呈现出出台密集、行业全面和操作具体化的整体特征。自 2014 年起国务院、国务院办公厅及中央各部委共出台对 PPP 形成规制、推广 PPP 模式或评定试点项目的 PPP 相关政策文件共 333 部,发文高峰期与 PPP 项目发起高峰期基本重合。

---

① 《关于禁止政府投资项目使用带资承包方式进行建设的通知》中强调:"政府投资项目一律不得以建筑业企业带资承包的方式进行建设,不得将建筑业企业带资承包作为招投标条件;严禁将此类内容写入工程承包合同及补充条款。"

② 《关于制止地方政府违法违规融资行为的通知》(财预〔2012〕463 号)中强调:"未经有关监管部门依法批准不得直接或间接吸收公众资金进行公益性项目建设,不得对机关事业单位职工及其他个人进行摊派集资或组织购买理财、信托产品,不得公开宣传、引导社会公众参与融资平台公司项目融资。……地方各级政府及所属机关事业单位、社会团体等不得以委托单位建设并承担逐年回购(BT)责任等方式举借政府性债务。"

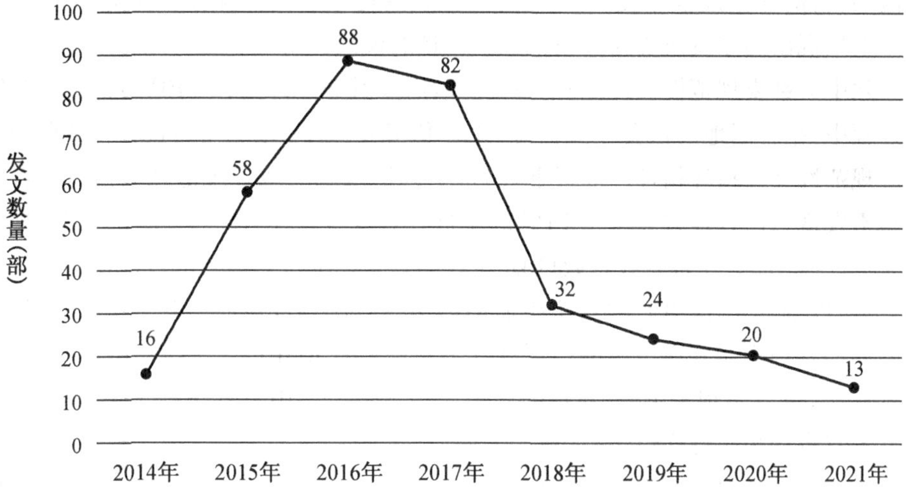

图2-9 第三阶段各年发文数量

区别于第一个时期的国务院和地方政府主导、第二个时期的具体行业部门主导的特点，在这一阶段发文部门呈现多样化：大量的PPP规范性文件以各部委联合发布方式出台，涉及部委包括财政部、发改委、民政部、工商总局、全国老龄工作委员会办公室、住建部、科技部、工业和信息化部、国土部、国家卫生计生委、体育总局、水利部、交通运输部、环保部、人力资源和社会保障部、农业部等，在这当中财政部和发改委是发文主力。

二、我国PPP模式的监管法规体系

(一) PPP模式的产生、发展和“双监管模式”的形成

20世纪80年代我国开始接触BOT模式可视作我国对政府和社会资本合作的早期探索。在2014年国务院正式提出建立政府和社会资本合作机制后，[①]我国的PPP模式进入了新的发展阶段，PPP项目大量落地进入发展蓬勃期。在这一阶段国家表现出对PPP模式规范化发展的重视，强调社会资本与政府利益共享、风险共担，对PPP项目的设计、融资、建造、运营、维护至终止移交全生命周期的各环节操作流程进行了全方位规范。发文部门呈现多样化的特点，许多规范性文件以多部委联合发文的方式发布，而在其中国家发改委和财政部是两大主力。国家发改委因其职能以促进基础设施和公用事业领域的投融资体制改革、吸引社会资本为目标，积极投身PPP模式推广与规范。而财政部因其职能，基于转变政府职能、实现公共服务供给提质增效、完善财政投入和管理方式、控制地方债务、防范财政

① 见《国务院批转发展改革委〈关于2014年深化经济体制改革重点任务意见〉的通知》(国发〔2014〕18号)。

风险为目标，多角度强力度的规范 PPP 模式的运用和具体操作。在 PPP 模式的管理上呈现出国家发改委与财政部双头管理的模式。

除中央部委规范性文件之外，各地方政府及其职能部门在 PPP 项目发展和实践过程中，结合当地的社会经济状况、针对 PPP 实践中暴露出的问题，在遵循中央部委规范性文件指导精神的前提下，出台了数量可观的地方规范性文件。笔者通过检索发现目前各地方有关于 PPP 的现行有效规范性文件共 6 621 部，省级规范性文件 3 147 部。在各省级行政区划中又以江苏省对 PPP 模式的规范最为系统具体，创造性地制定了 PPP 项目全生命周期法律顾问制度以防范化解 PPP 项目全生命周期各类现实和潜在风险。近期江苏省财政厅正在拟定 PPP 项目变更备案管理办法，进一步规范 PPP 项目的变更。在本书附录中笔者整理了与 PPP 相关的江苏省省级规范性文件。

本部分通过对两部委发文历程、规范性文件的主要内容等方面的对比，分析探讨在目前双头管理模式下，两部委的管理有何侧重，并探讨 PPP 项目管理的优化路径。此外亦对其他各部委涉及 PPP 模式的发文加以梳理，供业界参考，为 PPP 政策研究提供资料。

（二）PPP 模式的规制框架

目前我国未就 PPP 模式进行专门立法，PPP 模式的规制由法律和各部委规范性文件构成。PPP 模式运用于基础设施和公共服务领域，普遍涉及特许经营权的授予，因此受《基础设施和公用事业特许经营管理办法》的规制。PPP 项目投资涉及政府投资与社会资本投资，推广 PPP 模式的目的之一即在于以政府投资资金撬动社会资金投向公共领域。因此从投资主体来看，PPP 模式受《政府投资条例》和《企业投资项目核准和备案管理条例》的规制。各部委与 PPP 模式相关的规范性文件可以分为对 PPP 模式专门规范的文件、可适用于规范 PPP 模式的文件以及单纯推广 PPP 模式或推选试点的文件。在各部委中以国家发改委和财政部的发文数量最多，对 PPP 模式构成实际规制的文件也基本由国家发改委和财政部印发。

国务院、国务院办公厅及各部委发文数量一览

发文机关	国务院	国务院办公厅	发改委	财政部	交通运输部	农业农村部	住建部	工信部	生态环保部
数量	44	50	74	64	16	14	13	12	8
发文机关	教育部	民政部	中国人民银行	国土资源部	国家能源局	水利部	商务部	银保监	证监会
数量	7	6	6	5	4	4	4	4	3

1. 国家发改委发文历程与主要规范内容

通过检索国家发改委目前与 PPP 相关的规范性的文件共 74 部，既有对 PPP 模式的专门规范、可适用于 PPP 模式的规范，也有推广 PPP 模式以及推选项目试点的文件。自 2014 年至今，国家发改委先后发布了 19 部对 PPP 模式形成规制的文件，发文高峰在 2015 年至 2017 年。在 19 部文件中有 12 部文件是国家发改委印发的对 PPP 模式的专门规范，其余 7 部为适用于规范 PPP 模式的文件。

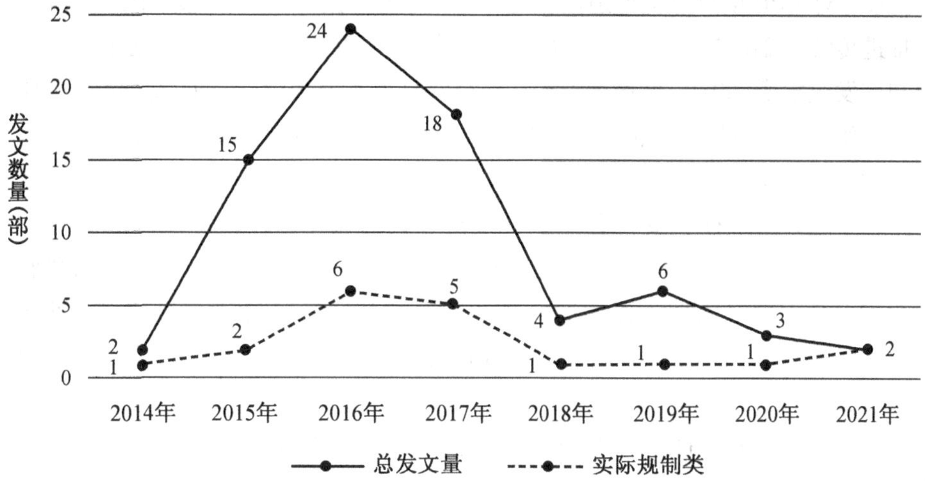

图 2－10　国家发改委历年发文数量

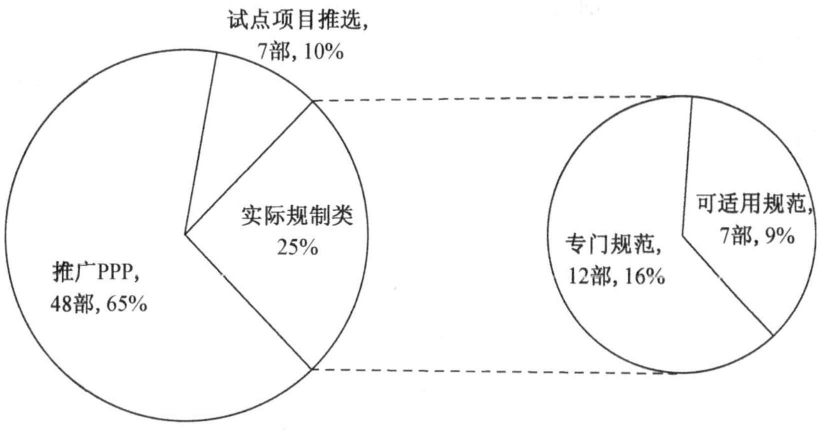

图 2－11　国家发改委发文分类

对 12 部专门规范文件进行进一步分析可以看出，国家发改委对 PPP 模式的规制可分为：

(1) 对 PPP 项目工作全流程的全面指导，如《国家发展改革委关于开展政府和社会资本合作的指导意见》(发改投资〔2014〕2724 号)、《国家发展和改革委员会关于切实做好传统基础设施领域政府和社会资本合作有关工作的通知》(发改投资〔2016〕1744 号)、《国家发展改革委关于印发〈传统基础设施领域实施政府和社会资本合作项目工作导则〉的通知》(发改投资〔2016〕2231 号)、《国家发展改革委关于加快运用 PPP 模式盘活基础设施存量资产有关工作的通知》(发改投资〔2017〕

1266 号)、《国家发展改革委关于鼓励民间资本参与政府和社会资本合作(PPP)项目的指导意见》(发改投资〔2017〕2059 号)、《国家发展改革委关于依法依规加强 PPP 项目投资和建设管理的通知》(发改投资规〔2019〕1098 号)

(2) 对 PPP 项目融资渠道的拓宽和指引,如《国家发展改革委、中国证监会关于推进传统基础设施领域政府和社会资本合作(PPP)项目资产证券化相关工作的通知》(发改投资〔2016〕2698 号)、《国家发展改革委办公厅关于印发〈政府和社会资本合作(PPP)项目专项债券发行指引〉的通知》(发改办财金〔2017〕730 号);

(3) 对 PPP 项目前期工作的规范,如《国家发展改革委办公厅关于国家高速公路网新建政府和社会资本合作项目批复方式的通知》(发改办基础〔2016〕1818 号)、《国家发展改革委办公厅、交通运输部办公厅关于进一步做好收费公路政府和社会资本合作项目前期工作的通知》(发改办基础〔2016〕2851 号);(4)对 PPP 项目信息库的管理,如《传统基础设施领域政府和社会资本合作(PPP)项目库管理办法(试行)》;

(4) 对特定领域的规范,如《国家发展改革委、水利部关于印发〈政府和社会资本合作建设重大水利工程操作指南(试行)〉的通知》(发改农经〔2017〕2119 号)。

2. 财政部发文历程与主要规范内容

通过检索,财政部目前与 PPP 相关的规范性的文件共 64 部,既有对 PPP 模式的专门规范、可适用于 PPP 模式的规范,也有推广 PPP 模式以及推选项目试点的文件。自 2014 年至今,财政部先后发布了 39 部对 PPP 模式形成规制的文件,发文高峰在 2015 年至 2017 年。

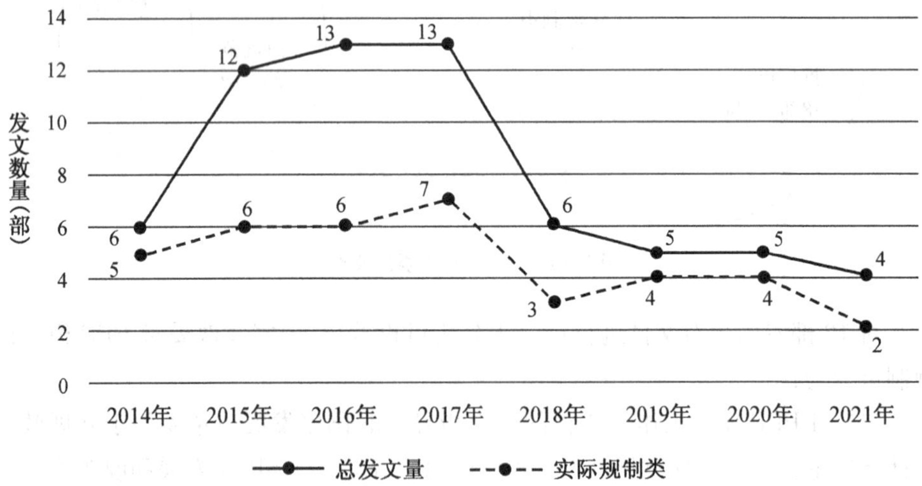

图 2-12 财政部历年发文数量

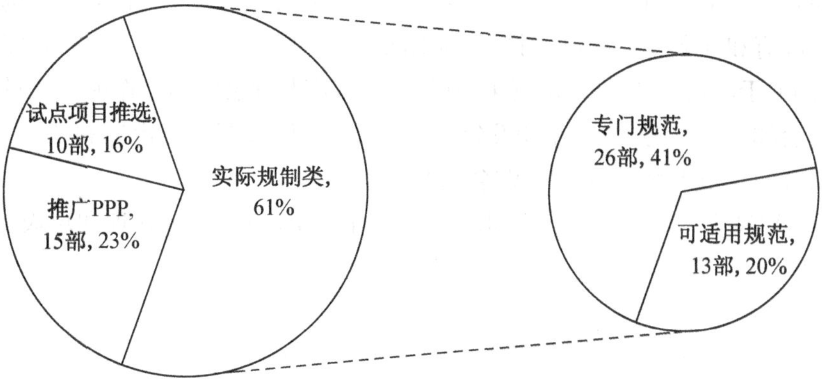

图 2-13 财政部发文分类

在 39 部文件中有 26 部文件是对 PPP 模式的专门规范，其余 13 部为可适用于规范 PPP 模式的文件。对 26 部专门规范文件进行进一步分析可以看出，财政部对 PPP 模式的规制大致包括：

(1) 对 PPP 项目工作全流程的全面指导，如《财政部关于推广运用政府和社会资本合作模式有关问题的通知》(财金〔2014〕76 号)、《财政部关于印发〈政府和社会资本合作模式操作指南(试行)〉的通知》(财金〔2014〕113 号)、《关于规范政府和社会资本合作合同管理工作的通知》(财金〔2014〕156 号)、《关于在公共服务领域深入推进政府和社会资本合作工作的通知》(财金〔2016〕90 号)、《关于印发〈政府和社会资本合作项目财政管理暂行办法〉的通知》(财金〔2016〕92 号)、《财政部关于推进政府和社会资本合作规范发展的实施意见》(财金〔2019〕10 号)；

(2) 对 PPP 模式具体工作环节的指引，具体分为 1) 对识别和准备阶段工作的规范，如《财政部关于印发〈政府和社会资本合作项目财政承受能力论证指引〉的通知》(财金〔2015〕21 号)、《财政部关于印发〈PPP 物有所值评价指引(试行)〉的通知》(财金〔2015〕167 号)、《关于征求〈政府和社会资本合作物有所值评价指引(修订版征求意见稿)〉意见的函》(财办金〔2016〕118 号；2) 对采购阶段工作的规范，如《关于印发〈政府和社会资本合作项目政府采购管理办法〉的通知》(财库〔2014〕215 号)；3) 对绩效管理工作的规范，如《关于印发〈政府和社会资本合作(PPP)项目绩效管理操作指引〉的通知》(财金〔2020〕13 号)；

(3) 信息公开要求和各类信息库的管理，如《财政部关于规范政府和社会资本合作(PPP)综合信息平台运行的通知》(财金〔2015〕166 号)、《关于印发〈财政部政府和社会资本合作(PPP)专家库管理办法〉的通知》(财金〔2016〕144 号)、《关于印发〈政府和社会资本合作(PPP)综合信息平台信息公开管理暂行办法〉的通知》(财金〔2017〕1 号)、《关于印发〈政府和社会资本合作(PPP)咨询机构库管理暂行办法〉的通知》(财金〔2017〕8 号)、《关于规范政府和社会资本合作(PPP)综合信息平台项目库管理的通知》(财办金〔2017〕92 号)；

(4) 对 PPP 项目会计处理的规范,如《财政部关于征求〈政府会计准则第 10 号——政府和社会资本合作安排〉及应用指南意见的函》(财办会〔2019〕22 号)、《财政部关于印发〈政府会计准则第 10 号——政府和社会资本合作项目合同〉的通知》(财会〔2019〕23 号)、《关于印发〈政府会计准则第 10 号——政府和社会资本合作项目合同应用指南〉的通知》(财会〔2020〕19 号);

(5) 对特定领域的规范,如《财政部办公厅关于印发〈污水处理和垃圾处理领域 PPP 项目合同示范文本〉的通知》(财办金〔2020〕10 号)。

3. 国家发改委和财政部发文特点比较

通过上述梳理可以很直观地看出国家发改委和财政部印发的 PPP 相关规范性文件在内容上有明显侧重,这与两部委的具体职能相关。同时两部委发文也存在的明显的共性。

具体来说两部委所发文件中都有对 PPP 项目工作全流程进行全面指导以及对信息公开和信息库管理的规范。为更好地指导 PPP 模式的运用都出台了合同指南以指导 PPP 合同拟定。在发文的时间上,2015 年至 2017 年均是两部委发文的高峰期,这与 PPP 模式的发展状态相对应。同时两部委发文都呈现出规范整体趋严,规范内容细化,可操作性不断增强的特点。

不同点主要体现在两部委对 PPP 项目主要规范的环节有所差异。国家发改委更关注与项目立项相关的 PPP 前期工作的规范,财政部则关注与财政支出相关事项的规范,如财政承受能力论证、物有所值评价、绩效管理工作,同时财政部发文内容还涉及会计处理的规范。另一个不同点体现在相较于财政部,国家发改委发布的推广 PPP 项目、推选项目试点的文件更多。

4. 其他部委发文一览

国家发改委、财政部之外的中央各部委也先后就 PPP 模式发文,与国家发改委和财政部不同的是,这些部委的发文内容主要是对 PPP 模式的推广,直接规范 PPP 模式运作的内容较少。

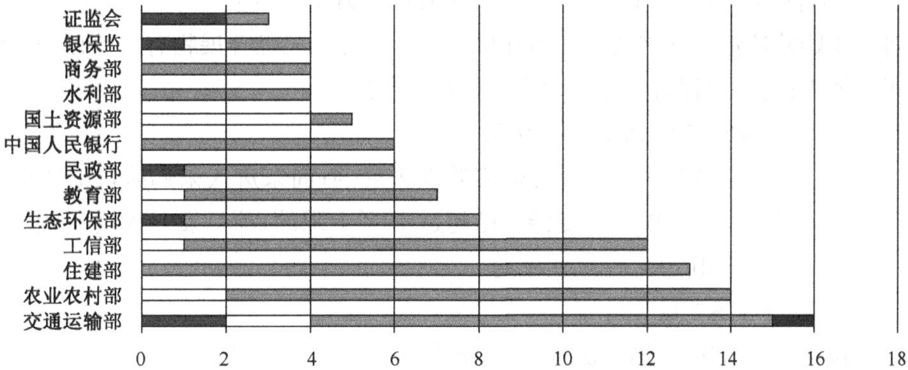

	交通运输部	农业农村部	住建部	工信部	生态环保部	教育部	民政部	中国人民银行	国土资源部	水利部	商务部	银保监	证监会
■专门规范	2	0	0	0	1	0	1	0	0	0	0	1	2
□可适用规范	2	2	0	1	0	1	0	0	4	0	0	1	0
■推广PPP	11	12	13	11	7	6	5	6	1	4	4	2	1
■试点/示范项目推选	1	0	0	0	0	0	0	0	0	0	0	0	0

图 2-14　其他部委发文类型及数量

第三节　PPP项目退库相关法律问题

一、PPP项目退库的情形

根据财办金2017〔92〕号文，各级财政部门应严格项目管理库入库标准和管理要求，建立健全专人负责、持续跟踪、动态调整的常态化管理机制，及时将条件不符合、操作不规范、信息不完善的项目清理出库。导致PPP项目退库的主要有以下情形：

1. 不适宜采用PPP模式实施

包括不属于公共服务领域，政府不负有提供义务的，如商业地产开发、招商引资项目等；因涉及国家安全或重大公共利益等，不适宜由社会资本承担的；仅涉及工程建设，无运营内容的；其他不适宜采用PPP模式实施的情形。

2. 前期准备工作不到位

包括新建、改扩建项目未按规定履行相关立项审批手续的；涉及国有资产权益转移的存量项目未按规定履行相关国有资产审批、评估手续的；未通过物有所值评价和财政承受能力论证的。

3. 未按规定开展"两个论证"

包括已进入采购阶段但未开展物有所值评价或财政承受能力论证的（2015年

4 月 7 日前进入采购阶段但未开展财政承受能力论证以及 2015 年 12 月 18 日前进入采购阶段但未开展物有所值评价的项目除外)；虽已开展物有所值评价和财政承受能力论证，但评价方法和程序不符合规定的。

4. 不宜继续采用 PPP 模式实施

包括入库之日起一年内无任何实质性进展的；尚未进入采购阶段但所属本级政府当前及以后年度财政承受能力已超过 10%上限的；项目发起人或实施机构已书面确认不再采用 PPP 模式实施的。

5. 不符合规范运作要求

包括未按规定转型的融资平台公司作为社会资本方的；采用建设-移交 BT 方式实施的；采购文件中设置歧视性条款、影响社会资本平等参与的；未按合同约定落实项目债权融资的；违反相关法律和政策规定，未按时足额缴纳项目资本金、以债务性资金充当资本金或由第三方代持社会资本方股份的。

6. 构成违法违规举债担保

包括由政府或政府指定机构回购社会资本投资本金或兜底本金损失的；政府向社会资本承诺固定收益回报的；政府及其部门为项目债务提供任何形式担保的；存在其他违法违规举债担保行为的。

7. 未按规定进行信息公开

包括违反国家有关法律法规，所公开信息与党的路线方针政策不一致或涉及国家秘密、商业秘密、个人隐私和知识产权，可能危及国家安全、公共安全、经济安全和社会稳定或损害公民、法人或其他组织合法权益的；未准确完整填写项目信息，入库之日起一年内未更新任何信息，或未及时充分披露项目实施方案、物有所值评价、财政承受能力论证、政府采购等关键信息的。

二、PPP 项目退库引发的后续法律问题的处理

考虑到 PPP 项目与基础设施建设、公共服务供给的密切关系，项目退库可能引发的后续问题需要得到妥善处理。

一般地说，由于各种原因导致 PPP 项目退库，但双方之前所订立的合作协议和 PPP 合同仍然是有效的。因此，退库后的 PPP 项目的原合作方面临着如下几种可能：一是解除合同；二是合同权利义务概括转让，即由新的社会资本方承继原合作协议和 PPP 合同中社会资本方的所有权利和义务；三是继续履行合同。

如选择提前终止作为解决路径的，应当根据项目所处的阶段、退库产生的原因及项目合同约定进行归责，认定责任承担主体，并结合已发生的投资额、已完成的工程量以及退库可能造成的实际损失等因素合理确定补偿标准，依法承担各自的责任。

如果原合作协议和 PPP 合同由第三方承继，这仅仅是一种合同法上的可能性，PPP 合同具有特许经营的性质，社会资本方的经营权是政府经过在政府采购

特定法律流程而授予的，第三方承继其实是存在法律 障碍的。

如原PPP项目退库且双方不再以PPP模式继续实施的，那么，政企双方该如何进行后续项目合作则是要考虑的关键。对此，多数已退库项目会选择转变项目投资模式来寻求突破，此时应根据具体项目情况和不再采用PPP模式的原因，选择合适的继续合作模式。针对不属于公共服务领域、政府不负有提供义务的项目，如地产开发项目等竞争性较强的商业项目，地方政府可通过采用招商引资、产业导入、土地招拍挂等完全市场化的运作方式；针对涉及重大安全或公共利益等不适宜由社会资本承担的项目则应优先考虑采用政府投资模式实施，对其他尽管涉及公共利益或公共服务项目的，也可以发挥地方国有企业的经验与能力，由地方国有企业与社会资本进行合作；对仅涉及工程建设，无运营内容或者在特定行业领域缺少合适社会资本运营商的项目，政府方可以优先选择传统工程发包或EPC总承包商的实施模式完成后续工程项目。

三、退库项目的再入库

PPP项目退库将对项目融资、建设及运营等产生较大影响。全国PPP综合信息平台项目库遵循“能进能出”动态调整机制，除“不适宜采用PPP模式实施”以外原因（如操作不规范、信息不完善等）导致项目被退库的，因合规性问题被退库的只要严格依据法律和政策，妥善梳理和解决项目中可能发生的主体不合规、采购不规范等问题后，可以重新申请入库。项目重新整改的过程是项目重新进行全面系统论证的过程，项目能否实现物有所值，是否可通过财政承受能力论证作为项目整改的核心衡量标准。同时，针对已完成项目采购或已进入实施阶段的项目而言，如果合规性问题整改导致项目采购阶段所确立的采购条件和原则发生了实质性变化，则必然涉及政府和中选社会资本双方对项目运作模式、回报机制和绩效考核等各方面的再谈判。在此情形下，双方除了应遵循合规性和合理性原则，在兼顾各方合法权益的基础上形成一致认可的整改方案之外，应尽量借助第三方专家力量，解剖难题、找准症结、核实问题，结合政策规定和项目的实际情况提出有针对性、可操作性的整改方案，保证项目的整改质量。总之，财政部门关于项目退库的相关规定的目的在于：加强PPP项目的合规性监管，通过退库的形式要求各地的PPP项目在合规和健康的轨道上运行。

第三章　PPP模式的应用领域及运作方式

PPP模式的本质与特有功能决定了其应用领域及具体的运作方式。PPP项目是国家(政府)利用社会资本进行项目建设的一种充分利用社会资本的一种方式。受政府相应职能部门所制定的行政法规和规范性文件的约束,PPP模式只能适用于特定的行业和领域,而非所有的经济活动都可以适用。同时,PPP项目在其全生命周期过程中还要受到行政机关的监管。因此,PPP项目所适用的领域都是由相关行政法规和规范性文件予以明确规定的,本章的第二节及第三节都是从现有规定的角度对PPP项目所适用的领域和特殊领域进行分析和介绍。PPP项目有诸多的模式、可以适用于诸多的领域,但是并不是所有的模式可以适用于所有的领域。比如说某些领域只能适用特定的模式。因此,本章第四节从PPP的模式和领域相结合的角度分析PPP项目的运作方式。

第一节　PPP的本质与功能

一、PPP模式的本质

对PPP的概念众多机构和专家从不同视角进行表述,但不论是何种表述都普遍认同了PPP模式的如下显著特征,即PPP是公共部门与私人部门的合作、合作的目的是提供公共产品或服务、在合作过程中公共部门与私人部门利益共享且风险共担。我国官方将PPP模式表述为“政府和社会资本合作模式是在基础设施及公共服务领域建立的一种长期合作关系。通常模式是由社会资本承担设计、建设、运营、维护基础设施的大部分工作,并通过使用者付费及必要的政府付费获得合理投资回报;政府部门负责基础设施及公共服务价格和质量监管,以保证公共利益最大化”。基于此表述并通过对具体PPP项目的分析,我们认为PPP模式在本质上可以表述为如下几个方面。

(一) PPP模式是公私合作的融资性活动

PPP项目本质是对地方政府的长期融资。政府部门或地方政府通过政府采购形式与中标单位组成的SPV公司签订特许合同(特殊目的公司一般由中标的建筑公司、服务经营公司或对项目进行投资的第三方组成的股份有限公司)由SPV负责筹资、建设及经营。政府通常与提供贷款的金融机构达成一个直接协议,这个协议不是对项目进行担保的协议,而是一个向借贷机构承诺将按与SPV公司签订的合同支付有关费用的协定,这个协议使SPV能比较顺利地获得金融机构的贷款。采用这种融资形式的实质是:政府通过给予私营公司长期的特许经营权和收益权来换取基础设施加快建设及有效运营。

(二) PPP合作模式具有行政属性

PPP模式具有很突出的行政属性。这一点首先体现在PPP项目库中大多数PPP项目往往涉及特许经营权,特许经营是PPP重要表达方式,特许经营主要应用于能够全部或部分通过"使用者付费"覆盖项目投资的经营性或准经营性项目,而对于没有经营收入,完全依靠政府付费收回项目投资的,一般不需要政府方授予社会资本方具有排他性和独占性特征的特许经营权。特许经营权的授予,属于行政许可的范畴,社会资本方所拥有的特许经营权是政府创造和给予的"部分垄断地位"。

其次,在PPP项目中政府除了作为合同一方对另一方行使基于合同的监督权之外,在涉及公共利益的情形下,政府可以行使与合同精神相背离的如介入、接管等行政行为,此项权力是政府方单向行使的,且并不因为PPP合同中是否有约定而受到限制,具有行政性特征。

(三) PPP模式通过合同对各方进行约束,具有商事契约性

在PPP项目中,项目参与方通过签订一系列合同来确立和调整彼此之间的权利义务关系。通常包括PPP项目合同、股东协议、履约合同(包括工程承包合同、运营服务合同、原料供应合同、产品或服务购买合同等)、融资合同和保险合同等。这一系列合同一般都是通过招投标的方式予以确认并约束PPP项目实施机构与社会资本方、社会资本方与第三方等各方行为,合同主体是平等的民商事主体。各个合同之间通常存在一定的关联性。在诸多合同之中PPP项目合同最为核心的部分,通过PPP项目合同实现在政府方与社会资本方之间合理分配项目风险,明确双方权利义务关系,保障双方能够依据合同约定合理主张权利,妥善履行义务的效果。

(四) PPP模式一般体现为综合性的建设工程项目

PPP项目往往是政府(机构)利用社会资本进行涉及基础工程建设的项目,这些建设工程一般都是综合性的建设工程,投资额度大、建设周期长。在项目实施过程中,应遵照建设工程相关法律法规的要求。

二、PPP模式的功能

PPP模式被视为我国管理制度体制上的一场创新和变革,从中央到地方各级政府都应高度重视,树立正确的价值观,摒弃把PPP仅作为融资工具的错误认识。PPP模式的本质是提高社会公共产品或服务的供应效率,转变政府职能,通过市场化手段来调动财政资源的合理配置。简而言之,PPP模式成功地实现了融资模式的创新和政府职能的转变。

(一)减轻政府财政负担

提供公共产品或服务是政府的重要职能。随着社会发展,现今公共产品或服务项目呈现出投资规模大、专业性要求高、成本回收慢等特点,仍然只允许由政府提供对财政而言是一个极大的负担。

PPP模式的运用成功解决了财政在项目中直接投资效率低的问题。现代国家治理体系视角下,转变政府职能的关键就在于处理政府与市场以及政府与社会的关系。转变政府职能必须以从"全能政府"到"有限政府"的观念转换和制度设计转换为目标,扭转政府直接控制生产、交换、分配的每一个环节,改变政府全面承担资源配置、收入分配等方面所有职能的状况。[①] 政府应该"有所为,有所不为",对市场可以进行调节或者市场调节效率更高的,政府就应该让市场来进行资源配置。在政府进行职能转变后,引入社会资本,与社会资本相互合作,有利于减轻政府行政负担,精简政府机构,降低管理成本,缓解财政压力。将社会资本引入基础设施建设,减轻政府财政压力,政府可以将更多财政投资于健康、教育等社会焦点以提供更广泛、更高质量的公共服务。

(二)满足公众需求

PPP模式得到推广的重要原因就是政府资金有限以及公共基础设施落后。这是因为经济基础和公共服务提供之间有着历史的必然的联系。落后的基础设施维修状况及费用会对公共安全和社会经济等产生影响。加之市政债券市场不景气、政府不愿意提高税收等原因,用于修护基础设施的费用极度短缺。PPP模式允许政府利用私人部门的资金优势来满足社会基础设施建设的需求。

在市场经济条件下,社会资本之间进行充分竞争,市场的调节使得政府可以以较低价格购买更高质量的公共服务。由市场来进行资源配置,社会资本可以更好了解、挖掘人们需求,根据需求差异,投资不同领域,不仅及时、高效满足了人们的需求,还能最大限度地降低资源浪费。引入社会资本,让市场发挥调节作用,提高资本运作效率,避免政府资源浪费,可以推动经济结构调整和转变发展方式。将资本投入基础设施还可以解决就业问题,基础设施建设提供大量劳动岗位,提高社会就业率,有助于社会稳定[②]。

(三)降低成本投入

PPP模式下通过公共部门与社会部门的合作,可以使公共部门有更多的精力投注于公共管理,而社会部门则可以更多地关注项目的执行与效率。引入社会资

---

① 见杨建顺:《政府职能转变的目标及其制度支撑》,载《中国法学》2006年第6期,第25-31页。

② 见韩佀:《论PPP模式的起源、价值及趋势》,载《实事求是》2015年第5期,第23-24页。

本进行公私合作具有极大优势，社会资本投资方会更注重项目的生命周期，关注鼓励创新来降低成本、提高投资回报率，在公共产品的分配上也具有更高的效率。①在投资环境不景气的情况下，采用PPP可以降低政府投资基础设施的成本，提高政府投资回报率。英国国家审计署(2003)认为，从广义上讲PFI(Private Finance Initiative)合同为社会部门提供了物有所值的投资，绍乌尔(1998)发现最开始的12家采用公私合作的医院的平均投资回报率达到了58%。公私合作的优点在交通运输等基础设施方面也是很明显的，蒂明斯和怀顿(1998)表明，最初的英国四条采用PFI模式修建的道路通过研究相比传统的采购方式节约了大约13%。②

第二节 PPP模式应用领域及法规依据

2014年国务院正式提出建立政府和社会资本合作机制。《国务院关于创新重点领域投融资机制鼓励社会投资的指导意见》(国发〔2014〕60号)提出“在公共服务、资源环境、生态保护、基础设施等领域，积极推广政府和社会资本合作模式。”《关于在公共服务领域推广政府和社会资本合作模式的指导意见》(国办发〔2015〕42号)提出“围绕增加公共产品和公共服务供给，在能源、交通运输、水利、环境保护、农业、林业、科技、保障性安居工程、医疗、卫生、养老、教育、文化等公共服务领域，广泛采用政府和社会资本合作模式。”总体来说PPP模式聚焦于基础设施和公共服务领域，但并非领域内的所有项目均适用PPP模式。适宜采用政府和社会资本合作模式的项目，应当“具有价格调整机制相对灵活、市场化程度相对较高、投资规模相对较大、需求长期稳定的特点”。③ 目前，我国诸多政策性文件中均对PPP模式的适用领域进行了规定。

一、PPP模式应用领域的法规依据

(一) 财政部文件所列示的应用领域

1.《关于推广运用政府和社会资本合作模式有关问题的通知》(财金〔2014〕76号)：“各级财政部门要重点关注城市基础设施及公共服务领域，如城市供水、供暖、供气、污水和垃圾处理、保障性安居工程、地下综合管廊、轨道交通、医疗和养老服务设施等，优先选择收费定价机制透明、有稳定现金流的项目。”

2.《关于印发政府和社会资本合作模式操作指南(试行)的通知》(财金〔2014〕

---

① 2009 Eur. Pub. Private Partnership L. Rev. 71 2009.

② Robert Eadie Phillip Millar Rory Grant. PFI/PPP, privatesector perspectives of UK transport and healthcare[J]. Built Envi-ronment Project and Asset Management, 2013(03).

③ 见《关于推广运用政府和社会资本合作模式有关问题的通知》(财金〔2014〕76号).

113 号)第六条:“投资规模较大、需求长期稳定、价格调整机制灵活、市场化程度较高的基础设施及公共服务类项目,适宜采用政府和社会资本合作模式。”

3.《关于在公共服务领域深入推进政府和社会资本合作工作的通知》(财金〔2016〕90 号):“在中央财政给予支持的公共服务领域,可根据行业特点和成熟度,探索开展两个‘强制’试点。在垃圾处理、污水处理等公共服务领域,项目一般有现金流,市场化程度较高,PPP 模式运用较为广泛,操作相对成熟,各地新建项目要‘强制’应用 PPP 模式,中央财政将逐步减少并取消专项建设资金补助。在其他中央财政给予支持的公共服务领域,对于有现金流、具备运营条件的项目,要‘强制’实施 PPP 模式识别论证,鼓励尝试运用 PPP 模式,注重项目运营,提高公共服务质量。……要严格区分公共服务项目和产业发展项目,在能源、交通运输、市政工程、农业、林业、水利、环境保护、保障性安居工程、医疗卫生、养老、教育、科技、文化、体育、旅游等公共服务领域深化 PPP 改革工作。”

(二) 国家发展和改革投资委员会文件所列示的领域

1.《国家发展改革委关于开展政府和社会资本合作的指导意见》(发改投资〔2014〕2724 号):“PPP 模式主要适用于政府负有提供责任又适宜市场化运作的公共服务、基础设施类项目。燃气、供电、供水、供热、污水及垃圾处理等市政设施,公路、铁路、机场、城市轨道交通等交通设施,医疗、旅游、教育培训、健康养老等公共服务项目,以及水利、资源环境和生态保护等项目均可推行 PPP 模式。各地的新建市政工程以及新型城镇化试点项目,应优先考虑采用 PPP 模式建设。”

2.《国家发展改革委关于切实做好传统基础设施领域政府和社会资本合作有关工作的通知》(发改投资〔2016〕1744 号):“各地发展改革部门要会同有关行业主管部门等,切实做好能源、交通运输、水利、环境保护、农业、林业以及重大市政工程等基础设施领域 PPP 推进工作。”该文还列示了传统基础设施领域推广 PPP 模式重点项目如下表。

传统基础设施领域推广 PPP 模式重点项目一览

领域	类别	项目内容
能源	煤炭类	煤层气输气管网、压缩/液化站、储气库、瓦斯发电等
	电力及新能源类	供电/城市配电网建设改造、农村电网改造升级、资产界面清晰的输电项目、充电基础设施建设运营、分布式能源发电项目、微电网建设改造、智能电网项目、储能项目、光伏扶贫项目、水电站项目、热电联产、电能替代项目
	石油和天然气类	油气管网主干/支线、城市配气管网和城市储气设施、液化天然气(LNG)接收站、石油和天然气储备设施等
交通运输	铁路运输类	列入中长期铁路网规划、国家批准的专项规划和区域规划的铁路项目。重点鼓励城际铁路、市域(郊)铁路、资源开发性铁路以及支线铁路项目

（续表）

领域	类别	项目内容
	道路运输类	公路建设、养护、运营和管理项目。城市地铁、轻轨、有轨电车等城市轨道交通项目
	水上运输类	港口码头、航道等水运基础设施建设、养护、运营和管理等
	航空运输类	民用运输机场、通用机场及配套基础设施建设等
	综合类	综合运输枢纽、物流园区、运输站场等建设、运营和管理项目，交通运输物流公共信息平台等
水利		引调水工程、水生态治理工程、供水工程、江河湖泊治理工程、灌区工程、农业节水工程、水土保持等
环境保护		水污染治理项目、大气污染治理项目、固体废物治理项目、危险废物治理项目、放射性废物治理项目、土壤污染治理项目；湖泊、森林、海洋等生态建设、修复及保护项目
农业		高标准农田、种子工程、易地扶贫搬迁、规模化大型沼气等三农基础设施建设项目、现代渔港、农业废弃物资源化利用、示范园区、国家级农产品批发市场等项目。旅游农业、休闲农业基础设施建设等
林业		京津风沙源治理工程、岩溶地区石漠化治理工程、重点防护林体系建设、国家储备林、湿地保护与修复工程、林木种质资源保护、森林公园等
重大市政工程		采取特许经营方式建设的城市供水、供热、供气、污水垃圾处理、地下综合管廊、园区基础设施、道路桥梁以及公共停车场等

（三）我国PPP项目应用领域概述

我国各地方政府依据上述规定，大力实施PPP项目的发展，现结合“全国PPP综合信息平台项目管理库”信息，笔者将PPP模式适用领域列表归纳如下表。

PPP模式适用领域一览

项目所属行业	
一级	二级
保障性安居工程	保障性住房、农村危房改造、棚户区改造、游牧民安居工程、其他
城镇综合开发	园区开发、城镇化建设、厂房建设、其他
交通运输	仓储物流、港口忙头、高速公路、一级公路、二级公路、航道航运、机场、交通枢纽、桥梁、隧道、铁路(不含轨道交通)、其他
农业	农产品交易中心、农业
教育	教育、普通高校、普通高中、义务教育、学前教育、职业教育、其他
科技	科技、智慧城市、信息网络建设、其他
林业	林业

（续表）

项目所属行业	
一级	二级
旅游	旅游、旅游配套设施、观光旅游、农业旅游、生态旅游、文化旅游、其他
能源	充电桩、风电、光电、垃圾发电、煤电、生物质能、能源储备、其他
社会保障	社会福利机构、殡葬、就业服务机构、残疾人事业服务机构、其他
生态建设和环境保护	生态建设和环境保护、综合治理、湿地保护、其他
体育	体育
市政工程	公交、公园、供电、供气、供热、供水、管网、广场、轨道交通、海绵城市、景观绿化、垃圾处理、排水、市政道路、市政工程、停车场、污水处理、其他
文化	文化场馆、文物保护、古城保护、其他
养老	养老业、医养结合、老年公寓
医疗卫生	医院、医疗卫生社区、乡镇卫生所、公共卫生机构、其他
政府基础设施	公共安全部门场所建设、政府基础设施建设、党政办公场所建设
水利建设	防洪、灌溉、水库、水利建设、水利枢纽、引水、其他
其他	其他

笔者通过比较各行业项目近三年新增占比与近三年 PPP 项目总新增占比，得出近几年 PPP 项目热点应用领域的大致结论——林业、农业、教育、保障性安居工程、水利建设、旅游、城镇综合开发行业项目为近年 PPP 项目的热点领域。[①] 而交通运输、市政工程、生态建设与环境保护则是自 PPP 模式发展伊始就备受关注且热度持续的行业。[②] 从中央各部委的发文则能够看出未来 PPP 模式运用的新热点领域，如《“十四五”残疾人保障和发展规划》（国发〔2021〕10 号）提出采取政府和社会资本合作等方式吸引社会力量和市场主体参与残疾人服务；《国务院办公厅关于推进养老服务发展的意见》（国办发〔2019〕5 号）提出通过政府和社会资本合作等方式参与发展养老服务，支持养老服务中心建设。

笔者在下节将选取数个 PPP 项目热点或重点领域就其发展、规范及实施中的相关问题进行分析与讨论。

---

① 近三年新增项目数量在总项目数量中占 16.4%，林业、农业、教育、保障性安居工程、水利建设、旅游、城镇综合开发行业近三年新增项目数量在历年总数中占比均高于 16.4%。大致可以看出如上行业运用 PPP 的热度高于平均水平。

② 交通运输、市政工程、生态建设和环境保护行业项目数量在总项目数量中占 64%，且近几年仍以较大的增量增长。

第三节　PPP项目的热点重点领域及操作中需要关注的问题

一、农业

(一) 发展与运用现状

农业农村部与国家乡村振兴局在《社会资本投资农业农村指引(2021年)》(农办计财〔2021〕15号)中强调:"全面实施乡村振兴战略的深度、广度、难度都不亚于脱贫攻坚,必须加强顶层设计,以更有力的举措、汇聚更强大的力量来推进。社会资本是全面推进乡村振兴、加快农业农村现代化的重要支撑力量。"

目前我国财政部PPP项目数据库中有农业项目91个(含10个旅游—农业旅游类项目),其中56个项目已进入实施阶段。项目主要涉及农产交易中心建设、农业基础设施建设、农业产业园、田园综合体建设等内容。从投资规模来看项目投资总额自千万至数十亿不等。运作方式以BOT为主,合作年限在10年至30年之间。

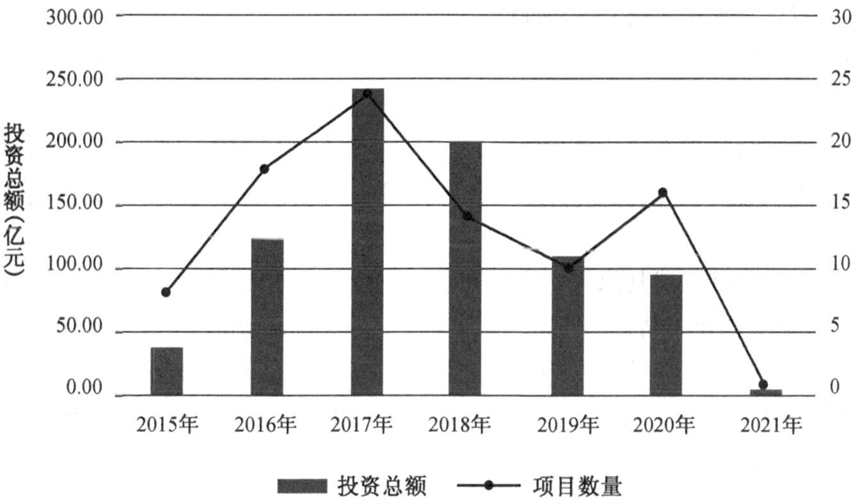

图3-1　历年农业PPP项目数量及投资总额

PPP模式在农业领域的运用呈现出区域上的差异性,东部沿海地区农业生产基础和投资环境优越,投资农业起步较早,投资规模大,效益明显,而社会资本在中西部地区尚处于起步阶段,可选择的经营范围与盈利空间相对有限。[①]

① 见郭永田,龙文军:《加快推进农业PPP投资》,载《中国经济时报》2016年8月12日第9版;《发改委农业部联合支持农业PPP,七大项目前景巨大》,载《科技信息快报》2016年12月20日。

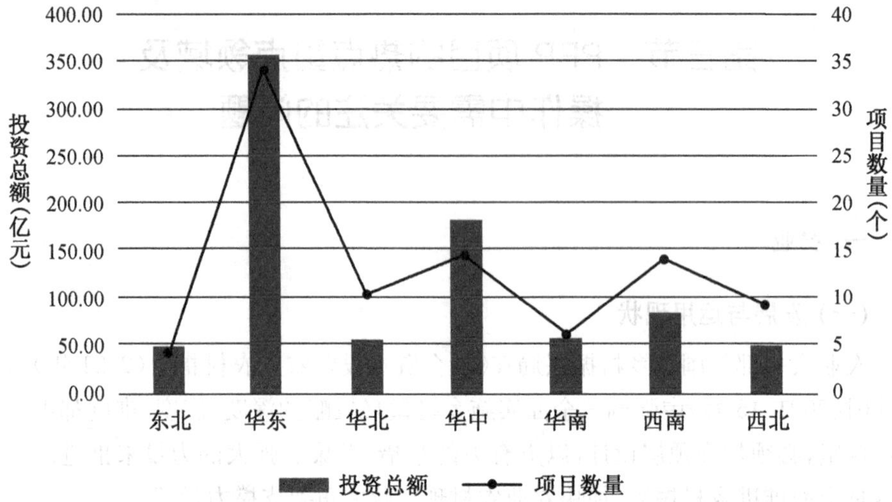

图3-2 各区域农业PPP项目数量及投资总额

农业PPP项目中既有更偏向传统农业发展的农产品交易中心项目、农业基础设施建设项目、农业产业园项目,近年来也出现了农业信息化项目、农业与第二第三产业结合的田园综合体项目等现代农业项目。

江西省智慧农业建设PPP项目是江西省农业厅负责实施的国家级示范项目,项目包括农业应急指挥中心、12316综合信息服务中心、农业云计算中心、物联网平台、农产品溯源平台、农产品电子商务平台、智慧农业应用系统、益农信息社建设等内容。本项目作为农业信息化的尝试,是发展农业现代化的一个典型项目,对衔接农户与市场、推动农业电子商务发展、缩小城乡信息化发展差距、调整农业结构具有重大意义。

新疆和田地区洛浦县绿色产业示范园(田园综合体)PPP建设项目则是将农业与第二、第三产业相结合的国家级示范项目。本项目依托哈拉快力水库灌溉水系,建立"鱼-牧-中草药-传统农作物"的种植基地,打造集现代农业综合开发、植物驯化研究、休闲娱乐、观光旅游于一体的综合性农业生产发展的田园综合体。田园综合体是现代农业发展的一个趋势,国人对田园式生活的偏好是休闲观光农业发展的重要社会基础,观光农业作为农业和旅游业的交叉新产业,即拓宽了农业发展的空间,也开辟了旅游业发展的领域。本项目的实施提升了当地农业供给体系,在拓宽农民收入来源、改善农村基础设施、促进农村一二三产业融合等方面发挥了作用。

(二)法规依据

2017年中共中央一号文件《关于深入推进农业供给侧结构性改革加快培育农业农村发展新动能的若干意见》中"改革财政支农投入机制"部分明确提出"推广政府和社会资本合作,实行以奖代补和贴息,支持建立担保机制,鼓励地方建立风险补偿基金，撬动金融和社会资本更多投向农业农村……拓宽农业农村基础设施投融资渠道，支持社会资本以特许经营、参股控股等方式参与农林水利、农垦等项目建设运营。鼓励地方政府和社会资本设立各类农业农村发展投资基金。”①为深入贯彻落实中央 1 号文件，农业部联合国家发改委、财政部等部委先后印发数个指导意见、指引等政策文件，推动引导 PPP 模式在农业农村的运用，并在同年筛选出农业领域第一批 20 个 PPP 试点项目，②加强对 PPP 试点项目的扶持，以试点项目为例通过项目后评价和绩效评价总结经验，形成可复制的模式引导更多的社会资本参与农业领域 PPP 项目。

农业领域 PPP 政策一览

发布主体	名称与文号
中共中央国务院	《关于深入推进农业供给侧结构性改革加快培育农业农村发展新动能的若干意见》
发改委	《关于推进农业领域政府和社会资本合作的指导意见》(发改农经〔2016〕2574 号)
	《关于印发农业领域政府和社会资本合作第一批试点项目的通知》(发改办农经〔2017〕1322 号)
财政部	《关于深入推进农业领域政府和社会资本合作的实施意见》(财金〔2017〕50 号)
农业农村部(原农业部)	《关于推动落实农村一二三产业融合发展政策措施的通知》(农加发〔2016〕6 号)
	《关于推进农业供给侧结构性改革的实施意见》(农发〔2017〕1 号)
	《关于政策性金融支持农村一二三产业融合发展的通知》(农办加〔2017〕13 号)
	《关于政策性金融支持农村创业创新的通知》(农办加〔2017〕29 号)
	《关于支持创建农村一二三产业融合发展先导区的意见》(农办加〔2017〕20 号)
	《关于开展全国休闲农业重点县建设的通知》(农产发〔2021〕1 号)
	《关于加快农业全产业链培育发展的指导意见》(农产发〔2021〕2 号)
	《社会资本投资农业农村指引(2021 年)》(农办计财〔2021〕15 号)

① 见国务院《关于深入推进农业供给侧结构性改革加快培育农业农村发展新动能的若干意见》第 28 条。

② 20 个试点项目包括：河北省定州市规模化生物天然气项目、河北省海兴现代农业产业园项目、江苏省洪泽湖生态环境提升工程—美丽蒋坝项目、安徽省淮北金西域生态休闲农业项目、福建省东山县大澳渔港及产业融合示范区项目、福建省惠安县崇武渔港及产业融合示范区项目、江西省智慧农业建设项目、山东省莱阳市病死畜禽无害化处理项目、湖北省信息进村入户工程建设项目、湖北省武穴市畜禽粪污全域收集生态处理肥料化利用项目、湖北省农业废弃物资源化利用及病死畜禽无害化处理项目、湖南省攸县病死动物无害化处理中心项目、湖南省岳阳县病死畜禽无害化处理体系建设项目、四川省蒲江县 30 万亩健康土壤培育应用示范项目、四川省广安区农业废弃物资源化利用项目、云南省陆良高原特色现代农业示范园项目、云南省开远高效现代农业园建设项目、陕西省山阳县漫川关镇生物天然气供气工程项目、甘肃省庆阳市千万只肉羊产业化及良种肉羊制种基地建设项目、新疆维吾尔自治区塔城沙湾县马兰鑫科国家科技园区暨沙湾大盘鸡一二三产业融合发展产业园项目，见 http://www.gov.cn/xinwen/2017-08/04/content_5215962.htm。

(三) 农业 PPP 项目需要考虑的几个因素

1. 项目用地

农业类 PPP 项目主要涉及农村集体土地的使用,国家对于农村集体土地性质与用途有着很严格的限制与规定,因此在实施农业类 PPP 项目的时候,需要根据用地性质采取相对应的获取方式。

农村集体土地主要分为农村集体建设用地、农村集体农业用地。项目中主要涉及的农村集体建设用地包括集体公益性建设用地和集体经营性建设用地,其主要通过审批的方式获得。具体是经乡(镇)人民政府审核,向县级以上地方人民政府土地行政主管部门提出申请,按照省、自治区、直辖市规定的批准权限,由县级以上地方人民政府批准。若项目涉及集体经营性建设用地的,则可在符合规划、用途管制和依法取得的前提下,通过出让、租赁方式取得存量集体经营性建设用地的使用权。

农村集体农业用地即直接用于农业生产的土地,包括耕地、林地、牧草地、养殖水面、坑塘水面、农田水利设施用地、畜禽饲养地等。根据《农村土地承包法》《土地管理办法》等相关政策规定,农村集体农业用地的经营权可通过流转的方式取得,流转的方式不限于转包、出租、转让及入股等。在实际操作中,可视项目条件、需求及农民与项目公司的合作意愿考虑采用合适的流转方式。

2. 农户、农民合作社参与 PPP 项目的方式

《关于开展土地经营权入股发展农业产业化经营试点的指导意见》(农产发〔2018〕4 号)与农业产业化发展、适度规模化经营和土地制度改革衔接,从土地经营权入股的重要意义、基本原则、重点任务和政策保障四个方面提出土地经营权入股的操作模式和要求,为开展土地经营权入股的试点工作提供政策依据。根据该文件,土地经营权入股的模式包括农户以土地经营权直接入股农业公司、农户直接以土地经营权入股农民专业合作社、农户先出资设立农民专业合作社再由合作社以土地经营权出资设立公司。按照现有 PPP 政策,农户或农民合作社是无法作为 PPP 项目的社会资本方成员的,而土地经营全入股模式则打通了农户或农民合作社间接参与 PPP 项目的通道。即农户或农民可以土地经营权入股农业公司,以社会资本方或项目公司股东身份参与 PPP 项目。

在 PPP 项目中采用上述方式需要关注的如下几个风险点。其一,应关注土地承包经营权期限对社会资本方稳定性的影响。通常以土地经营权入股的土地所对应的承包经营权期限长短不一,这将给出资中含有经营权入股的项目公司或社会资本方带来不稳定性。加之 PPP 项目通常对社会资本方设定股权锁定期约束,在锁定期内社会资本方的股权结构变化会对社会资本方的履约能力带来影响,进而影响 PPP 项目的稳定性。其二,土地承包经营权纠纷频繁,在接收土地经营权入股时,公司应关注入股土地上是否存在权利纠纷。其三,要避免触及法律法规红线。土地经营权的受让方需要具备农业经营能力或资质,社会资本或项目公司在

使用此类土地时不能改变土地的性质和用途，注意此类土地与农业 PPP 项目中的建设用地的区分。

二、水利

（一）发展运用现状

在水利工程领域，各地政府也逐渐采用 PPP 模式引进社会资本来投资、建设、运营相关水利项目。按不同的建设用途，水利工程可以细分为：农田水利工程、水土保持工程、防洪工程、航道与港口工程、城镇供排水工程、水力发电工程、滩涂围垦工程等；而许多综合型水利工程项目可能兼具防洪、发电、航运等多种用途。

目前我国财政部 PPP 项目数据库中有水利项目 447 个，投资总额达 3 903.96 亿元。目前已有 324 个项目进入实施阶段。项目主要涉及引水、水利/水利枢纽建设、水库、灌溉、防洪、水系改造、流域综合治理等内容。从投资规模来看项目投资额不等，主要集中在数亿和数十亿区间，少数项目投资额仅为千万，也有个别项目投资额高达百亿，如天京市于桥水库 TOT 项目。水利项目运作方式以 BOT 及其组合方式为主。水利 PPP 项目的合作年限较长，平均合作年限为 20 年。

水利 PPP 项目在 2014 年以后进入高速期，在 2018 年出现断崖式下降，与 PPP 总体发展趋势一致。

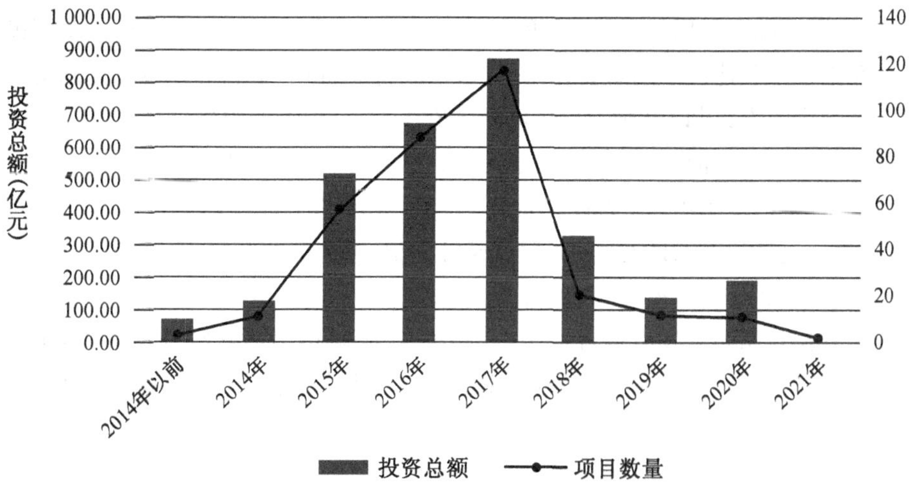

图 3-3 历年水利 PPP 项目数量及投资总额

在区域发展上，水利 PPP 项目覆盖全国 29 个省份。总体来看，水利 PPP 项目多集中在地理条件、气候条件复杂的农业大省，与水利项目功用特点相吻合。①

① 见罗飞、满莉：《水利行业 PPP 应用研究》，载《中国 PPP 行业发展报告（2020）》，社会科学文献出版社 2020 年版，第 225 页。

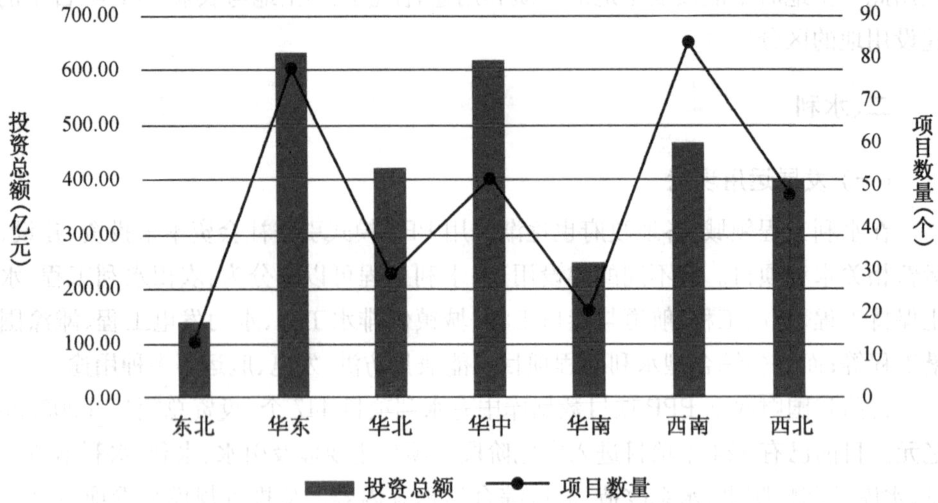

图 3-4　各区域水利 PPP 项目数量及投资总额

(二) 法规依据

2010 年国务院发布《关于鼓励和引导民间投资健康发展的若干意见》(国发〔2010〕13 号)提出:"鼓励民间资本参与水利工程建设。建立收费补偿机制,实行政府补贴,通过业主招标、承包租赁等方式,吸引民间资本投资建设农田水利、跨流域调水、水资源综合利用、水土保持等水利项目。"为贯彻落实《意见》,充分发挥民间资本在推动水利建设中的重要作用,结合水利行业特点,水利部先后研究制定了数个实施细则或方案①以鼓励引导民间资本在各类水利项目中的运用。2015 年国家发展改革委、财政部与水利部确定了黑龙江奋斗水库、浙江舟山大陆引水三期、安徽江巷水库等 12 个项目②为社会资本参与重大水利工程建设运营第一批试点项目,力争通过 2 年左右的时间,探索形成可复制、可推广的经验,并推动相关政策的完善。2017 年国家发展改革委与水利部联合印发《政府和社会资本合作建设重大水利工程操作指南》(发改农经〔2017〕2119 号)明确指出:"除特殊情形外,水利工程建设运营一律向社会资本开放,原则上优先考虑由社会资本参与建设运营。"

---

① 《鼓励和引导民间资本参与农田水利建设实施细则》(水规计〔2012〕282 号),《鼓励和引导民间资本参与水土保持工程建设实施细则》(水规计〔2012〕283 号),《全国冬春农田水利基本建设实施方案》(水农〔2013〕388 号)。

② 12 个试点项目为:黑龙江奋斗水库、浙江舟山大陆引水三期、安徽江巷水库、福建上白石水库、广东韩江高陂水利枢纽、湖南莽山水库、重庆观景口水库、四川李家岩水库、四川大桥水库灌区二期、贵州马岭水利枢纽、甘肃引洮供水二期工程、新疆大石峡水利枢纽工程,见《关于开展社会资本参与重大水利工程建设运营第一批试点工作的通知》(发改办农经〔2015〕1274 号)。

水利领域PPP政策一览

发布主体	名称与文号
发改委	《关于鼓励和引导社会资本参与重大水利工程建设运营的实施意见》(发改农经〔2015〕488号)
	《关于开展社会资本参与重大水利工程建设运营第一批试点工作的通知》(发改办农经〔2015〕1274号)
	《政府和社会资本合作建设重大水利工程操作指南(试行)》(发改农经〔2017〕2119号)
水利部	《关于印发鼓励和引导民间资本参与水土保持工程建设实施细则的通知》(水规计〔2012〕283号)
	《关于深化水利改革的指导意见》(水规计〔2014〕48号)
	《关于印发深化农田水利改革的指导意见的通知》
	《关于印发水利工程建设项目法人管理指导意见的通知》
国家能源局	《关于鼓励社会资本投资水电站的指导意见》(国能新能〔2015〕8号)

(三) 需要关注的风险及法律应对措施

水利PPP项目往往面临以下几类风险。

第一,设计风险。设计风险源于对水文的判断与推测不准、地质条件的勘探摸底不够、对项目可能产生的环境影响判断缺失。在PPP项目中,大部分水利工程设计工作由政府负责,因而设计风险也主要由政府承担;而很少的水利工程项目可能会让社会资本自行设计或委托第三方设计,即使社会资本或第三方有设计资质,政府也需要对设计标准进行审定,对设计方案进行确认。

第二,建设风险。水利工程PPP项目中,工程建设由项目公司负责。与其他经营类或者市政类项目不同的是,许多水利工程项目如果不能按期保质保量完工,不仅对项目自身建设成本、运营有影响,还可能对周边的环境有更大的影响。例如堤坝如果不能按期完工,在汛期可能会影响下游农田、畜牧、渔业甚至群众生命财产安全。所以对于重要的、大型的水利工程项目,项目建设进度、质量的保证至关重要,这就要求水利PPP项目在选择社会资本时要更加关注其融资、建设等能力。

第三,运营维护风险。大部分水利工程项目会形成有形的建筑设施。社会资本需要承担设施的运营维护工作。运营维护风险主要体现在两方面:其一是社会资本运营水利项目反而造成运营成本的增加;其二是一旦运营不到位造成设施有损如堤坝损坏而不及时补修,可能在汛期造成洪水冲击、下游村庄与农田淹没等损失。因此,社会资本有责任承担运营维护过程中产生的风险。

第四,融资风险。政府选择社会资本参与水利工程项目的重要原因之一是为减轻政府债务压力。在投资规模较大的水利工程PPP项目中,政府一般倾向于选择资金实力强的社会资本作为合作伙伴。因此,社会资本应该承担项目的融资风险，包括融资可及性风险和利率风险。

针对上述可能存在的风险。水利项目在应用 PPP 模式时需要设计一些特殊条款予以应对。第一，对拟投标的社会资本方的资金实力提出更高的要求；第二，在合同中增加项目的预备资金金额，以防工程实施过程中的款项支付风险；第三，增加投保金额以防水利工程的自然灾害、不可抗力风险；第四，在建设过程中加强跟踪监督。上述几点无法详尽，还需要根据水利工程的实际情况有针对性的设计相关法律文件尽可能地予以防范。

三、保障性安居工程

大规模推进保障性安居工程建设，是党中央、国务院为推动科学发展、加快转变经济发展方式、保障和改善民生采取的重大举措。目前有保障性安居工程入库项目 180 个，项目投资总额达 2725.29 亿元。其中有 148 个项目已进入实施阶段，项目落地率约为 82.2%。从入库信息来看保障性安居工程项目具体分为保障性住房项目（包括安置房、公租房、人才公寓等）、棚户区改造项目、农村危房改造项目、游牧民安居工程项目。

各类保障性安居工程 PPP 项目数量与投资额一览

项目类型	项目数量(个)	投资总额(亿元)	数量占比	投资占比
保障性住房	68	1 168.61	45.95%	42.88%
棚户区改造	68	1 396.16	45.95%	51.23%
游牧民安居工程	5	99.48	3.38%	3.65%
农村危房改造	2	9.00	1.35%	0.33%
其他	5	52.04	3.38%	1.91%

统计后不难看出在保障性安居工程 PPP 项目中最主要的保障性住房项目和棚户区改造项目，此两类项目占项目总数的九成以上。

本部分选取保障性安居工程项目中占比高的重点发展部分——公共租赁住房 PPP 项目和棚户区改造 PPP 项目进行进一步的梳理与讨论。

(一) 公共租赁住房

1. 目发展及运用现状

公共租赁住房是保障性安居工程中的重点发展部分。公共租赁住房面向城镇中等偏下收入住房困难家庭、新就业无房职工和在城镇稳定就业的外来务工人员供应，单套建筑面积以 40 平方米左右的小户型为主，满足基本居住需要。发展公共租赁住房，对于完善住房供应和保障体系、引导合理住房消费、缓解群众住房困难，实现人才和劳动力有序流动、促进城镇化健康发展具有十分重要的意义。

尽管国家数次发文欲推动政府和社会资本合作模式在公共租赁住房投资建设

和运营上的运用，但从统计数据来看目前已落地的公共租赁住房PPP项目仍较少，尚不足十个，分布于安徽省、江西省、河南省、广西壮族自治区、贵州等地。

从投资规模来看公共租赁住房PPP项目的投资总额达38.98亿元，回报机制大多为使用者付费或可行性缺口补助。由于公租房的可经营性，社会资本方可以通过向用户收取租金和出租或出售其他配套设施的方式获得收益，大多无须政府补贴。

从合作期限上看公共租赁住房合作期自10年至30年不等，按照现有的政策规定来说，这当中运营期限低于15年的项目并不能满足适用PPP模式的基本条件。[①] 如安徽省阜阳市颍上县经开区公租房及滨河大道棚户区改造PPP项目，该项目合作期10年，其中建设期为1.5年，运营期仅为8.5年。

从运作模式上看，目前主要以BOT模式开展项目运作，也有项目以OM模式开展如安庆市顺安南区、祥和南苑公租房PPP项目，或以组合模式开展，如济源市富士花园公租房项目以OM＋BOT模式开展。济源市富士花园公租房项目是河南省于2013年实施的国家级示范项目。该项目投资总额2.58亿元，合作期限30年，项目回报机制为可行性缺口补助。该项目涉及一期、二期工程，一期工程包括33栋住宅共3 986套住房，作为存量国有资产，以OM模式向社会资本方出让30年的特许经营权。二期新增614套住房，以BOT模式由社会资本方承担建设、运营等任务。在2019年富士花园公租房一期工程的3 144套公共保障房已开始集中办理入住手续，可以解决10 000余人的住房问题，小区配建有教育、医疗、环卫、商业等设施，实现了对部分中低收入、住房困难群众住房问题的解决、生活条件的改善。

2. 法规依据

2015年4月21日财政部联合国土资源部、住房城乡建设部、中国人民银行、国家税务总局、银监会共同发布《关于运用政府和社会资本合作模式推进公共租赁住房投资建设和运营管理的通知》，文中指出："运用这种模式（PPP模式）推进公共租赁住房投资建设和运营管理，有利于转变政府职能，提升保障性住房资源配置效率；有利于消化库存商品住房，促进房地产市场平稳健康发展；有利于提升政府治理能力，改善住房保障服务。运用政府和社会资本合作模式推进公共租赁住房投资建设和运营管理，作为一项政策创新和制度创新，对于稳增长、调结构、惠民生具有十分重要意义。"通过运用政府和社会资本合作模式，发挥政府与社会资本各自优势，把政府的政策意图、住房保障目标和社会资本的运营效率结合起来，逐步建立"企业建房、居民租房、政府补贴、社会管理"的新型公共租赁住房投资建设和运营管理模式，有效提高公共租赁住房服务质量和管理效率。

---

① 见《关于运用政府和社会资本合作模式推进公共租赁住房投资建设和运营管理的通知》（财综〔2015〕15号）。

公共租赁住房相关政策一览

发布主体	名称与文号
国务院	《国务院办公厅关于保障性安居工程建设和管理的指导意见》(国办发〔2011〕45号)
财政部	《中央财政城镇保障性安居工程项资金管理办法》(财综〔2014〕14号)
	《关于运用政府和社会资本合作模式推进公共租赁住房投资建设和运营管理的通知》(财综〔2015〕15号)
	《城镇保障性安居工程财政资金绩效评价办法的通知》(财综〔2017〕6号)
	《公共租赁住房资产管理暂行办法》(财资〔2018〕106号)
	《中央财政城镇保障性安居工程专项资金管理办法》(财综〔2019〕31号)
发改委	《中央预算内投资保障性安居工程专项管理暂行办法》(发改投资规〔2019〕1035号)
住房和城乡建设部	《公共租赁住房管理办法》(住房和城乡建设部令第11号)

3. 公共租赁住房PPP项目需要关注的几个因素

(1) 公共租赁住房适用PPP模式的基本条件

《关于运用政府和社会资本合作模式推进公共租赁住房投资建设和运营管理的通知》(财综〔2015〕15号)对公共租赁住房项目适用PPP的条件作出了具体的规定,在选择以PPP模式运作公租房项目时要关注不可触及政策红线。

公租房项目可适用PPP模式的基本条件	已纳入住房保障规划和年度计划
	项目规划所在区域交通便利,学校、医院等公共基础设施配套齐全
	户型建筑面积符合公共租赁住房条件。户型建筑面积以40平方米左右的小户型为主,单套建筑面积控制在60平方米以内
	承租公共租赁住房的保障对象数量稳定
	保障对象按市场租金水平向项目公司缴纳住房租金
	政府按保障对象支付能力给予分档补贴及其他政策支持
	公共租赁住房运营期限不少于15年

(2) 公共租赁住房运作模式的选择考量①

具体来说当前公租房的建设主要有三种模式。其一,由政府提供项目用地,由政府负责投资建设,并负责建成后的公租房管理。这种模式与廉租房模式几乎无异,都由政府无偿划拨土地,融资建设,但在住房租金上有所区别。其二,由政府划

① 见贾康,孙洁:《运用PPP机制提供保障性住房的建议》,载《经济研究参考》2014第13期,第35-39页;贾康,孙洁:《能否换一个模式建设保障性住房》,载中国税务报2011年6月1日第5版。

拨土地，吸引社会资本参与建设。形成政府出地，企业出钱，共建公租房的模式。这种模式特别适合于一些用工比较集中的开发区、产业园区，以及一些用工比较集中的大企业。由政府划拨土地企业出资建设，在满足本企业职工公租房的需求的同时，向社会提供公租房房源。其三，政府提供部分仅可用于建设公租房的土地，由各类企业通过市场方式取得土地，然后建设公租房并拥有这部分公共租赁住房的所有权。

模式一下的公租房可以通过 OM 等方式，以 PPP 模式加以运作，可以将政府部门从公租房运营维护等事项中脱离出来，交由更熟悉市场更具备经验的社会资本方运营。以此一方面可以减轻政府财政支出的负担，另一方面可以一定程度上降低公租房的运营维护成本进而降低公租房租户的房租负担。模式二、模式三则更适合与 BOT 运作模式融合。对尚未开展建设的公租房项目，考虑到项目技术要求高、工程量大、专业性较强的特点，可将项目的建设、运营维护工作交由社会资本方承担，政府方以无偿提供项目用地或以项目用地作价入股的方式参与 PPP 项目，以实施机构的角色借助项目合同对社会资本方加以约束和监管，实现政府从提供者向监管者角色的转变。

公租房提供除上述存量国有资产盘活、交由社会资本方新建外，还可通过私人产权住房的整合来提供。政府可与房屋业主或取得了大量私人住房使用权的公司进行合作，将私有住房作为公租房房源出租，通过对业主提供税收补贴等方式适当降低租客的租房价格。这种模式能够以很快的速度满足社会对公租房的需求，且能够更加灵活的应对公租房需求的变化。同时这一方式能够实现对社会资源配置的优化，通过调动社会闲置住房资源，利用空置房缓解住房压力。

（二）棚户区改造

棚户区是指城市建成区范围内平方密度大、使用年限久、房屋质量差、人均建筑面积小、基础设施配套不齐全、交通不便利、治安和消防隐患大、环境卫生脏乱差的区域以及城中村，城中村改造目前也已统一纳入棚户区改造范围。棚户区改造一直是国家改善人民生活居住条件的重点工作之一，对改善困难群众住房条件，缓解城市内部二元矛盾，提升城镇综合承载能力，促进经济增长和社会和谐由重要意义。

1. 发展及运用现状

目前有棚户区入库项目 83 个，其中有 68 个项目已进入实施阶段，项目落地率为 81.9%。从发展趋势来看棚户区改造 PPP 项目呈现双峰趋势，自 2014 年我国大力推动 PPP 模式起，棚户区改造 PPP 项目在三年中快速增加。然而在 2018 年出现项目数量骤减，2018 年后又逐步回温。

从项目规模来看，棚户区 PPP 项目投资总额达 1 572.58 亿元，投资总额最高的新疆乌鲁木齐市老城区改造提升建设工程 PPP 项目(B1 项目包)达到了 245.06 亿元。棚户区 PPP 项目在回报机制的选择上受限于项目特性，均为政府付费或可行性缺口补助。

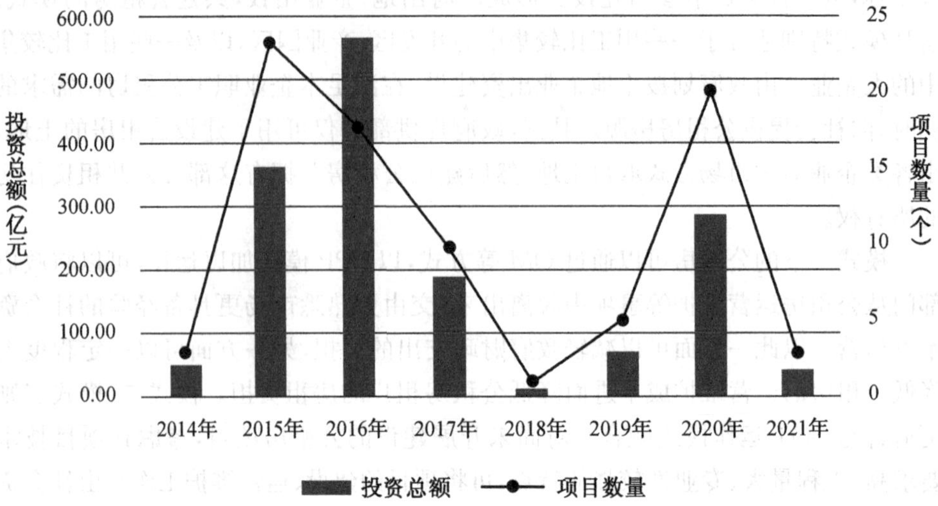

图 3-5　历年棚户区改造 PPP 项目数量及投资总额

从地域发展上看，棚户区 PPP 项目目前在我国华东地区、西南地区较多，而东北地区、西南地区目前尚无棚户区 PPP 项目实践。

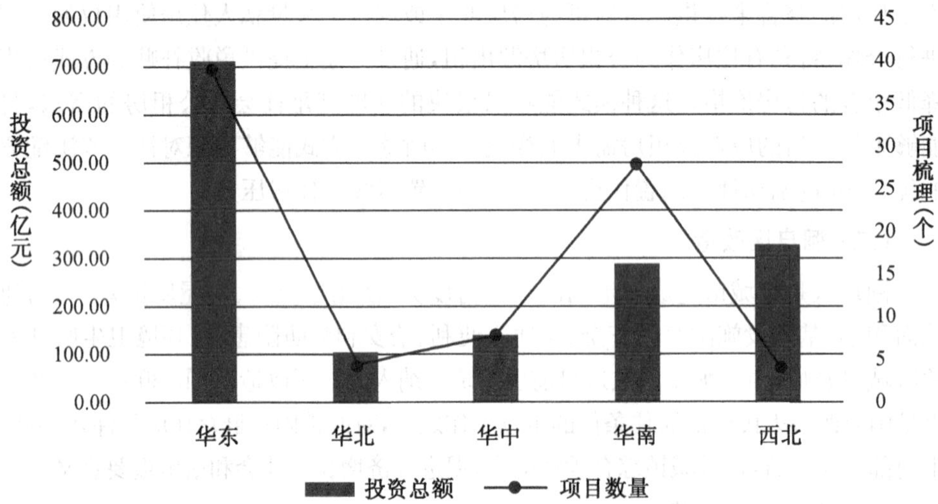

图 3-6　各区域棚户区改造 PPP 项目数量及投资总额

从运作模式上看，棚户区改造 PPP 项目基本以 BOT 模式运作，在 83 个入库项目中有 75 个项目为 BOT 模式，占比高达九成。其余项目运作模式也多为 BOT 模式的衍生，如抚州市临川区 2020 年棚户区改造 PPP 项目采用 BOOT 模式，南县城区棚户区改造及沿江风光带建设开发 PPP 项目采用 DBOT 模式；或为 BOT 模式与其他模式的结合，如山西省大同市市本级城市棚户区改造及配套基础设施建设 PPP 项目就以 BOT＋TOT 模式进行运作。

2. 法规依据

《国务院关于进一步做好城镇棚户区和城乡危房改造及配套基础设施建设有关工作的意见》(国发〔2015〕37号)中指出当"加快城镇棚户区改造,在城市基础设施建设运营中积极推广特许经营等各种政府与社会资本合作(PPP)模式"。

棚户区改造相关政策一览

发布主体	名称与文号
国务院	《关于进一步加强棚户区改造工作的通知》(国办发〔2014〕36号)
	《关于进一步做好城镇棚户区和城乡危房改造及配套基础设施建设有关工作的意见》(国发〔2015〕37号)
财政部	《关于棚户区改造有关税收政策的通知》(财税〔2013〕101号)
	《关于做好城市棚户区改造相关工作的通知》(财综〔2015〕57号)
	《关于进一步做好棚户区改造相关工作的通知》(财综〔2016年〕11号)
	《试点发行地方政府棚户区改造专项债券管理办法》(财预〔2018〕28号)
住房和城乡建设部	《关于棚户区界定标准有关问题的通知》(建办保函〔2014〕535号)
	《关于进一步做好棚户区改造工作有关问题的通知》(建保〔2016〕156号)
	《棚户区改造工作激励措施实施办法(试行)》(建办保〔2016〕69号)

3. 运用PPP模式进行棚户区改造需要考虑的几个因素

(1) 土地使用权取得

在棚户区改造PPP项目当中通常采用划拨、出让、租赁及作价出资或入股等方式取得土地使用权。《关于扩大国有土地有偿使用范围的意见》(国土资规〔2016〕20号)提出"完善公共服务项目用地政策。根据投融资体制改革要求,对可以使用划拨土地的能源、环境保护、保障性安居工程、养老、教育、文化、体育及供水、燃气供应、供热设施等项目,除可按划拨方式供应土地外,鼓励以出让、租赁方式供应土地,支持市、县政府以国有建设用地使用权作价出资或者入股的方式提供土地,与社会资本共同投资建设。"

在河南省焦作市城乡一体化示范区城中村改造项目中,项目用地由政府房出资代表和社会资本合资成立的项目公司通过摘牌拿地。项目竣工验收后安置房根据补偿协议予以分配,并按程序办理房屋产权证。而在示范项目齐河县车站小区棚户区改造PPP项目中,则由政府方负责完成本项目的工程建设用地及临时用地的征用工作,并按照征地拆迁实施计划向社会资本方提供项目工程建设用地。温州浙南科技城瑶溪北单元和龙水片城中村改造工程PPP项目由政府方出资代表和社会资本方共同设立项目公司,该项目建设用地属于福利性住宅用地符合划拨条件,由政府方将土地划拨给政府方出资代表,合作期内项目公司拥有项目相关土地及资产的经营权,用于项目建设运用。

对土地出让或作价出资入股的还需关注如下要求“市、县政府应依据当地土地取得成本、市场供需、产业政策和其他用途基准地价等，制定公共服务项目基准地价，依法评估并合理确定出让底价。公共服务项目用地出让、租赁应遵循公平合理原则，不得设置不合理的供应条件，只有一个用地意向者的，可以协议方式供应。国有建设用地使用权作价出资或者入股的使用年限，应与政府和社会资本合作期限相一致，但不得超过对应用途土地使用权出让法定最高年限。”①

(2) 土地资源价值与回报机制选择

不同棚户区改造PPP项目由于项目内容的差异，在土地资源价值、可运营内容上有较大区别，进而产生项目在回报机制上的区别。对可经营性内容较多的项目，由于社会资本方可以通过合作期内的运营收益实现投资回报，政府方仅需就缺口部分予以补足。如在示范项目南县城区棚户区改造及沿江风光带建设开发PPP项目中，项目公司在安置房、赤松亭道教文化古城、大剧院、湖乡文化特色街、主题展览、赤松亭园林宾馆及康养会馆、停车场、广告、游艇游船、小龙虾质量溯源体系、加油站、充电站、停车场等内容中可通过经营性服务获得经营性收益。当使用者付费不足以覆盖成本回收和合理回报时，才需要由政府以财政补贴、专项资金或其他优惠政策等形式结合绩效考核情况，给予项目公司经济补助。

而对可经营性较少的棚户区改造PPP项目，则建议以政府付费回报机制进行项目运作，以确保社会资本方取得必要的投资回报，确保项目和合作关系的稳定性。如示范项目四川省凉山州西昌市海南乡棚户区拆迁安置点建设项目，该项目主要有住宅及配套建筑设施组成，项目公司可以通过项目设施的维护以及住宅、车库的物业管理获得一定的经营收益，但考虑到本项目属于公益性社会民生项目，且入住群体普遍收入不高，项目公司能够从物业管理获取的收入远达不到投资回报的合理要求，因此该项目最终选择以政府付费方式运作，由西昌市政府向项目公司支付可用性服务费补贴和运营服务费补贴。

(3) 资金筹集与拆迁安置

棚户区改造PPP项目另一需要关注考虑因素是项目资金的筹集与拆迁安置问题的处理，在资金筹措方面应积极运用政府补助与奖励、银行贷款、债券、资产证券化、信托等多渠道融资，在拆迁安置方面应当积极推行货币化安置政策，特别是对于商品住房库存量较大、市场房源充足的地方，进一步提高棚户区改造货币化安置比例。通过货币化安置，由棚户区改造居民自主到市场上购买安置住房，或者由市县相关部门搭建平台，组织棚户区改造居民采取团购方式购置安置住房，切实化解存量商品住房。②

---

① 见《关于扩大国有土地有偿使用范围的意见》“二、扩大国有建设用地有偿使用范围”第(一)点。

② 见韩璐：《积极落实供给侧结构性改革着力推动“三去一降一补”》，载《中国财政》2017年第4期，第11-13页。

四、文化旅游

文化PPP项目和旅游PPP项目在财政部政府和社会资本合作中心全国PPP综合信息平台项目管理库中是作为两大一级行业进行区分的。但对文化和旅游PPP项目进行统计梳理后不难发现，这两类项目在实践中呈现出你中有我我中有你的状态，两类项目也存在很大的共性。同时国家在文化行业、旅游行业发展的路径上，也强调推动文化和旅游的结合，强调以“文化＋旅游”作为国内经济发展的重要引擎。2018年国务院机构改革撤销文化部和国家旅游局，组建文化和旅游部就是一个例证。因此本部分对文化旅游PPP项目一同进行分析讨论。

与传统基础设施类PPP项目相比，文化、旅游等领域的PPP项目进入门槛低、回报周期短，更易于民间资本的参与，并与百姓的生活品质和幸福感、获得感直接相关。在文化等领域推广PPP模式，有助于实现高质量的供给，为社会资本，特别是民营企业进入文化旅游领域拓宽渠道，最终扩充项目建设的投融资渠道，形成多元化、可持续的投入机制。

（一）发展及运用现状

目前已入库的文化旅游PPP项目有512个，其中326个项目已进入实施阶段，项目落地率为63.67％，其余项目也已进入采购阶段。

从项目发展趋势上看，文化旅游类项目在全国大范围开展PPP实践前，就已有地方进行了零星尝试，且取得不错的效果。如国家级示范项目河南省洛阳古城保护与整治PPP项目，项目于2012年发起，投资总额85亿元，以文物保护、民生改善为目的，打造了集文化、旅游、商业、休闲和居住为一体旅游点。在2014年全国PPP发展进入高速期后，文化旅游PPP项目也迎来发展高峰，这一趋势在2017年后稍有减缓，但相较于PPP模式的总体发展和其他项目的发展趋势来说，文化

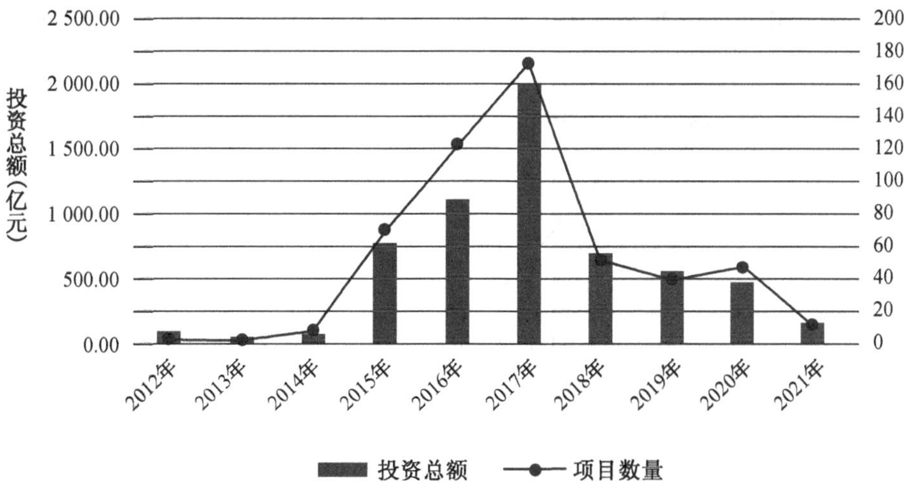

图3-7 历年文化旅游PPP项目数量及投资总额

旅游PPP项目的热度仍然较高。这与2018年来文化和旅游部多次就PPP模式在文化旅游行业运用发文有关,国家对行业的关注,政策对行业发展的支持,均极大地激发了社会资本投身文化旅游行业的积极性。

在区域发展上,文化旅游类PPP项目在全国遍地开花,大陆范围内仅北京市、海南省、西藏自治区未有此类项目。各地文化旅游类PPP项目数量的多少,与当地文化旅游资源以及文化旅游产业既有的发展程度有关。

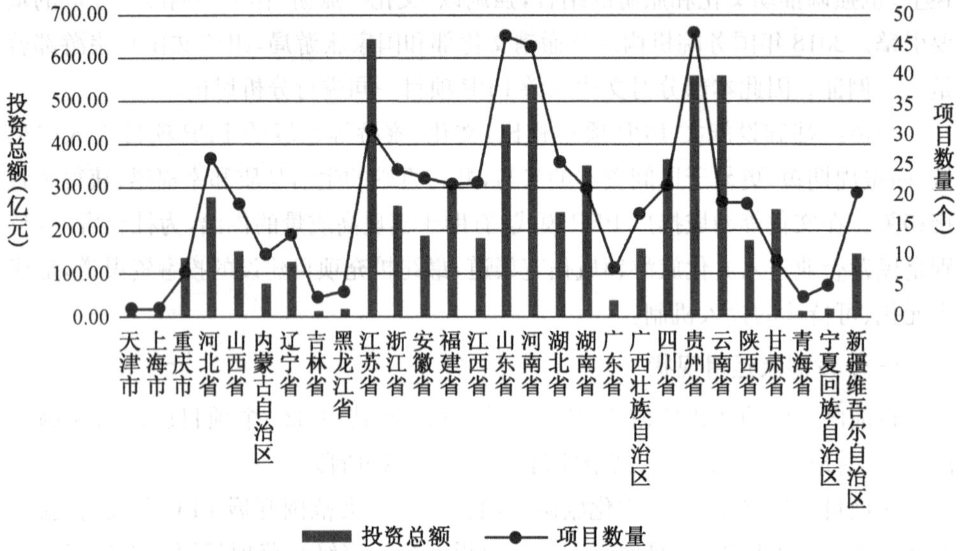

图3-8 各省文化旅游PPP项目数量及投资总额

文化旅游类项目合作期较长,平均合作期为18年,最短10年,而四川省乐山市峨边彝族自治县黑竹沟风景名胜区旅游综合开发PPP项目合作期限则长达52年。文化旅游类PPP项目大多以BOT、BOT衍生方式以及BOT与其他方式相结合的运作模式开展,在入库项目中占比高达82.85%。由于文化旅游类PPP项目

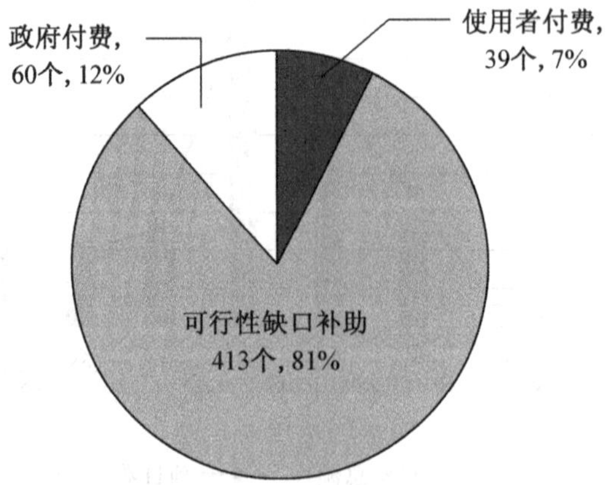

图3-9 文化旅游PPP项目各回报机制数量及占比

具有较高的可经营性，有较为稳定的现金流，在回报机制上大多以可行性缺口补助的方式运作。文化旅游PPP项目中的政府付费类项目主要涉及文化场馆、旅游配套设施等免费开放或免费提供使用的公益性非经营项目，由政府向社会资本方购买服务。

（二）法规依据

为了引导社会资本积极参与到文化旅游领域PPP项目中，2015年5月，国务院办公厅转发了《关于在公共服务领域推广政府与社会资本合作模式的指导意见》，首次将文化领域纳入PPP模式的推广范围。① 2018年11月，文化和旅游部、财政部联合发文《关于在文化领域推广政府和社会资本合作模式的指导意见》（文旅产业发〔2018〕96号）鼓励对于那些具有稳定需求可经营的，能够实现按效付费，公共属性比较强的文化项目采用PPP模式开展。② 2021年年初，文化和旅游部与国家发改委，财政部联合发文提出："规范推广政府与社会资本合作（PPP）模式，引导社会资本积极参与建设文化项目，兼顾公共文化服务和文化产业发展，为稳定投资回报、吸引社会投资创造条件。"③

文化与旅游领域PPP相关政策一览

发布主体	名称与文号
国务院	《关于非公有资本进入文化产业的若干决定》（国发〔2005〕10号）
文化和旅游部（原文化部、旅游部）	《关于促进文化与旅游结合发展的指导意见》
	《关于深入推进文化金融合作的意见》（文产发〔2014〕14号）
	《关于在旅游领域推广政府和社会资本合作模式的指导意见》（文旅旅发〔2018〕3号）
	《关于在文化领域推广政府和社会资本合作模式的指导意见》（文旅产业发〔2018〕96号）
	《关于推动数字文化产业高质量发展的意见》（文旅产业发〔2020〕78号）
	《关于推动公共文化服务高质量发展的意见》（文旅公共发〔2021〕21号）
	《关于进一步加大开发性金融支持文化产业和旅游产业高质量发展的意见》

① 见《关于在公共服务领域推广政府和社会资本合作模式指导意见的通知》（国办发〔2015〕42号）："（十二）广泛采用政府和社会资本合作模式提供公共服务。在能源、交通运输、水利、环境保护、农业、林业、科技、保障性安居工程、医疗、卫生、养老、教育、文化等公共服务领域，鼓励采用政府和社会资本合作模式，吸引社会资本参与。"

② 见《关于在文化领域推广政府和社会资本合作模式的指导意见》（文旅产业发〔2018〕96号）："鼓励社会需求稳定、具有可经营性、能够实现按效付费、公共属性较强的文化项目采用PPP模式。重点包括但不限于具有一定收益性的文化产业集聚发展、特色文化传承创新、公共文化服务、非物质文化遗产保护传承以及促进文化和旅游、农业、科技、体育、健康等领域深度融合发展的文化项目。"

③ 见《关于推动公共文化服务高质量发展的意见》（文旅公共发〔2021〕21号）。

(三) 文化、旅游类 PPP 项目需要考虑的几个要素

1. 审慎进行项目识别

相较于其他领域项目,文化旅游项目往往市场化程度更强。考虑到 PPP 模式的设计初衷,对于可完全交由市场提供的文化旅游产品不宜以 PPP 模式进行运作。另一方面,对于确实需要有政府方参与供给的文化旅游社会或公共服务产品,若计划以 PPP 模式运作则需要关注项目的可持续运营能力。避免项目建成投入运营后因可持续运营能力较低而导致项目整体无以为继,最终成为政府负担甚至债务。

2. 关注社会资本方的资金实力与运营能力

文化旅游类 PPP 项目的推进重点是运营期能否有专业的社会资本方进行良好的运营。对体育馆、大剧院、全域旅游项目等而言,项目运营即是收益的保证,更是产品质量、服务水平的保证。

因此在采购环节,政府方要充分关注社会资本方的运营能力。唐山大剧院项目的成功经验充分说明了引入专业社会资本方参与运营的效果。该项目自 2016 年运营以来,已完成各类演出 419 场,观演人数 16.6 万人次,平均上座率 66.4%,累计票房收入 1 230 万元,运营期内政府累计减少财政支出 6 000 余万元,社会资本方则获得了 5%的税后利润率。与此形成鲜明对比的,赣州市七鲤古镇文化旅游 PPP 项目就因中标联合体成员出现资金短缺问题退出项目,致使项目未能顺利推进。

3. 合理设计项目的回报机制

为吸引社会资本进入文化旅游领域,通常采用使用者付费和可行性缺口补助的方式实现社会资本方的投资回报。对具备条件的地区和项目,可以通过组合优势旅游资源的开发权、提供餐饮、物业配套服务、冠名公共产品等方式,完全通过使用者付费的方式回笼社会资本方投资资金,减轻政府的付费负担。政府还可将盈亏状况不同的公共产品捆绑"以丰养歉"。还可以通过创新财政补贴方式降低政府负担,例如对经营性突出、利润较高的项目,可以以投资入股方式替代直接的财政补贴;对有投融资需求的项目,可以通过融资支持替代直接补贴。这有利于提高旅游公共服务的质量与效率,更好地发挥政府对旅游项目开发建设的监督服务职能。

五、养老

财政部《关于推广运用政府和社会资本合作模式有关问题的通知》(财金〔2014〕76 号)明确了"养老服务设施"属于适宜采用政府和社会资本合作模式的项目。在《关于在公共服务领域推广政府和社会资本合作模式指导意见》(国办发〔2015〕42 号)中鼓励在养老等公共服务领域广泛采用政府和社会资本合作模式。以 PPP 模式实施养老领域项目逐渐成为"新常态"。在我国人口老龄化加剧的现实背景下,以 PPP 模式开展养老项目有利于提高养老服务和产品的供给数量及质

量，缓解养老服务的供给压力。

(一) 发展及运作现状

自2008年起，保利、龙湖、万科等地产巨头纷纷试水养老地产，[①]在2018年北京秋季房产会上，共有300多个来自全国各地的旅居康养项目参展。实际上，“以养老之名行卖房之实”的质疑却从未平息。[②] 许多项目并未按照康养社区标准来打造，相应的养老服务也未跟上，最后所呈现的项目成了纯地产。如中国老龄科学研究中心副主任党俊武所言：“如果是纯粹的商业行为，以养老为噱头，卖完房就走，没有配套的养老服务，那根本不需要政府去做PPP……养老社区、居家养老、康复护理、临终关怀……这些才是养老PPP项目最重要、最应该介入的领域。”[③]

目前有养老PPP入库项目101个，有66各项目处于实施阶段、28个项目处于采购阶段，项目落地率为65.35%。项目投资总额达607.15亿元，各项目投资规模差异较大，投资总额最高的项目山东省济宁市嘉祥九顶山养老服务和生态综合治理项目投资额高达130.78亿元，而投资总额最低的项目建德市残疾人托养中心项目投资额仅为1 520.39万元。

从发展趋势上看养老PPP项目高峰与其他项目或PPP项目总体相比出现的更早，在2015年即出现明显增长，在2016年达到高峰。这与国办发〔2015〕42号文鼓励在“养老领域”采用PPP模式有关。

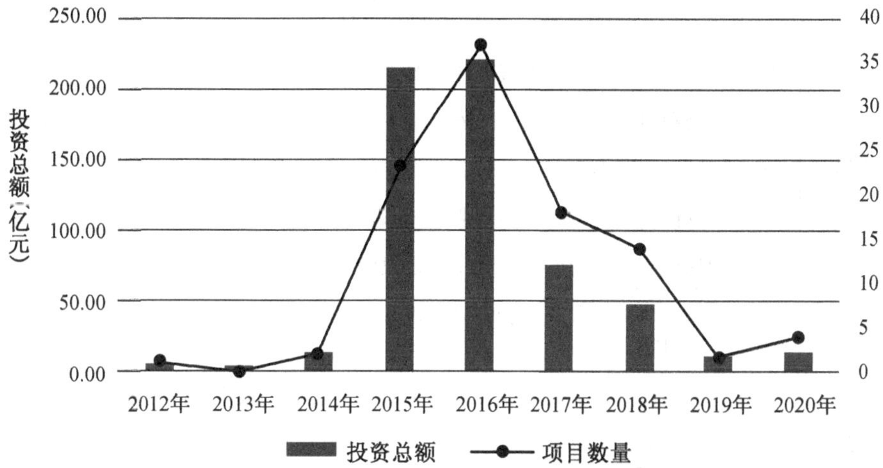

图3-10 历年养老PPP项目数量及投资总额

① 如保利从2008年开始推出的“医养结合”型养老机构——和熹会系列项目，目前已于北京、嘉兴、广州、长沙、成都、重庆投入运营。万科也有类似项目，如2009年在杭州开展的“随园嘉树”养老公寓项目。龙湖地产的椿山万树项目包括健康管理中心、颐年公寓、社区照料中心、持续照料养老社区四大产品类型，目前已于重庆、上海、北京、成都等城市落户。

② 见《变相卖房脱离了养老属性的养老地产如何“解局”》，《大众日报》2019年5月26日。

③ 见蒋梦惟、林子：《被挡在PPP之外的养老项目》，载《养老产业周刊》，2016年7月18日版，D1-D2。

(二) 法规依据

2014年出台的《财政部关于推广运用政府和社会资本合作模式有关问题的通知》(财金〔2014〕76号)第二条规定:"(二)确定示范项目范围。适宜采用政府和社会资本合作模式的项目,具有价格调整机制相对灵活、市场化程度相对较高、投资规模相对较大、需求长期稳定等特点。各级财政部门要重点关注城市基础设施及公共服务领域,如城市供水、供暖、供气、污水和垃圾处理、保障性安居工程、地下综合管廊、轨道交通、医疗和养老服务设施等,优先选择收费定价机制透明、有稳定现金流的项目。"明确了涉及"养老服务设施"的项目,属于适宜采用PPP模式实施的项目类型。

2015年出台的《国务院办公厅转发财政部发展改革委人民银行关于在公共服务领域推广政府和社会资本合作模式指导意见的通知》(国办发〔2015〕42号)第四条规定:"(十二)广泛采用政府和社会资本合作模式提供公共服务。在能源、交通运输、水利、环境保护、农业、林业、科技、保障性安居工程、医疗、卫生、养老、教育、文化等公共服务领域,鼓励采用政府和社会资本合作模式,吸引社会资本参与。"明确"养老领域"属于鼓励采用PPP模式实施的项目范畴,相较于财金〔2014〕76号文规定,42号文将养老PPP项目的范围从"养老机构"扩展至"养老领域"。

养老领域PPP相关政策一览

发布主体	名称与文号
国务院	《国务院关于加快发展养老服务业的若干意见》(国发〔2013〕35号)
民政部	《关于鼓励和引导民间资本进入养老服务领域的实施意见》(民发〔2012〕129号)
	《关于鼓励民间资本参与养老服务业发展的实施意见》(民发〔2015〕33号)
	《关于开发性金融支持社会养老服务体系建设的实施意见》(民发〔2015〕78号)
发改委	《关于加快推进健康与养老服务工程建设的通知》(发改投资〔2014〕2091号)
	《关于规范养老机构服务收费管理促进养老服务业健康发展的指导意见》(发改价格〔2015〕129号)
	《关于进一步做好养老服务业发展有关工作的通知》(发改办社会〔2015〕992号)
财政部	《关于做好政府购买养老服务工作的通知》(财社〔2014〕105号)

(三) 养老PPP项目需要考虑的几个因素

1. 警惕冒用养老服务之名,实为养老地产的养老服务项目

实践中,由于单纯的养老PPP项目合作周期长、利润率低、投资资金回笼慢、养老服务监管不严等因素,出现了以养老为噱头卖房的现象。养老产业是一个融合性较强且具有广阔市场前景的朝阳产业,刚好契合地方政府发展的需要。在此背景之下,相比传统的住宅、商业项目开发,以打造养老产业为"噱头"去开发房地产,取得用地的难度会大大降低。但养老地产需要持续投入配套设施和人力物力,

资金回笼过程相对漫长。开发企业很可能在卖房之后不再跟进实际配套的养老设施或服务，致使应有的养老服务项目变成普通的商业地产项目。该类操作混淆了商业项目与 PPP 项目之间的关系，既不符合目前 PPP 相关规范文件要求，又不利于养老服务领域的健康发展。① 对此，除了应当遵循国发〔2013〕35 号及国土资厅发〔2014〕11 号等文件规定“不得改变（养老设施用地）规划确定的土地用途，改变用途用于住宅、商业等房地产开发”外，还可以采用类似综合体开发、养老综合社区等模式实施。

2. 科学确定项目绩效考核方案与标准

养老 PPP 项目的另一个难点是项目执行阶段政府方对项目是否有效运营的监管难度较高。其直接体现是养老项目的绩效考核体系较难确定。养老 PPP 项目区别于其他单体 PPP 项目的主要特征就在于其提供的核心服务是一种“软性服务”，需要提供满足老年人对照料、陪伴、医疗的基本需求，甚至是包含临终关怀在内的特殊需求等服务事项。但在实践中养老 PPP 项目多以养老或医疗床位、运动及医疗器械等硬件设施作为进行绩效考核的关键指标，较少或缺乏对“软性服务”质量的考核。对服务的评价也多从投入人员、服务记录等指标进行。如南昌象湖老年养护中心建设 PPP 项目的运维绩效考核表中列明的主要考核指标聚焦于护理人员资质、服务人员资质、有无规范程序、有无记录等事项。而通过这些指标是否能真实且科学地进行软性服务评价仍有待考量。

对此，除需要建立健全国家或地方的养老服务的标准体系、技术标准、管理标准和工作标准外，对具体的项目，政府方应当有明确的采购需求、清晰的项目产出和产出标准，并且在注重硬件设施绩效考核的同时，重点关注对服务质量的考核，科学地设计绩效考核方案。

第四节 PPP 项目的运作模式

目前我国财政部和发改委发布的各类规范性文件对 PPP 模式均有说明，但不同规范性文件对 PPP 运作模式的列举有所区别。在我国 PPP 发展历程中，既有在基础运作模式上衍生出的模式被广泛应用，也有存在较大缺点的模式受到政府限制被市场淘汰。本节对 PPP 运作模式的选择、各模式的特点及其在具体实践运用中可能产生的问题进行讨论，对其优劣加以评述。当然各模式的优劣不能一概而论，这种优劣更多要探讨在特定领域中或面对特定的项目，何种运作模式能够更充分地发挥 PPP 模式的优势，更好地实现效益最大化。

① 见《养老地产如何“解局”》，载《老年生活报》2019 年 5 月 27 日。

一、运作模式的分类

我国PPP运作模式的具体分类主要建立在法规和政策文件的规定下。目前，财政部和发改委发布的各类文件材料对于PPP运作模式均有说明。国家发改委在发改投资〔2014〕2724号文中从经营收费能否覆盖投资成本的角度对运作模式进行了分类。

国家发改委对PPP运作模式的分类

分类	运作模式
经营性项目	对于具有明确的收费基础，并且经营收费能够完全覆盖投资成本的项目，可通过政府授予特许经营权，采用建设—运营—移交（BOT）、建设—拥有—运营—移交（BOOT）等模式推进
准经营性项目	对于经营收费不足以覆盖投资成本、需政府补贴部分资金或资源的项目，可通过政府授予特许经营权附加部分补贴或直接投资参股等措施，采用建设—运营—移交（BOT）、建设—拥有—运营（BOO）等模式推进。要建立投资、补贴与价格的协同机制，为投资者获得合理回报积极创造条件。
非经营性项目	对于缺乏"使用者付费"基础、主要依靠"政府付费"回收投资成本的项目，可通过政府购买服务，采用建设—拥有—运营（BOO）、委托运营等市场化模式推进。 对非经营性项目要合理确定购买内容，把有限的资金用在刀刃上，切实提高资金使用效益。

财政部在财金〔2014〕113号文中对PPP运营模式的分类考虑了更多的因素，把存量资产纳入了考虑范围，结合改扩建需求、期满处置方式等因素对PPP运作模式进行了更具体的分类，实践中的操作性更强，主要包括OM（委托运营）、MC（管理合同）、BOT（建设—运营—移交）、BOO（建设—拥有—运营）、TOT（转让—运营—移交）、ROT（改建—运营—移交）。

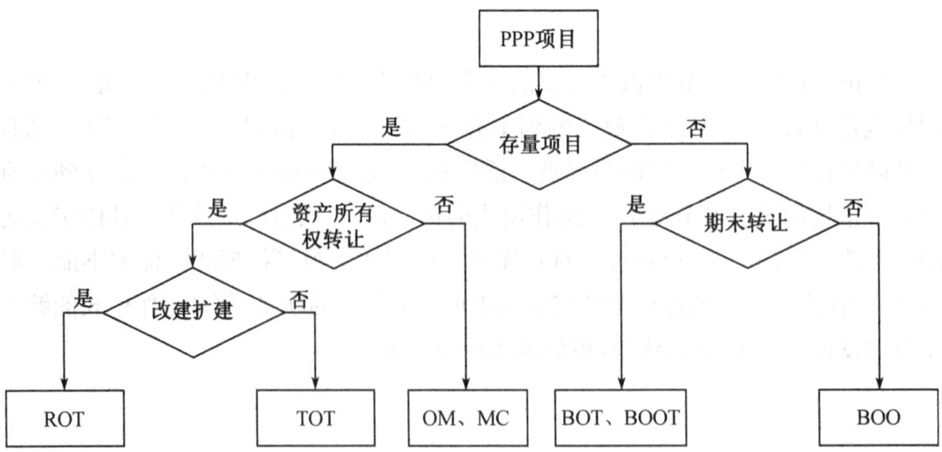

图3-11

下文中我们重点将对一些主要运作模式及其衍变进行介绍。

二、PPP常见运作模式及其衍变

(一) MC模式

MC即管理合同(Management Contract)指政府将存量公共资产的运营、维护及用户服务职责授权给社会资本或项目公司的项目运作方式。在该模式下政府保留资产所有权,只向社会资本或项目公司支付管理费。管理合同通常作为转让-运营-移交的过渡方式。

目前单独以MC方式运作的PPP项目仅有两个,分为是国家体育总局北京市经济技术开发区体育中心场馆运营以及新沂市人民防空办公室结建人防工程维护管理项目,回报机制均为使用者付费,目前均处于采购阶段。

(二) OM模式

OM即委托运营(Operations & Maintenance)是指政府部门通过签订委托运营合同,将设施的运营和维护工作交给市场上的专业化公司(运营商)完成;专业化公司对设施的日常运营负责,但不承担资本性投资和风险,且不负担用户服务职责,这一点是OM与MC模式的最显著区别。在该模式下政府部门保留资产所有权,只向社会资本或项目公司支付服务成本和委托管理报酬。

目前单独以OM方式运作PPP项目较少,入库项目中仅有28个项目以OM方式运作。OM方式主要运用领域集中于垃圾处理和污水处理设施的委托运营,也有公交、文化场馆、园区开发项目使用OM方式运作。OM方式常与BOT、ROT、TOT等方式结合使用,用于项目中存量部分的委托运营,在入库项目中有OM与其他方式结合项目72个,运用领域仍集中于垃圾处理和污水处理。

财金〔2014〕113号文建议OM模式项目的合同期限一般不超过8年,但在实践中OM模式项目的合作期限均在8年以上,最长的达30年,如安徽省滁州市第三污水处理厂及配套管网一期工程PPP项目、天津市蓟州区城区污水处理厂特许经营项目。

在梳理OM模式项目的回报机制过程中,笔者发现现有入库OM模式项目中有政府付费项目14个,使用者付费项目6个,可行性缺口补助项目9个。笔者认为基于OM模式的界定,由于在OM模式中社会资本方或项目公司不承担用户服务的职责,社会资本方或项目公司在项目运营过程中是无法获得使用者付费的。因此在现有OM模式项目中的使用者付费项目实质上应当归类于MC项目。

以北京市朝阳区儿童福利院PPP项目为例看OM模式的具体操作模式。本项目投资总额1.37亿元,合作期8年。通过招投标选定社会资本方,由社会资本方成立民办社会服务机构或社会资本方本身为慈善组织,不再设立项目公司。由社会组织机构提供儿童养育、治疗、教育、康复、安置等儿童服务和机构运行管理服务，北京市朝阳区民政局作为实施主体代表政府行使儿童监护权，机构运行管理经费由财政资金全部承担。协议期内，项目固定资产设施设备的所有权归朝阳区民政局所有，社会组织机构拥有项目设施设备的使用权和管理维护权。

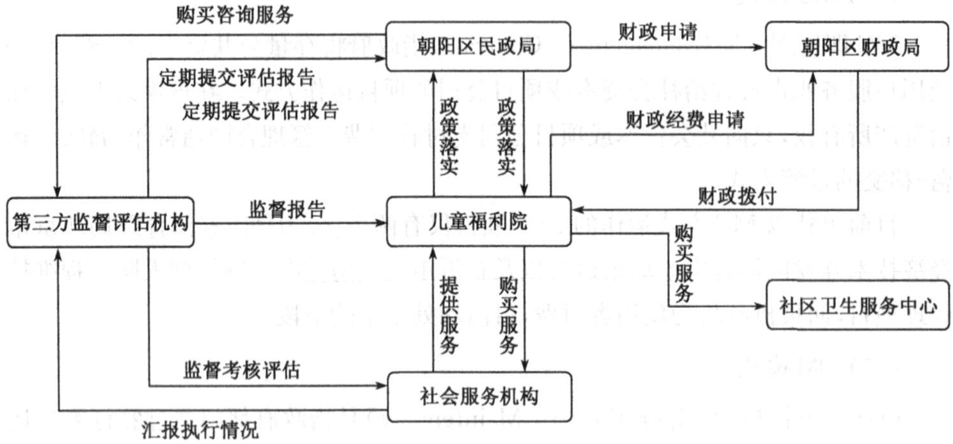

图 3-12

(三) BOT 及其相近模式

1. BOT 模式

BOT 即建设—运营—移交(Build-Operate-Transfer)，指政府就某个新建基础设施项目与社会资本方签订合同，赋予社会资本方一定期限的特许经营权。在该期限内，由社会资本或项目公司负责建设、运营、维护该新建项目，并提供一定的用户服务。社会资本方可以在该项目中通过收取费用或出售商品来回收成本和赚取利润。政府对整个项目享有监督权，社会资本方即使在运营期间也不享有项目资产的所有权。在合同期限届满后，社会资本方应当将项目资产和所有相关权利无偿或有偿移交给政府。

BOT 模式是目前 PPP 实践中运用最为广泛的模式，入库项目中单独以 BOT 模式运作的项目有 7 927 个，占比高达 78.64%；另有 BOT 模式与其他模式结合的项目 556 个，即在入库项目中运用 BOT 模式的项目有 8 483 个，占比高达 84.16%。在 2014 年以前我国 PPP 项目基本都以 BOT 模式运作，项目行业集中于市政工程和交通运输领域，如污水处理、垃圾处理、轨道交通、高速公路等，项目回报机制多为使用者付费或可行性缺口补助。

BOT 模式的优势主要表现在如下几个方面。一方面政府可以从社会资本处获得融资帮助和运营维护经验，能够以较少的财政支出撬动大笔的社会资金，进而筹集足够的资金用于新建基础设施或公共服务，极大地降低政府的财政支出负担。另一方面通过将项目交由更专业的社会资本方运营，能够实现更优良的服务和资产维护，降低运营与维护成本，同时又能提高公众的满意度。实际上，在 PPP 各运作模式中，凡是将建设、维护、运营任务交由社会资本方承担的项目都具备如上优势。

下面以国家级示范项目洪泽湖生态环境提升工程美丽蒋坝 PPP 项目为例，介绍 BOT 模式的常见项目结构。本项目为生态旅游项目，以生态文明为原则，探索集约、智能、绿色、低碳的新型城镇化道路，本项目实施对保护生态环境资源、提升人居环境水平、提高蒋坝环境质量等具有非常重要的意义。一期项目投资额 6.5 亿元，主要内容包括滨湖风光带—观沧海、落霞滩、温泉养生、隐逸快活岭和古镇老街等。本项目由洪泽县人民政府授权洪泽县县城建设指挥部办公室为项目实施机构，由其依法选定的社会资本方和政府方出资代表江苏天鹅湾旅游开发有限公司共同出资设立项目公司，由项目公司负责本项目投资、建设、运营、移交。本项目中使用者以支付温泉养生服务费、温泉酒店住宿费以及融合式旅居村租金的形式，给予投资人一定的投资回报，资金不足部分则由政府支付可行性缺口补贴。

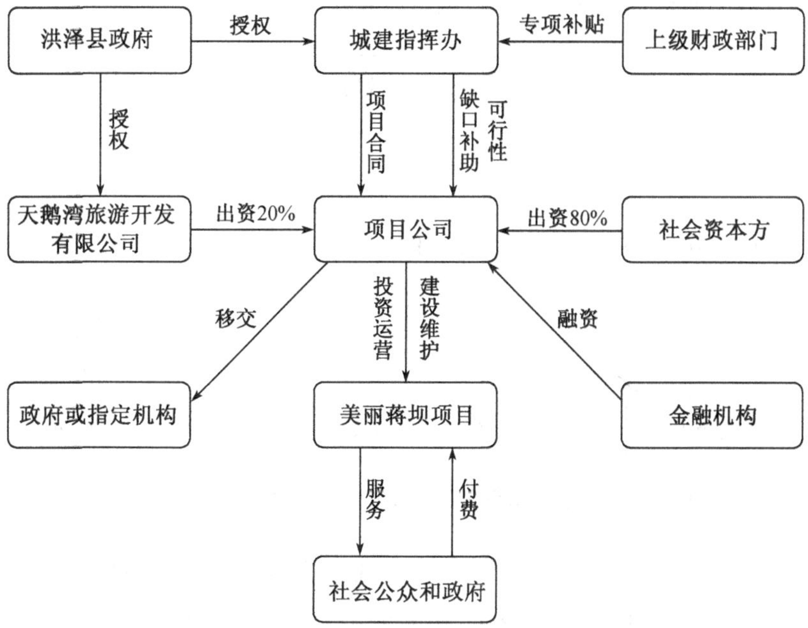

图 3 - 13

2. BLT 模式

BLT 模式即建设—租赁—移交（Build-Lease-Transfer），是 BOT 模式的一个衍生模式，也可以看作是 EPC 总承包模式与租赁的组合，适用于不适宜由社会资本方运营的公共服务领域。具体而言 BLT 模式即由社会资本方筹资建设城市基础设施项目或公共服务项目，政府授权有关政府职能部门与企业签订相关租用合同，政府授权部门按照合同约定使用基础设施或公共服务项目并支付租用费用。租用合同到期后社会资本方按照合同约定向政府移交项目。该模式下，政府可以通过租赁合同将政府应付的费用账期拉长，从而实现缓解财政压力的目的，但长期来看政府的支出责任并没有减少，且在该模式下社会资本方并不承担运营和维护的职责，BLT 模式的运用也不会降低基础设施或公共服务的运营与维护成本。从实际运用来看，目前入库 PPP 项目中使用 BLT 模式的较少仅有五个，包括三个教育项目和两个城镇综合开发项目。下面以丽水第二高级中学宿舍楼工程 PPP 项目为例看 BLT 项目的基本运作方式。该项目实施机构为丽水市教育局。项目总投资 4 186 万元，合作期限 11 年，建设内容包括 3 栋宿舍楼以及道路、绿化、给排水、电力等配套设施建设，由于宿舍楼工程为学校总规划中的部分内容，是学校学生宿舍按总图规划的未建工程，仅满足原有宿舍不能解决的住宿要求，本工程不能单独按照市场化运作进行管理。为便于学校的统一教学管理，项目采用 BLT 运作模式，项目公司由社会资本方全资设立。在该模式下政府出让项目建设权，由项目公司负责项目的融资和建设管理，在项目建成后租赁给政府，并由政府（或其指定的机构）负责项目运行和日常维护，项目公司用政府给付的租金收入回收项目投资、获得合理的回报，租赁期结束后，项目所有权移交给政府。

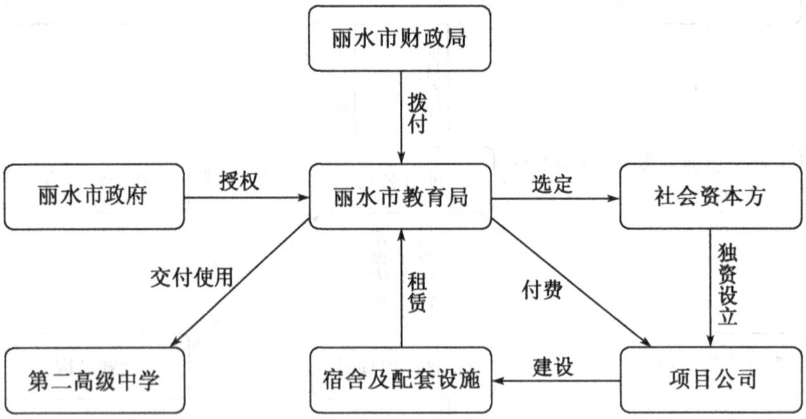

图 3 - 14　丽水第二高级中学宿舍楼 PPP 项目基本运作模式

在梳理入库 BLT 项目的过程中笔者发现，有数个项目的回报机制为可行性缺口补助甚至是使用者付费，即社会资本方可以通过项目运营取得一定收益。在实施方案中也有"项目建设内容既有公益性质，也包含可收益事项，属于准经营项目，因此有关回报机制的资金来源，全数应由项目公司经营项目来获得，不足部分则通过整体测算项目合理利润率后，由政府方进行可行性缺口补助"的表述。① 然笔者认为一旦项目涉及了社会资本方的运营内容，就不再属于 BLT 模式，因此笔者认为贵州省毕节市黔西县 2016 年学前教育建设 PPP 项目、云南省楚雄州禄丰县禄丰工业园区金山片区基础设施建设项目等实际上应该属于 BOT 模式或 BLOT 模式。错误的运作模式划分会导致社会资本方承担任务的混淆，并不利于项目各方的权利义务划分，应予以规范。

① 如黔西县 2016 年学前教育建设 PPP 项目。

3. BLOT 模式

BLOT 模式即建设—租赁—运营—移交（Build-Lease-Operate-Transfer），可是看作 BOT 模式与 BLT 模式的结合。在 BLOT 模式下，由社会资本方筹资建设基础设施或公共服务项目，政府授权职能部门与社会资本方签订对项目中的核心部分（不适宜交由社会资本方运营的部分）签订租用协议，政府授权部门按照约定使用项目并支付租金。而非核心部分则交由社会资本方运营。在合同期满后，社会资本方将项目移交给政府。BLOT 模式与 BOT 模式、BLT 模式的最大的区别在于区分项目的经营内容，确保由政府对项目中不适宜由社会资本方运营的部分进行运营管理。社会资本方在此模式下可以通过运营非核心部分取得经营收益，因此相较于 BLT 模式，在 BLOT 模式下政府的支付义务是有所减轻的。

目前 BLOT 模式在 PPP 项目实践中运用的较少，已入库项目中仅有 5 个项目采用了该模式，包括医疗卫生项目 2 个，科技、体育、教育项目各 1 个，均已进入执行阶段。各项目的合作期限较为接近，集中在 12 年至 17 年间。

下面以示范项目陕西省汉中市西乡县人民医院整体迁建项目为例看 BLOT 项目的基本运作模式。

陕西省汉中市西乡县人民医院整体迁建项目由县人民政府授权县卫生和计划生育局作为实施机构，通过对综合医院、精神病院、康复中心、放疗中心、高压氧舱及室外工程等的建设，使西乡县人民医院基础设施条件得到较大程度改善，为全县人民群众提供更加优质的医疗和预防保健服务。

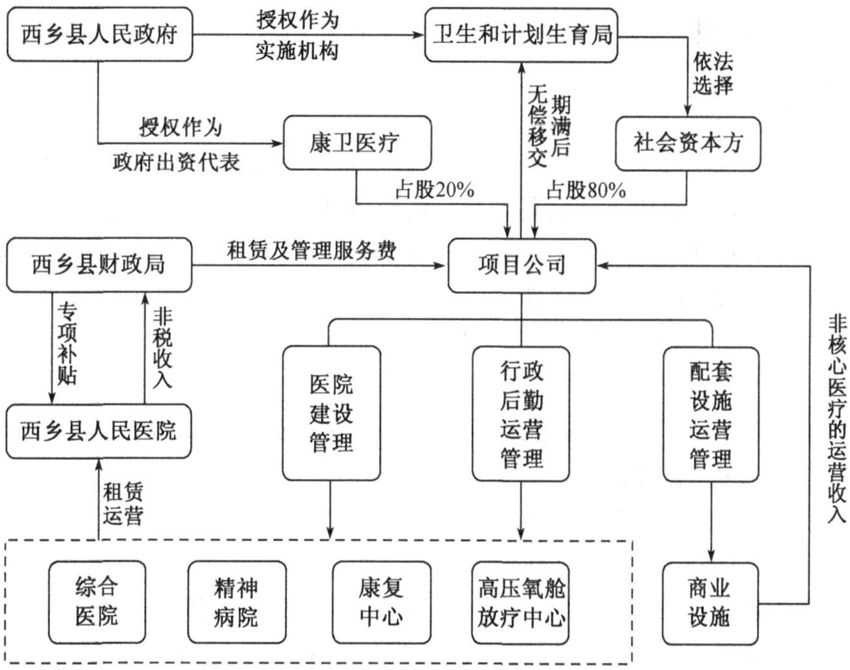

图 3－15　西乡县人民医院整体迁建项目基本运作模式

该项目康卫医疗有限公司作为政府方出资代表与社会资本方组建项目公司，政府方出资代表占比 20%，社会资本方占比 80%。由项目公司承担项目的融资、建设，项目建成后项目公司将综合医院、精神病院、康复中心、放疗中心及高压氧舱租赁给西乡县人医院进行运营。项目公司负责为医院提供行政后勤运营管理服务，同时对配套商业设施进行运营，获取商业运营收入。除上述运营部分外，社会资本方可通过如医疗陪护、中央运输、医疗培训、医院管理咨询等非治疗性环节提供增值服务，获得额外投资回报。运营期满后将项目无偿移交给政府方。

4. BOOT 模式

BOOT 模式即建设—拥有—经营—转让（Build-Own-Operate-Transfer），是 BOT 模式的一个变种。指由社会资本方与公共部门达成特许经营协议，由社会资本方负责项目的设计、建造等任务，在项目建成后，社会资本方在特许经营期间内对该项目资产拥有所有权，可以通过向用户收费等方式收回成本、获取利润等，也可以用该项目向金融机构申请融资。在特许经营期限届满后，社会资本方需要将项目所有权移交给政府，由政府自己或授权第三方继续运营。

BOOT 模式在项目架构，操作等方面与 BOT 模式基本一致，二者最主要的区别在于 BOOT 模式下，合作期内社会资本方拥有项目的所有权。BOOT 模式相比于 BOT 模式的优势在于，该模式下社会资本方在运营期间拥有项目的所有权，一方面社会资本方可以将项目作为质押向金融机构进行融资，另一方面对社会资本方而言对其享有所有权的项目，其进行良好运营的动力更充分。同时由于 BOOT 模式的特许运营期一般较长，平均合作期限达 24.2 年，显著高于其他模式项目。较长的合作期意味着，对于一些有一定现金流的项目，社会资本方更容易从运营期中收回投资成本并获得利润，且一个较长期的稳定合作更有利于激发社会资本方参与项目的积极性。

目前在入库项目中有 40 个 BOOT 模式项目，除安徽省阜阳市临泉县国家储备林基地建设（一期）PPP 项目仍处在采购阶段外，其余项目均已进入执行阶段，项目落地率高达 97.5%。BOOT 模式项目涉及市政工程、生态环保、能源、科技、交通运输、城镇综合开发、保障性安居工程等多个行业。BOOT 模式项目基本具有可经营性，项目回报机制以可行性缺口补助和使用者付费为主。实践中 BOOT 模式也常与 OM、BOT、TOT 等模式结合使用。

以国家示范项目福建省泉州市工业废物综合处置中心 PPP 项目为例看 BOOT 项目的基本运作模式。

福建省泉州市工业废物综合处置中心 PPP 项目总投资 4.97 亿元，占地面积为 250 亩，考虑到危险废物成分的复杂性和多变性，以及未来泉州市产业结构调整带来废物处理种类和规模的增加，要求本项目具有较强的可拓展空间和研发能力，因此项目应集研究开发、综合回收利用、处理处置于一体，建设内容也较多包括分析化验及试验研究设施、工业及危险废物的焚烧处理设施等九类设施，使用年限不低于30年的安全填埋场以及其他辅助和公用设施。

本项目由市政府授权泉州市环境保护局作为实施机构，福建省泉州市外走马埭围垦建设有限公司、中化泉州公司作为政府出资代表以货币形式出资15%，社会资本方出资85%，共同成立项目公司。项目用地由项目公司通过挂牌形式取得，项目的投融资、建设、运营管理任务由项目公司承担。在合作期内项目公司拥有项目设施的所有权，以及项目用地的使用权。在合作期满后项目公司将项目资产无偿移交给泉州市政府或其指定单位。

5. IBOT、DBOT、DBMT、DBFOT等模式

IBOT即投资—建设—运营—移交(Invest-Build-Operate-Transfer)，DBOT即设计—建设—运营—移交(Design-Build-Operate-Transfer)，DBMT即设计—建设—维护—移交(Design-Build-Maintain-Transfer)，DBFOT即设计—建设—融资—运营—移交(Design-Build-Finance-Operate-Transfer)。上述模式在本质上与BOT模式相近，只是由于命名方式的不同，而区分为不同模式。BOT、BOO、TOT、ROT等模式在命名时是基于项目是否涉及存量、是否涉及项目移交等要素进行命名的。而IBOT、DBOT、DBMT、DBFOT等模式在命名时，则是根据将项目涉及的任务是否转移给社会资本方承担来命名的，这种命名方式更强调社会资本方承担的工作内容，如IBOT强调社会资本方承担项目的投资，DBOT强调社会资本方承担项目的设计，实际上在很多BOT模式项目中，项目的投资、设计、融资责任都是由社会资本方承担的，因此这些被归类为不同运作模式的项目，在项目结构和实际操作上是没有太大差异的。

当然这种命名或分类方式更直观地表明了社会资本方在项目中的角色，对项目理解、权利义务划分确实有一定帮助。在实践中这种命名方式的使用也较为常见，从目前项目入库情况可见一二。

模式	项目数量(个)	投资总额(亿元)
DBFM	1	1.42
DBFMT	1	4.67
DBFO	42	460.81
DBFOT	211	4 683.37
DBMT	2	36.03
DBOOT	1	3.04
DBOT	46	469.21
DBTO	1	9.90
DFBOO	1	0.31
DFBOT	5	17.76
DROT	2	8.23

（续表）

模式	项目数量(个)	投资总额(亿元)
FBOT	3	27.26
FMO	1	10.35
IBOT	3	22.00

6. BT 模式

BT 模式即建设—转让(Build-Transfer)，在该模式下由政府部门与社会资本方签订合同，社会资本方在规定的时间内组建项目公司，并负责项目的融资、设计、建设等内容，建设完成后即将项目移交给政府。而政府方一般会在合同约定的期限内向企业分期支付建设费用，即政府回购。与普通的政府投资建设项目不同，在该模式下政府通常事后给付，且多通过财政拨款或其他资源如土地赔偿形式进行。①

BT 建设模式实质上 BOT 模式的衍变。BT 与 BOT 模式的区别在于 BOT 建设模式由投资者进行建设、特许经营若干年后无偿移交给政府或接收单位，投资商则需承担其建设、经营期间的一切风险。

BT 项目在我国自 90 年代末以来大量应用，但因法规不完善、操作不规范，地方政府忽视当地财政实力盲目举债，进而造成了大量的地方债务。同时由于社会资本方仅参与建造，而不负责项目运营，因此项目的实际运营风险和可靠程度难以正确估量，造成建造过程容易出现各种疏漏和缺失，难以达到全生命周期的物有所值要求。因此该模式于 2012 年 12 月实际在财预〔2012〕第 463 号文件中被严格控制，也不属于政府推广 PPP 主要模式的范畴。虽然现在 BT 模式在中国仍然存在并适用，但已经越来越少出现在 PPP 模式新项目的筹备过程中了。

（四）BOO 模式

BOO 模式即建设—拥有—运营（Build-Own-Operate），是指社会资本方基于政府赋予的特许权，建设基础设施或公共服务项目，建成后拥有项目所有权并进行项目运营，并不将项目移交给政府或其授权的业主。BOO 模式与 BOT 模式间最大的区别在于建成后项目的所有权归属，由于 BOO 模式下社会资本方拥有项目的永久经营权，因此在合作期满后也不存在项目移交问题，此模式下的合作期主要指社会资本方和政府共同合作运营的期限。在合作期内政府部门作为实施机构与合作方将持续对项目建设、运营进行监督。在项目期满后若不续期，则由社会资本方单独进行运营。

BOO 是高度私有化的项目运作模式，在降低政府债务，拉动经济发展，调动地方民营企业积极性方面都有着不错的效果。因此国家对于 BOO 模式一直处于一种支持的态度。目前入库项目中有 BOO 模式项目 137 个，其中有 102 个项目已进

① 见童琳：《公共基础设施建设“BT 融资代建制”浅析》，载《建筑施工》2007 年第 4 期，第 300 - 302 页。

入执行阶段,项目落地率为 74.45%。项目涉及医疗卫生、养老、体育、市政工程、旅游、教育、交通运输等多个行业。与其他模式不同的是,由于在 BOO 模式下社会资本方或项目公司对项目拥有永久产权,BOO 模式更适用于私有化阻力较小、投资总体可控、市场化属性强、自偿率高的项目。BOO 模式的合作期较长,平均合作期为 24.47 年,显著高于其他模式项目。在 BOO 模式下社会资本或项目公司拥有所有权,政府方希望更长期的对项目拥有监督权或许是 BOO 模式合作期限较长的原因之一。在实践中基于项目需求,BOO 模式也常与 OM、BOT、ROT 等模式组合使用。在 PPP 实践中也衍生了 DFBOO 等模式,其在项目结构、操作等方面与 BOO 模式并不实质区别在此不加赘述。

以国家级示范项目山东省济宁市任城区山东智慧城市产业园建设项目为例看 BOO 模式的运作方式。该项目总投资 32.25 亿元,建设内容包括智慧城市和智慧城市产业园两部分,其中智慧城市以社会管理、民生服务为主题进行示范建设,包括智慧城管、智慧政务、智慧医疗、智慧教育、智慧旅游、智慧交通 21 个模块,并购置相关硬件和软件设施。智慧城市产业园主要建设研发中心、创客中心、数据服务中心、展示中心、服务中心、商务办公等;停车位 9 875 个。本项目由任城区经济和信息化局作为项目实施机构,拟组建两个项目公司。智慧城市项目公司由政府方出自代表和社会资本方共同出资成立,智慧城市产业园项目公司则由社会资本方独立出资成立。由项目公司承担项目的投资、建设任务,建成后项目资产所有权归项目公司所有。项目公司通过取得购买服务费(智慧城市)和出租出售产业园房屋的方式取得经营收入。

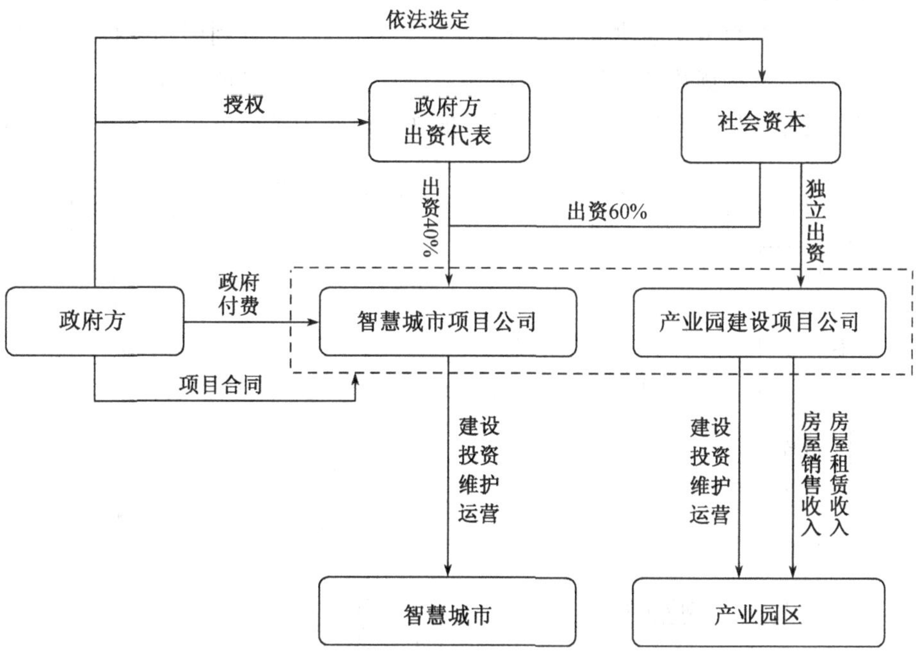

图 3-16 任城区山东智慧城市产业园项目基本运作模式

(五) TOT、ROT 及其相近模式

1. TOT 模式

TOT 模式即转让—运营—移交(Transfer-Operate-Transfer),指政府将存量资产所有权有偿转让给社会资本或项目公司,并由其负责运营、维护和用户服务,合同期满后资产及其所有权等移交给政府的项目运作方式。TOT 模式通过将存量的公共服务类项目交由社会资本方运营的方式,盘活存量资产进而化解地方政府存量债务风险。由于 TOT 模式用于存量项目,在项目结构和操作上相较于涉及新建项目的 BOT 等模式要简单,且项目已处于运营阶段或可快速进入运营阶段,社会资本方在取得项目所有权后能够快速获得收益,以收益权进行融资相对容易。

目前入库项目中由 TOT 模式项目 382 个,其中 224 个项目以进入执行阶段,有 122 个项目目前尚处于采购阶段,项目落地率为 58.64%。项目主要涉及供水、供热、污水处理、水库、文化场馆、港口码头等行业。回报机制以可行性缺口补助和使用者付费为主。在实践中 TOT 模式也常与 OM、BOT、ROT 等模式结合使用。

以天津地铁 3 号线存量 PPP 项目为例看 TOT 模式的基本项目结构。天津地铁 3 号线存量 PPP 项目总投资为 177.28 亿元,包含天津地铁 3 号线工程和天津南站配套交通工程两个子项目。地铁 3 号线工程 2006 年开工建设,2012 年 10 月进入试运营。天津南站配套交通工程项目 2012 年开工建设,2013 年 12 月进入试运营,项目资产归属于天津市轨道集团全资子公司天津市地下铁道集团有限公司(下称地铁集团)。计划通过引进社会资本,一方面积解决天津市人民政府和天津轨道交通集团在轨道交通建设上的资金压力,另一方面充分利用其在技术、管理、经营和人才方面的优势,实现天津市轨道交通整体服务水平的提高。本项目中天津市交通运输委员会作为项目实施机构,地铁集团作为政府方出资代表。本项目

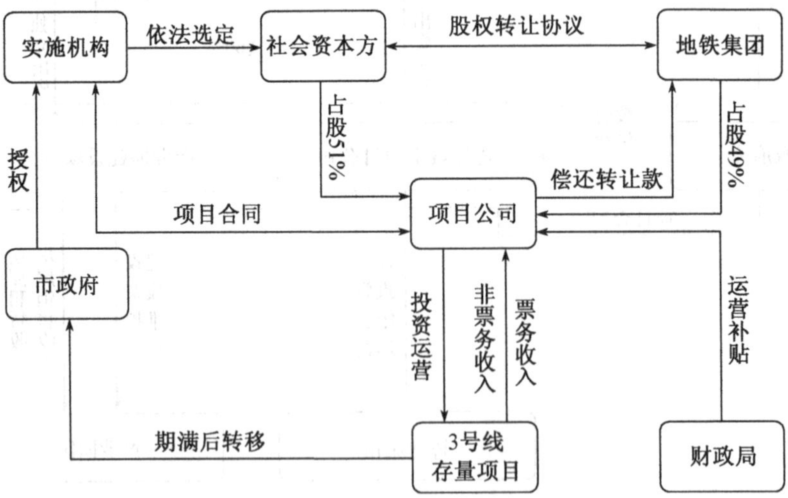

图 3-17 天津地铁 3 号线 PPP 项目基本运作模式

以AB拆分的模式进行，A部分仍由地铁集团持有，B部分由地铁集团成立的标的公司持有。A部分资产由地铁集团租赁给项目公司使用。对B部分资产，地铁集团无偿划转20%至标的公司，其余80%协议转让给标的公司。在标的公司引入社会资本转为项目公司后，由项目公司在约定期间内向地铁集团偿还资产转让价款。

2. LOT模式

LOT模式即租赁—运营—移交(Lease-Operate-Transfer)，指政府将资产有偿租赁给社会资本方使用，由社会资本方承担项目的运营并提供公共服务，在合同期满后资产移交给政府方的项目运作方式。LOT模式与TOT模式的最大区别在于，LOT模式下存量资产的所有权并未发生变化，二者在合作期结束后的移交内容也有所不同，TOT模式移交项目所有权，LOT模式移交不涉及所有权。

目前LOT模式运用较少，在项目库中仅安徽省亳州市谯城区园林绿化养护及道路清扫保洁PPP项目为LOT模式。该项目投资为2.02亿元，合作期限10年，目前已进入执行阶段。在本项目中亳州市谯城区住房和城乡建设委员会为授权实施机构，依法选定社会资本方。本项目不设立项目公司，由政府以租赁的方式授予社会资本方经营权，在授权期限内由社会资本方负责投融资、运营维护。政府方通过支付运营维护服务费的方式使社会资本方获取合理的投资回报。针对存量项目LOT模式与OM模式本质上相同。

3. TOO模式

TOO模式即转让—拥有—运营(Transfer-Own-Operate)，指将存量资产所有权有偿转让给社会资本或项目公司，项目公司拥有项目的产权，并负责运营、维护和用户服务。此模式不涉及项目的最终移交，其本质是存量基础设施或公共服务项目的私有化，与巴西PPI的私有化项目类似。在此模式下社会资本承担的职责和风险相对较大。目前项目库中未有TOO模式项目。

4. ROT模式

ROT模式即改建—运营—移交(Rebuild-Operate-Transfer)，指社会资本方在获得存量项目特许权的基础上，对资产或者项目进行改造，并承担运营任务，在合作期满后将项目移交给政府的项目运作方式。ROT模式与TOT模式相比，其基本运作方式与TOT模式基本相同，不同点主要在于增加了改扩建内容，可以通过改建、扩建等增加项目总投资和项目资产。

目前有ROT模式项目256个，其中193个已进入执行阶段，46个项目处于采购阶段，项目落地率为75.39%。从运用领域上看主要集中在各类道路建设、污水处理、垃圾处理、综合治理等行业。

第四章　SPV公司的产生及相关法律问题

第一节　项目采购主要法律问题及实务处理

一、PPP项目采购与传统政府采购的区别

PPP项目采购和政府采购同属公共采购形式，二者间存在内在联系的同时又不尽相同。本部分将通过比较分析传统政府采购与PPP项目采购在发起主体、采购内容、采购适用方式与采购流程等方面的区别，讨论PPP项目采购相较于政府采购的特殊性。

（一）采购活动主体不同

1. 传统政府采购活动主体

由于传统政府采购所支出资金为公共资金，所以在传统政府采购中强调采购主体资金来源的财政性质。[①] 所以通常，传统政府采购的发起主体是具有公共职能、使用财政性资金、为社会公众提供公共服务的公法人和公共组织。我国《政府采购法》中规定的政府采购主体是各级国家机关、事业单位和团体组织。由于政府采购中对资金来源的限定性，所以可以将我国政府采购的发起主体认定为是各级国家机关、有权利使用财政性资金的事业单位与团体组织。相较于域外的规定，我国采用狭义的立法模式，发起主体不包含公共企业与具有特许经营权的私企。

传统政府采购中，政府兼具采购发起者和采购监督者的职能。在项目的建造阶段，政府作为采购发起主体根据采购需求、集中采购目录等科学合理地编制年度采购预算、合理选择采购方式，制定采购实施计划，按照采购实施计划组织采购活动，与不同的私人部门签订合同，并对采购的结果进行验收。在项目后续的运营和管理阶段，政府仍作为负责人为社会公共提供服务。此外，作为监管者，政府需要对政府采购信息公告活动进行监督、检查和管理，同时对违反政府采购法法律法规的行为进行处罚。

---

① 见刘晓洲：《政府购买服务、政府和社会资本合作（PPP）与政府采购关系探析》，《地方财政研究》2018年第4期，第8页。

2. PPP 项目采购活动主体

PPP 的主要目标在于政府与社会资本建立合作伙伴关系，充分利用社会资本的创造力、融资及管理方面的先进经验，减轻政府行政负担的同时为社会提供更加高效优质的更高的公共产品及服务。所以 PPP 强调善用民间资源，强调政府与社会资本平等的合作地位。故 PPP 项目的发起模式有着政府发起和民间资本发起两种，在国际经验中政府与社会资本均可以成为 PPP 项目采购的发起主体，并分别承担不同的责任。

在我国《基础设施和公共服务领域政府和社会资本合作条例（征求意见稿）》以及相关政策性文件中并未明确政府方这一主体的范围和角色定位，但是根据立法趋势和我国的基本国情可以看出，PPP 项目中政府主体是指项目所在地相应级别的各级人民政府和经本级政府授权的机构。[①] 作为 PPP 的合作者，政府与社会资本进行合作，根据采购合同确定自身的权利和义务，为社会资本提供“行政便利”，并在特定情况下承担项目发起的职责。作为 PPP 的监管者，政府的职责是承担公共产品和服务提供的保障责任，并在此过程中承担监管责任，以实现对公共利益的保护。[②]

在国际经验中 PPP 项目采购中，社会资本方不仅作为合作者，也可以作为发起者发起 PPP 项目采购。通过社会资本发起 PPP 项目，可以有效地提出创新的项目方案，尤其是在缺少政府发展项目能力的地区，由社会资本发起 PPP 项目可以推动公共建设和服务的高效提供。但目前《政府采购法》与《招标投标法》及其配套的实施条例规定的采购实施主体均为具有公共服务、管理职能，可以适用财政性资金的公法人和公共组织，并不包含社会资本方。

（二）采购内容不同

传统模式项目政府采购内容相对单一，一般为货物、工程和服务，而 PPP 模式主要适用于政府负有提供责任又适宜市场化运作的公共服务、基础设施类项目。

传统政府采购的采购标的是工程、货物与服务，这一点已经在国际上达成了广泛的共识。我国在《政府采购法》第二条中也对此进行了明确规定。并且对于服务，在《政府采购法实施条例》中将其进一步明确为“政府自身所需要的服务和政府向社会公众提供的公共服务”。在《招标投标法》中，对采购的标的明确为工程以及与工程建设有关的货物、服务。

从表现形式看，PPP 的客体主要表现为行为，即社会资本方进行投资、建设、运营公共产品和公共服务的行为，政府方因社会资本方的行为而负有给付相应回报的义务。由于 PPP 项目资金需求量大，生命周期长，涉及领域广，所以社会资本方进行投资、建设、运营公共产品和公共服务的行为，很难归为工程、服务、货物等

---

① 见谭静：《国内 PPP 立法分析》，中国财政经济出版社 2017 年版，第 23 页。

② 见喻文光：《PPP 立法中的八大重点问题探讨》，《中国政府采购》2017 年第 9 期，第 57 页。

其中一类或几类，即PPP项目采购标的类型抽象、难以确定。相较于传统政采购的标的是一个“物”的概念，PPP项目采购的标的是一个更广泛的概念，是“物和基于物所产生服务的集合”，[①]是对一个项目整体的采购。由于签订协议的内容根据采购的阶段或活动的不同而迥异，协议的内容可能包含工程设计、融资、建设、生产、运营等不同阶段。[②] 所以相对于政府采购，PPP项目采购是更加全面、抽象的采购，采购标的范围明显大于传统政府采购中采购标的范围，更为复杂和多变。

（三）采购适用方式不同

按照《中华人民共和国政府采购法》规定，政府采购方式包括公开招标、邀请招标、竞争性谈判、单一来源采购、询价、国务院政府采购监督管理部门认定的其他采购方式，且对于达到公开招标数额标准的必须采用公开招标方式进行采购。而PPP项目采购方式包括公开招标、邀请招标、竞争性谈判、竞争性磋商和单一来源采购五种方式，虽然也以公开招标方式为主，但考虑到部分PPP项目的采购需求边界条件不清晰、经济参数不明确，为了保证PPP项目采购过程顺畅高效和实现“物有所值”价值目标，因此增加了竞争性磋商的采购方式。PPP强调政府与社会资本在公共建设和服务领域的平等的合作关系，尊重双方的利益追求。基于此价值需求，相较于政府采购，PPP项目的采购方式的选择更加注重灵活性。

（四）采购流程不同

按照《政府和社会资本合作项目政府采购管理办法》规定“PPP项目采购应当实行资格预审”，而在传统项目的政府采购中，资格预审并非采购的必须程序。此外，传统项目的政府采购在评审后可以直接发布中标结果公示，而PPP项目采购评审结束后，项目实施机构应当成立专门的采购结果确认谈判工作组，按照评审报告推荐的候选社会资本排名，依次与候选社会资本及与其合作的金融机构就项目合同中可变的细节问题进行项目合同签署前的确认谈判，率先达成一致的候选社会资本即为预中标、成交社会资本。

二、采购方式的选择与基本流程

（一）PPP项目采购方式的适用条件

PPP项目采购方式包括公开招标、邀请招标、竞争性谈判、竞争性磋商和单一来源采购五种方式，根据《政府采购法》、财金〔2014〕113号、《政府和社会资本合作项目政府采购管理办法》《政府采购非招标采购方式管理办法》《政府采购竞争性磋商采购方式管理暂行办法》等规定，PPP项目五种采购方式的适用条件如下：

---

① 曹富国：《政府采购视角下的PPP立法问题》，《中国政府采购》2016年第3期，第16页。
② 李明哲：《PPP的认识误区与公共服务改革》，《技术经济》2012年第31期，第72页。

采购方式	适用条件
公开招标	公开招标主要适用于采购需求中核心边界条件和技术经济参数明确、完整、符合国家法律法规及政府采购政策，且采购过程中不做更改的项目。
邀请招标	(一) 具有特殊性，只能从有限范围的供应商处采购的； (二) 采用公开招标方式的费用占政府采购项目总价值的比例过大的。
竞争性谈判	(一) 招标后没有供应商投标或者没有合格标的或者重新招标未能成立的； (二) 技术复杂或者性质特殊，不能确定详细规格或者具体要求的； (三) 采用招标所需时间不能满足用户紧急需要的； (四) 不能事先计算出价格总额的。
竞争性磋商	(一) 政府购买服务项目； (二) 技术复杂或者性质特殊，不能确定详细规格或者具体要求的； (三) 因艺术品采购、专利、专有技术或者服务的时间、数量事先不能确定等原因不能事先计算出价格总额的； (四) 市场竞争不充分的科研项目，以及需要扶持的科技成果转化项目； (五) 按照招标投标法及其实施条例必须进行招标的工程建设项目以外的工程建设项目。①
单一来源采购	(一) 只能从唯一供应商处采购的； (二) 发生了不可预见的紧急情况不能从其他供应商处采购的； (三) 必须保证原有采购项目一致性或者服务配套的要求，需要继续从原供应商处添购，且添购资金总额不超过原合同采购金额百分之十的。

（二）资格预审——PPP项目采购的必经前置程序

《政府和社会资本合作项目政府采购管办法》(财金〔2014〕215号)规定PPP项目采购应当实行资格预审。项目实施机构应当根据项目需要准备资格预审文件，发布资格预审公告，邀请社会资本和与其合作的金融机构参与资格预审，验证项目能否获得社会资本响应和实现充分竞争。一般的政府采购中，资格预审并非采购的必经前置程序，然而，PPP项目中，无论采取何种采购方式，均应进行资格预审程序。我们理解，这是由于PPP项目作为一种新型的政府采购服务、建立了政府与企业间的长期合作关系，政府希望通过前置的资格预审程序，实现项目实施机构对参与PPP项目的社会资本进行更为严格的筛选和把控，保障项目安全。

① 《招标投标法》第三条："在中华人民共和国境内进行下列工程建设项目包括项目的勘察、设计、施工、监理以及与工程建设有关的重要设备、材料等的采购，必须进行招标：(一) 大型基础设施、公用事业等关系社会公共利益、公众安全的项目；(二) 全部或者部分使用国有资金投资或者国家融资的项目；(三) 使用国际组织或者外国政府贷款、援助资金的项目。前款所列项目的具体范围和规模标准，由国务院发展计划部门会同国务院有关部门制订，报国务院批准。法律或者国务院对必须进行招标的其他项目的范围有规定的，依照其规定。"《招标投标法实施条例》第二条："招标投标法第三条所称工程建设项目，是指工程以及与工程建设有关的货物、服务。前款所称工程，是指建设工程，包括建筑物和构筑物的新建、改建、扩建及其相关的装修、拆除、修缮等；所称与工程建设有关的货物，是指构成工程不可分割的组成部分，且为实现工程基本功能所必需的设备、材料等；所称与工程建设有关的服务，是指为完成工程所需的勘察、设计、监理等服务。"第三条："依法必须进行招标的工程建设项目的具体范围和规模标准，由国务院发展改革部门会同国务院有关部门制订，报国务院批准后公布施行。"

根据《招标投标法实施条例》、财金〔2014〕113号文和《政府和社会资本合作项目政府采购管理办法》的等规定，PPP项目资格预审流程如下：

资格预审公告应当在省级以上人民政府财政部门指定的政府采购信息发布媒体上发布。提交资格预审申请文件的时间自公告发布之日起不得少于15个工作日。① 项目实施机构、采购代理机构应当按照资格预审公告规定的时间、地点发售资格预审文件，资格预审文件的发售期不得少于5日。② 项目实施机构、采购代理机构应当合理确定提交资格预审申请文件的时间。依法必须进行招标的项目提交资格预审申请文件的时间，自资格预审文件停止发售之日起不得少于5日。③

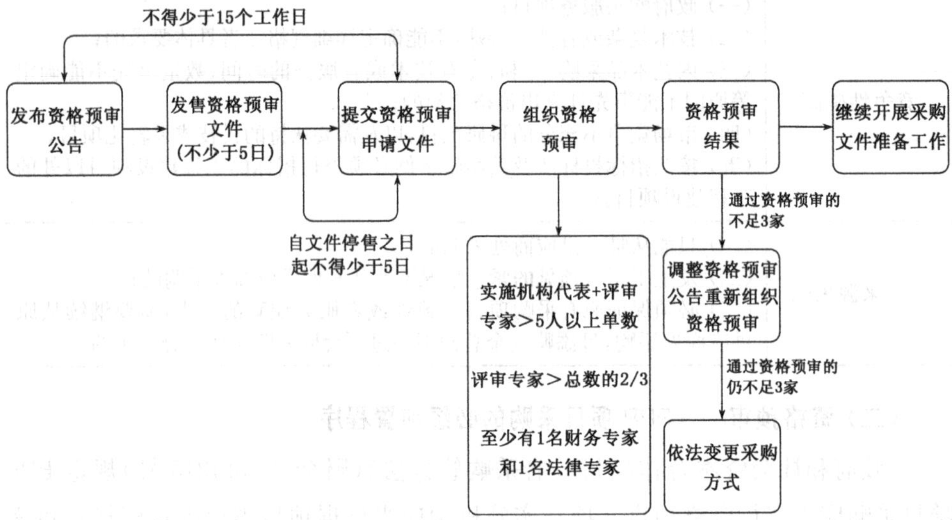

图4-1　资格预审流程

在收到资格预审申请文件后，项目实施机构、采购代理机构应当成立评审小组，负责PPP项目采购的资格预审和评审工作。评审小组由项目实施机构代表和评审专家共5人以上单数组成，其中评审专家人数不得少于评审小组成员总数的2/3。评审专家可以由项目实施机构自行选定，但评审专家中至少应当包含1名财务专家和1名法律专家。项目实施机构代表不得以评审专家身份参加项目的评审。④

经过评审，有3家以上社会资本通过资格预审的，项目实施机构可以继续开展采购文件准备工作；项目通过资格预审的社会资本不足3家的，项目实施机构应当在调整资格预审公告内容后重新组织资格预审；项目经重新资格预审后合格社会资本仍不够3家的，可以依法变更采购方式。⑤

① 《政府和社会资本合作项目政府采购管理办法》第六条。
② 《招标投标法实施条例》第十六条。
③ 《招标投标法实施条例》第十七条。
④ 《政府和社会资本合作项目政府采购管理办法》第七条。
⑤ 《政府和社会资本合作项目政府采购管理办法》第八条。

(三) 各采购方式的具体流程与实施要点

在资格预审后,PPP项目的一般采购流程包括采购文件的准备和发布、提交采购响应文件、采购评审、采购结果确认谈判、签署确认谈判备忘录、成交结果及拟定项目合同文本公示、项目合同审核、签署项目合同、项目合同的公告和备案等若干基本环节。不同采购方式在具体流程上有所区别。

1. 公开招标

公开招标主要适用于采购需求中核心边界条件和技术经济参数明确、完整、符合国家法律法规及政府采购政策,且采购过程中不做更改的项目。

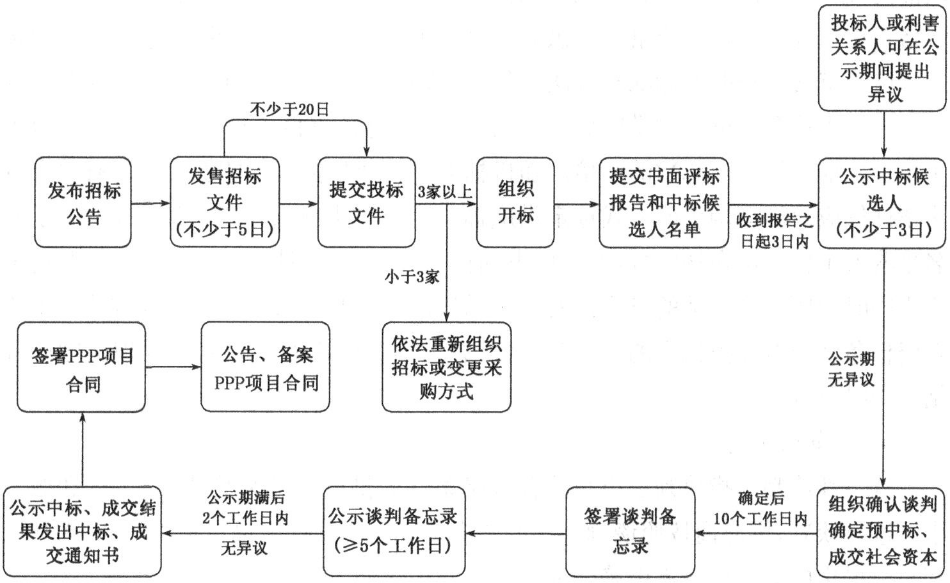

图4-2 公开招标流程

公开招标在特定条件下可以转变为其他模式,根据《政府采购法》第三十条和第三十六条的规定,在专业条件的供应商或者对招标文件作实质响应的供应商不足三家的情况下,招标采购应予废标。废标后,除采购任务取消情形外,应当重新组织招标;需要采取其他方式采购的,应当在采购活动开始前获得设区的市、自治州以上人民政府采购监督管理部门或者政府有关部门批准。对此,《政府采购货物和服务招标投标管理办法》第四十三条进行了更加细致的规定,当投标截止时间结束后参加投标的供应商不足三家的,除采购任务取消情形外,招标采购单位应当报告设区的市、自治州以上人民政府财政部门,由财政部门按照以下原则处理:(1)招标文件没有不合理条款、招标公告时间及程序符合规定的,同意采取竞争性谈判、询价或者单一来源方式采购;(2)招标文件存在不合理条款的,招标公告时间及程序不符合规定的,应予废标,并责成招标采购单位依法重新招标。因此,当专业条件的供应商或者对招标文件作实质响应的供应商不足三家的,且招标文件没有不合理条款、招标公告时间及程序符合规定的情况下，经政府有关部门批准后，可以由公开招标转变为其他采购程序。

2. 邀请招标

邀请招标，是指采购人依法从符合相应资格条件的供应商中随机抽取 3 家以上供应商，并以投标邀请书的方式邀请其参加投标的采购方式。邀请招标的总体流程和公开招标基本一致。采用邀请招标方式的，采购人或者采购代理机构应当通过以下方式产生符合资格条件的供应商名单，并从中随机抽取 3 家以上供应商向其发出投标邀请书：(一) 发布资格预审公告征集；(二) 从省级以上人民政府财政部门(以下简称财政部门)建立的供应商库中选取；(三) 采购人书面推荐。采用资格预审方式产生符合资格条件供应商名单的，采购人或者采购代理机构应当按照资格预审文件载明的标准和方法，对潜在投标人进行资格预审。采用选取或推荐方式产生符合资格条件供应商名单的，备选的符合资格条件供应商总数不得少于拟随机抽取供应商总数的两倍。随机抽取是指通过抽签等能够保证所有符合资格条件供应商机会均等的方式选定供应商。随机抽取供应商时，应当有不少于两名采购人工作人员在场监督，并形成书面记录，随采购文件一并存档。投标邀请书应当同时向所有受邀请的供应商发出。邀请招标采购人采用书面推荐方式产生符合资格条件的潜在投标人的，还应当将所有被推荐供应商名单和推荐理由随中标结果同时公告。①

3. 竞争性谈判

竞争性谈判是指谈判小组与符合资格条件的供应商就采购货物、工程和服务事宜进行谈判，供应商按照谈判文件的要求提交响应文件和最后报价，采购人从谈判小组提出的成交候选人中确定成交供应商的采购方式。

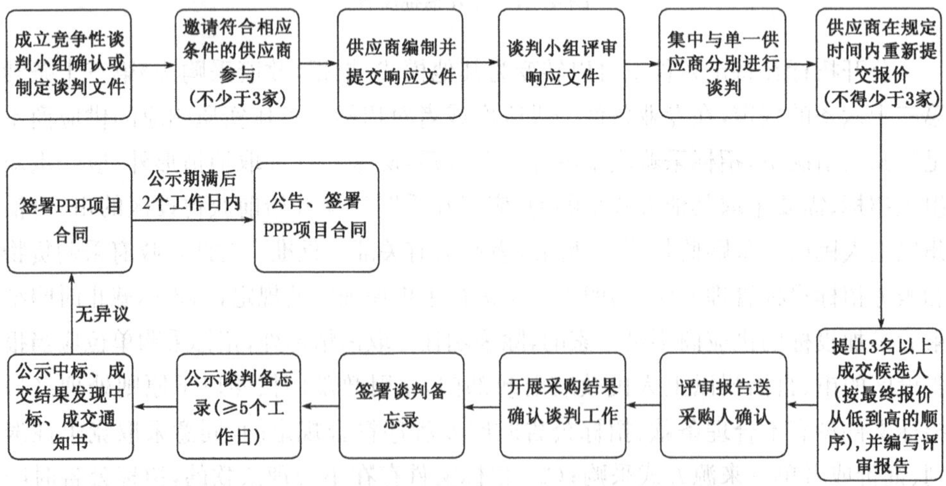

图 4-3 竞争性谈判流程

① 见《政府采购货物和服务招标投标管理办法》(财政部令第 18 号)第十四条。

一般情况下，符合要求的供应商应不少于3家。根据《政府采购非招标采购方式管理办法》第三十七条的规定，在采购过程中符合竞争要求的供应商或者报价未超过采购预算的供应商不足3家的，采购人或者采购代理机构应当终止竞争性谈翔采购活动，发布项目终止公告并说明原因，重新开展采购活动。

当供应商只有两家时，根据《政府采购非招标采购方式管理办法》第二十七条第二款的规定："公开招标的货物、服务采购项目，招标过程中提交投标文件或者经评审实质性响应招标文件要求的供应商只有两家时，采购人、采购代理机构在经本级财政部门批准后可以与该两家供应商进行竞争性谈判采购。"

4. 竞争性磋商

竞争性磋商和竞争性谈判相比，二者关于采购程序、供应商(即PPP项目中的社会资本，下同)来源方式、采购公告要求、响应文件要求、磋商或谈判小组组成等方面的要求基本一致；但是，在采购评审阶段，竞争性磋商采用了类似招标采购方式中的"综合评分法"，[①]从而区别于竞争性谈判的"最低价成交"。[②]

此外根据《政府采购非招标采购方式管理办法》(财政部令第74号)和《政府采购竞争性磋商采购方式管理暂行办法》(财库〔2014〕214号)的一般性规定，供应商的来源方式均包括以下三种：(1) 采购人/采购代理机构发布公告(2) 采购人/采购代理机构从省级以上财政部门建立的供应商库中随机抽取(3) 采购人和评审专家分别书面推荐的方式邀请符合相应资格的供应商参与采购。[③] 但针对采用竞争性磋商方式进行采购的PPP项目，财政部下发的《关于印发政府和社会资本合作模式操作指南(试行)的通知》(财金〔2014〕113号)第十七条第二款规定："项目采用竞争性磋商采购方式开展采购的，按照下列基本程序进行：(一) 采购公告发布及报名：竞争性磋商公告应在省级以上人民政府财政部门指定的媒体上发布……"据此规定供应商的来源仅涉及通过发布公告一种方式，而并未涉及采购人/采购代理机构从供应商库中随机抽取及采购人和评审专家分别书面推荐邀请两种方式。上述规定究竟为立法疏漏抑或是相关立法针对PPP项目采购的特别规定，财政部目前出台的相关文件中尚未给出答案；鉴于目前该文件业已失效，在实务操作中对于以竞争性磋商方式进行采购的PPP项目建议依照《政府采购非招标采购方式管

① 《政府采购竞争性磋商采购方式管理暂行办法》第二十三条："经磋商确定最终采购需求和提交最后报价的供应商后，由磋商小组采用综合评分法对提交最后报价的供应商的响应文件和最后报价进行综合评分。综合评分法，是指响应文件满足磋商文件全部实质性要求且按评审因素的量化指标评审得分最高的供应商为成交候选供应商的评审方法。"

② 《政府采购法》第三十八条第(五)款："确定成交供应商。谈判结束后，谈判小组应当要求所有参加谈判的供应商在规定时间内进行最后报价，采购人从谈判小组提出的成交候选人中根据符合采购需求、质量和服务相等且报价最低的原则确定成交供应商，并将结果通知所有参加谈判的未成交的供应商。"

③ 《政府采购非招标采购方式管理办法》第十二条："采购人、采购代理机构应当通过发布公告、从省级以上财政部门建立的供应商库中随机抽取或者采购人和评审专家分别书面推荐的方式邀请不少于3家符合相应资格条件的供应商参与竞争性谈判或者询价采购活动。"

理办法》和《政府采购竞争性磋商采购方式管理暂行办法》的有关规定展开。

5. 单一来源采购

单一来源是政府采购中比较特殊的一种采购方式。《政府采购法》以及《政府采购法实施条例》均对单一来源采购的适用条件做出了明确的规定。① 选择实施单一来源采购的采购人应当在省级以上财政部门指定媒体上公示，公示期不少于5个工作日，并应当包括如下内容：采购人、采购项目名称和内容；拟采购的货物或者服务的说明；采用单一来源采购方式的原因及相关说明；拟定的唯一供应商名称、地址；专业人员对相关供应商因专利、专有技术等原因具有唯一性的具体论证意见，以及专业人员的姓名、工作单位和职称；公示的期限；采购人、采购代理机构、财政部门的联系地址、联系人和联系电话。任何供应商、单位或个人可以在公示期内以书面方式将异议意见反馈给采购人，采购人收到异议的应在公示期满后5个工作日内组织补充论证，若异议成立则依法采取其他采购方式。若异议不成立，则将异议意见、论证意见与公示情况一并报送财政部门批准。同时采购人应当将补充论证结果告知异议人。②

三、采购文件中社会资本条件设置相关法律问题

（一）歧视性条款的认定与规范

在《关于规范政府和社会资本合作（PPP）综合信息平台项目库管理的通知》（财办金〔2017〕92号）中明确："三、集中清理已入库项目各级财政部门应组织开展项目管理库入库项目集中清理工作，全面核实项目信息及实施方案、物有所值评价报告、财政承受能力论证报告、采购文件、PPP项目合同等重要文件资料。属于上述第（一）、（二）项不得入库情形或存在下列情形之一的项目，应予以清退：……（三）不符合规范运作要求。包括……采购文件中设置歧视性条款、影响社会资本平等参与的……"

《政府采购法》第二条规定："政府采购应当遵循公开透明原则、公平竞争原则、公正原则和诚实信用原则。"《政府和社会资本合作项目政府采购管理办法》（财库〔2014〕215号）第二条也相应规定："PPP项目采购社会资本合作者应当遵循公开、公平、公正和诚实信用原则。"若在采购社会资本时设置歧视性条款、条件，即违背了基本原则。这是禁止社会资本采购歧视性条款的基础规范。

---

① 《政府采购法》第三十一条："符合下列情形之一的货物或者服务，可以依照本法采用单一来源方式采购：（一）只能从唯一供应商处采购的；（二）发生了不可预见的紧急情况不能从其他供应商处采购的；（三）必须保证原有采购项目一致性或者服务配套的要求，需要继续从原供应商处添购，且添购资金总额不超过原合同采购金额百分之十的。"

《政府采购法实施条例》第二十七条："政府采购法第三十一条第一项规定的情形，是指因货物或者服务使用不可替代的专利、专有技术，或者公共服务项目具有特殊要求，导致只能从某一特定供应商处采购。"

② 见《政府采购非招标采购方式管理办法》（财政部令第74号）第四章第三十八条至第四十三条。

根据《政府采购法》第二十二条规定，PPP项目采购社会资本过程中，项目实施机构可以根据PPP项目的特殊要求，规定社会资本的特定条件，但不得以不合理的条件对社会资本实行差别待遇或者歧视待遇。因此，设置社会资本采购歧视性条款，即是指在PPP项目采购社会资本文件中设置不合理的条件，对社会资本实行差别待遇或者歧视待遇，目的是达到限制、排斥潜在社会资本方或者来响应或投标的其他社会资本方的实际效果。

该违规行为的构成要素有二。

一是从行为表现形式上，体现为在PPP项目社会资本采购文件中对社会资本设置不合理的条件，对社会资本实行差别待遇或者歧视待遇。这里的“不合理条件”不仅包括作为投标或响应社会资本的资格条件，也包括评审考量因素。因项目状况和需求不一，对“不合理”认定标准的精确把握是实务操作中的重点难点。

二是从行为后果上，起到了限制或排斥其他社会资本的效果，被限制或排斥的对象包括来响应或投标的其他社会资本方和没有来投标或响应的潜在社会资本方，尤其是对民营企业、中小企业社会资本。这里需要特别说明的是，基于一定评审因素，给予各投标或响应的社会资本不同的评分结果，最终按评审规则选出中选社会资本方，这个过程虽然有比选淘汰，但不是“以不合理的条件限制或排斥其他社会资本”。

《政府采购法实施条例》(国务院令第658号)第二十条和《招标投标法实施条例》(国务院令第613号)第三十二条列举了PPP社会资本采购歧视性条款的几项具体情形：

1. 就同一PPP项目，向有意向投标或响应的社会资本提供了不同项目信息，这里的不同包括详略程度不同、真假信息等情形。

2. 采购文件为社会资本设定的资格、技术、商务条件与PPP项目的具体特点和实际需要不相适应或者与PPP合同履行无关，实务中通常表现为超出了项目本身需要，如对项目资本金仅有1亿的项目，要求社会资本必须持有2亿的银行存款、净利润或净资产；再如对于二级承包资质就能承办的项目，却要求社会资本必须具有一级承包资质等。

3. 要求社会资本必须具有特定的专利技术、商标、品牌或产品；

4. 将特定行政区域或者特定行业的业绩、奖项作为加分条件或者中标、成交条件。实务中，一般需要将社会资本的类似业绩、奖项或荣誉作为加分条件，但不得指定具体行政区域内，也不得限定某一具体细分行业或专业，尤其是与PPP项目本身需求关联性不强的行业或专业；

5. 对不同社会资本采取差异性的资格审查或者评审标准；

6. 要求社会资本必须与指定供应商交易或采购指定产品；

7. 限定社会资本所有制形式、组织形式或者所在地，如要求社会资本必须是国有企业、必须是上市公司或金融机构或本地企业等。

上述规则旨在保障有适格能力的社会资本均有平等参与 PPP 项目的机会。在此基础上，为保护和鼓励民营企业类社会资本参与 PPP 项目，国家和多地政府又颁布了特别规定和政策。

财政部于 2017 年 7 月 12 日以财金函〔2017〕88 号答复，明确要求对民营资本设置差别待遇或歧视性条款的 PPP 项目，各级财政部门不得安排资金支持，要求合理设定社会资本资格条件和采购评审标准，鼓励民营企业通过组建联合体等方式参与 PPP 项目。

国家发展改革委专门就鼓励民间资本参与 PPP 项目出台了指导意见（发改〔2017〕2059 号）。该指导意见也列举了部分 PPP 项目社会资本采购歧视性条款，解析概括如下：

1. 在确定 PPP 项目社会资本资格条件时，不得设置超过项目实际需要的注册资本金、资产规模、银行存款证明或融资意向函等条件。实务中，有以“注册资本金、资产规模、银行存款证明或融资意向函”作为资格条件的，但相关标准应严格按项目实际需要设置，否则构成歧视性条款。

2. 不得设置与 PPP 项目需求（包括投融资、建设、运营）无关的准入条件。

3. 除合法合规的投标保证金外，不得以任何其他名义设置投标担保要求。实务中，有要求社会资本超过法定投标保证金上限提供保证金或必须在指定银行存入定期存款，这都属于歧视性条款具体情形。

4. 综合考虑投标人的工程技术、运营水平、投融资能力、投标报价等因素。PPP 项目涉及面广，鼓励通过“综合评分法”评审，并合理分配评分比重，而不能特别突出某一项能力或指标。

资格条件的设置决定了谁可以参与投标，进而决定中标的可能性。若财务指标、业绩指标、资质条件、商业信誉等实质性条件为科学设置或过于严苛，很容易产生量身定做的质疑。

（二）联合体投标的适用与限制

1. 联合体投标的法律依据

我国《政府采购法》第二十四条规定：“两个以上的自然人、法人或者其他组织可以组成一个联合体，以一个供应商的身份共同参加政府采购。”

《招标投标法》第三十一条规定：“两个以上法人或者其他组织可以组成一个联合体，以一个投标人的身份共同投标。”

两部法律对联合体的表述有所不同，《政府采购法》规定的联合体范围包括自然人、法人、其他组织，而《招标投标法》规定联合体的范围包括法人或者其他组织，不包括自然人。这主要源自《政府采购法》对供应商定义为：“向采购人提供货物、工程或者服务的法人、其他组织或者自然人。”而《招标投标法》对投标人定义为：“响应招标、参加投标竞争的法人或者其他组织。”因此，《政府采购法》将联合体的范围限定为自然人、法人和其他组织，而《招标投标法》将联合体范围限定为法人和其他组织，实践中对此要予以注意。

2. 联合体投标的法律风险与防范

(1) 联合体资格与资质等级的确认

《政府采购法》规定，以联合体形式进行政府采购的，参加联合体的供应商均应当具备一定条件，包括：具有独立承担民事责任的能力；具有良好的商业信誉和健全的财务会计制度；具有履行合同所必需的设备和专业技术能力；有依法缴纳税收和社会保障资金的良好记录；参加政府采购活动前三年内，在经营活动中没有重大违法记录；法律、行政法规规定的其他条件。[①]

《招标投标法》规定，联合体各方"均应当"具备承担招标项目的相应能力；国家有关规定或者招标文件对投标人资格条件有规定的，联合体各方"均应当"具备规定的相应资格条件。[②] 从上述法条的表述可知，联合体各方应当都具备相应的能力或资格条件，这里的联合体各方是指所有参与联合的成员；都具备相应的能力或资格条件是指参与联合的成员分别具备相应的能力或资格条件，任何一方均符合相应的能力要求或资格条件要求，不能是联合体一方具备部分能力或条件，欠缺的条件由联合体其他成员来弥补。举例来说明：A 公司与 B 公司组成联合体参与投标，A 公司具备招标文件规定部分资格条件，B 公司具备招标文件规定的其他资格条件，A 公司与 B 公司组成联合体之后，两家公司互补，表面上看起来好像符合招标文件的资格要求。但是实际上，A 公司与 B 公司均不符合招标文件的资格要求。这种形式的联合体投标很显然不符合我国《招标投标法》的规定。

关于联合体中同类资质的成员等级不同时如何确认联合体资质等级，我国《政府采购法实施条例》规定联合体中有同类资质的供应商按照联合体分工承担相同工作的，应当按照资质等级较低的供应商确定资质等级。我国《招标投标法》规定由同一专业的单位组成的联合体，按照资质等级较低的单位确定资质等级。

在政府采购活动中，以联合体形式进行政府采购的，根据《政府采购法》规定，应当向采购人提交联合协议，载明联合体各方承担的工作和义务。实践中，确认联合体的资质等级要结合联合协议，根据《政府采购法实施条例》规定，依据"就低不就高"的原则予以确认。

(2) 联合体投标的禁止行为

1) 联合体各方在同一招标项目中以自己名义单独投标或者参加其他联合体投标

《政府采购法实施条例》规定以联合体形式参加政府采购活动的，联合体各方不得再单独参加或者与其他供应商另外组成联合体参加同一合同项下的政府采购

---

① 见《政府采购法》第二十二条、第二十四条。

② 见《招标投标法》第三十一条第二款。

活动。[①]

《招标投标法实施条例》规定联合体各方在同一招标项目中以自己名义单独投标或者参加其他联合体投标的，相关投标均无效。[②]

无论是《政府采购法实施条例》，还是《招标投标法实施条例》，均限定联合体投标的唯一性、排他性，即只要参与联合体投标，属于联合体成员，即丧失了再次参与投标的资格，不得再次以自己名义单独投标或者组成新的联合体参与投标。实践中，有的投标人为了提高中标率，一方面组成联合体投标，另一方面又以自己的名义单独投标或者组成新的联合体参与投标，显而易见，这种行为不符合法律规定，相关投标行为当属无效。

2）联合体成员不签订合同、不实际出资或以其他方式规避连带责任

《政府采购法》规定以联合体形式进行政府采购的，联合体各方应当共同与采购人签订采购合同，就采购合同约定的事项对采购人承担连带责任。[③]

《招标投标法》规定联合体中标的，联合体各方应当共同与招标人签订合同，就中标项目向招标人承担连带责任。[④]

根据上述法律的规定，以联合体形式参与投标的，如果中标，联合体各方应当共同与采购人或招标人签订合同。

在实践中存在仅需由联合体代表或牵头人与采购人签订合同即可的误区，这明显与法律规定相悖，可能构成项目推进过程中要求联合体各方承担责任的障碍。同时联合体成员不签订合同、不实际出资等试图规避责任的行为，可能导致项目面临退库的风险。《关于规范政府和社会资本合作(PPP)综合信息平台项目库管理的通知》(财办金〔2017〕92号文)提出："存在下列情形之一的项目，应予以清退。(三)不符合规范运作要求的……"对此《财政部〈关于规范政府和社会资本合作(PPP)综合信息平台项目库管理的通知〉的解读》中进一步明确："要求社会资本的股份不得由第三方代持，遏制当前部分社会资本中选后自行指定其关联企业、子公司、基金等第三方代为履行出资义务，以及部分联合体参与方只承揽项目施工或设计任务、不实际出资入股等不规范操作现象，确保社会资本选择程序的严肃性、公正性，夯实社会资本的投资建设运营责任。"

(3) 联合体成员矛盾影响项目完整性

由于PPP项目工程规模大、涉及领域广，业主方对社会资本方以联合体形态参与PPP项目抱有联合体各成员能充分发挥各自专业所长的期待。然而在实践中由于联合体构成复杂，成员间易产生矛盾的原因，可能会对项目的完整性和一致性造成影响。由于联合体涉及多家企业，在资金实力、风险控制制度、企业内部流

---

① 见《政府采购法实施条例》第二十二条第二款。

② 见《招标投标法实施条例》第三十七条第三款。

③ 见《政府采购法》第二十四条第二款。

④ 见《招标投标法》第三十一条第三款。

程等方面往往存在差异，虽然有联合体牵头方负责具体事项，但成员间沟通协调的难度仍然较大。同时可能因项目推进过程中各类问题产生争议，尤其在风险分担和利益分配上往往会产生较大分歧。在笔者参与的一个PPP项目中，联合体成员间就因项目运营期利益分配问题存在争议，导致项目在完工后未能进行有效的管理运营，产生了资源浪费、环境污染、居民投诉等恶劣后果。

（三）"两标并一标"及其所引发的法律问题

"两标并一标"指在PPP项目采购中，若社会资本方依法能够自行建设、生产或提供服务的，可以不再进行招标。PPP项目实践中中标社会资本大多为投资者、勘察设计者、施工者、运营者组成的联合体，组成联合体参与PPP项目招投标的目的在于，社会资本中标后直接自行勘察、设计、施工，不再进行二次招标。

1. "两标并一标"的法律依据与作用

PPP项目"两标并一标"的优惠条件吸引很多勘察、设计、施工类企业加入PPP项目的社会资本队伍中。财政部《关于在公共服务领域深入推进政府和社会资本合作工作的通知》(财金〔2016〕90号)提出："对于涉及工程建设、设备采购或服务外包的PPP项目，已经依据政府采购法选定社会资本合作方的，合作方依法能够自行建设、生产或者提供服务的，按照《招标投标法实施条例》第九条规定，合作方可以不再进行招标。"《招标投标法实施条例》第九条规定，除《招标投标法》第六十六条规定的可以不进行招标的特殊情况外，有下列情形之一的，可以不进行招标：(1) 采购人依法能够自行建设、生产或者提供；(2) 已通过招标方式选定的特许经营项目投资人依法能够自行建设、生产或者提供。这些规定是"两标并一标"的法律依据。

2. "两标并一标"可能引发的法律问题

(1) 不同采购方式下可能存在法律衔接问题

根据现有法律法规及规范性文件的规定，PPP项目的合法采购方式包括公开招标、邀请招标、竞争性谈判、竞争性磋商、单一来源采购。实践中以公开招标和竞争性磋商方式采购方式为主。而招标投标法律体系规定的招标方式仅限于公开招标和邀请招标。对于两标并一标，《招标投标法实施条例》第九条也明确规定为"通过招标方式选定的特许经营项目投资人依法能够自行建设、生产或者提供，可以不进行招标"。因此当某个PPP项目以竞争性磋商方式确定中标社会资本方时，是否能适用两标并一标存在一定争议。

(2) 可能存在突破两标并一标适用范围的问题

在实践中存在中标社会资本方本身并不具有勘察、设计、施工等资质，而由具有相应资质的子公司或关联公司不经二次招标直接负责相应业务的情况。这一做法实际上突破了两标并一标的适用范围。两标并一标的适用应当限于社会资本方本身，而不应将这种优惠政策扩大至其他管理或出资的关联主体。否则，社会资本方或项目公司不经招标将其工程范围内的业务直接委托给其子公司或关联公司，实际上可能构成对招标或采购程序的规避。类似的在实践中还存部分负责勘察、设计、施工的联合体成员并未实际参股项目公司，这同样存在着对两标并一标的突破。

3. “两标并一标”法律风险的防范

对于上述法律问题，笔者提出如下风险防范建议。首先在实践中要关注法律衔接问题。对于在资格预审环节，以公开发布资格预审公告且采用合格制进行资格预审，同时对于在采购环节采用了竞争性磋商、竞争性谈判等政府采购方式选择社会资本的 PPP 项目，其实质上并不影响采购环节的竞争性，应该允许这类项目适用“两标并一标”。但对于在资格预审环节，以实施机构推荐加评审专家推荐模式进行资格预审，在采购环节以邀请招标、竞争性磋商或竞争性谈判选择社会资本的 PPP 项目，由于其实质上没有公开竞争的内容，应当限制适用“两标并一标”。

其次在实践中要关注两标并一标的适用条件，将适用限制在具有资质的社会资本方本身，不可扩大至其管理或出资的管理主体。在 PPP 项目实施方案中，要明确以联合体方式中标的社会资本中的施工、设计单位在项目公司中的最低出资份额，防止出现联合体成员仅承担涉及或建设任务，而不实际出资的情况。

第二节　SPV 公司设立相关法律问题及实务处理

PPP 项目公司是为了 PPP 项目的运作实施而设立的“特别目的载体”(Special Purpose Vehicle，简称 SPV)。在选定社会资本方后，大多 PPP 项目都将由社会资本方与政府方出资代表共同设立或社会资本方独自设立项目公司。

一、股东构成

现有 PPP 项目公司的股东构成，可分为两类：一是由社会资本(可以是一家企业，也可以是多家企业组成的联合体)按照市场化运作原则出资设立，负责项目的融资、建设、运营等事项；二是由政府和社会资本共同出资成立，或者社会资本设立项目公司后由政府指定机构依法参股项目公司，政府和社会资本共同承担 PPP 项目的全生命周期的各项事宜，确保 PPP 项目顺利运作实施。

现行《中华人民共和国公司法》对公司设立主体(股东)资格未具文明定，只是在第十五条中对公司作为其他企业的出资人作出了一定限制，即“除法律另有规定外，不得成为对所投资企业的债务承担连带责任的出资人。”根据《中共中央、国务院关于严禁党政机关和党政干部经商、办企业的决定》(中发〔1984〕27 号)、《中共中央、国务院关于进一步制止党政机关和党政干部经商、办企业的规定》(中发〔1986〕6 号)、《中共中央办公厅、国务院办公厅关于军队武警部队政法机关不再从事经商活动的通知》《最高人民检察院关于认真贯彻落实军队武警部队政法机关不再从事经商活动工作会议精神的通知》(高检发〔1998〕26号)等规定,国家立法机关、行政机关、司法机关和军事机关原则上禁止投资公司成为股东,但根据《公司法》第六十四条等相关规定,由国务院或者地方人民政府授权的国有资产监督管理机构可以作为股权投资的适格主体。

《PPP项目合同指南(试行)》明确规定:"项目公司可以由社会资本(可以是一家企业,也可以是多家企业组成的联合体)出资设立,也可以由政府和社会资本共同出资设立。"换言之,政府方和社会资本方均具备出资设立PPP项目公司的股东资格。同时,《PPP项目合同指南(试行)》进一步指出:"在我国,PPP项目合同通常根据政府职权分工,由项目所在地相应级别的政府或者政府授权机构以该级政府或该授权机构自己的名义签署。例如,某省高速公路项目的PPP项目合同,由该省交通厅签署。"关于PPP项目公司股东的范围,显然是有别于《公司法》等相关规定,这一点应予重点关注。

二、项目资本金与注册资本

(一)项目资本金制度

项目资本金不仅仅适用于PPP项目,而是广泛适用于包括PPP项目在内的所有固定资产投资类项目。这一制度是我国独创的固定资产项目投资管控制度,源于《国务院关于固定资产投资项目试行资本金制度的通知》(国发〔1996〕35号),从1996年开始,对各种经营性投资项目,包括国有单位的基本建设、技术改造、房地产开发项目和集体投资项目,试行资本金制度,投资项目必须首先落实资本金才能进行建设。

该制度要求在经营性投资项目的总投资中必须拥有一定比例的资本金。总体来讲,资金性质方面,资本金须为非债务性资金,投资者享有出资相应的所有者权益,可以转让但不能撤回;出资方式方面,包括货币与非货币两种方式,并同时规定了非货币资金出资的配套制度安排;[①]资金来源方面,货币出资时,其资金来源包括财政预算相关资金、专项建设基金、企业法人的所有者权益、个人合法资金等其他资金;最低比例方面,根据行业与项目收益不同,设置了不同的最低比例要求;资本金比例先后通过国发〔2009〕27号文、国发〔2015〕51号文进行两次调整。

① 《国务院关于固定资产投资项目试行资本金制度的通知》(国发〔1996〕35号)第三条:"对作为资本金的实物、工业产权、非专利技术、土地使用权,必须经过有资格的资产评估机构依照法律、法规评估作价,不得高估或低估。以工业产权、非专利技术作价出资的比例不得超过投资项目资本金总额的20%,国家对采用高科技成果有特别规定的除外。"

第一阶段*资本金比例

序号	项目类别	最低资本金比例
1	交通运输、煤炭项目	35%
2	钢铁、邮电、化肥项目	25%
3	电力、机电、建材、化工、石油加工、有色、轻工、纺织、商贸及其他行业的项目	20%
备注	经国务院批准，对个别情况特殊的国家重点建设项目，可以适当降低资本金比例。对某些投资回报率稳定、收益可靠的基础设施、基础产业投资项目，以及经济效益好的竞争性投资项目，经国务院批准，可以试行通过发行可转换债券或组建股份制公司发行股票方式筹措资本金。	

*注：指1996年至2009年5月25日阶段，由国发〔1996〕35号文确定。

第二阶段*资本金比例

序号	项目类别	最低资本金比例
1	钢铁、电解铝项目	40%
2	水泥项目	35%
3	煤炭、电石、铁合金、烧碱、焦炭、黄磷、玉米深加工、机场、港口、沿海及内河航运项目	30%
4	铁路、公路、城市轨道交通、化肥(钾肥除外)项目	25%
5	保障性住房和普通商品住房项目	20%
	其他房地产开发项目	30%
6	其他项目	20%
备注	经国务院批准，对个别情况特殊的国家重大建设项目，可以适当降低最低资本金比例要求。属于国家支持的中小企业自主创新、高新技术投资项目，最低资本金比例可以适当降低	

*注：指2009年5月25日至2015年9月19日时间段，由国发〔2009〕27号文确定。包括在2009年5月25日前尚未审批可行性研究报告、核准项目申请报告、办理备案手续的固定资产投资项目，以及金融机构尚未贷款的固定资产投资项目，均按照本表比例执行。已经办理相关手续但尚未开工建设的投资项目，参照本表比例执行。

第三阶段*资本金比例

序号	项目类别		比例
1	城市和交通基础设施项目	城市轨道交通项目	20%
		港口、沿海及内河航运、机场项目	25%
		铁路、公路项目	20%

（续表）

序号	项目类别		比例
2	房地产开发项目	保障性住房和普通商品住房项目	20%
		其他项目	25%
3	产能过剩行业项目	钢铁、电解铝项目	40%
		水泥项目	35%
		煤炭、电石、铁合金、烧碱、焦炭、黄磷、多晶硅项目	30%
4	其他工业项目	玉米深加工项目	20%
		化肥（钾肥除外）项目	25%
5	电力等其他项目		20%
备注	城市地下综合管廊、城市停车场项目，以及经国务院批准的核电站等重大建设项目，可以在规定最低资本金比例基础上适当降低。 对某些投资回报率稳定、收益可靠的基础设施、基础产业投资项目，以及经济效益好的竞争性投资项目，经国务院批准，可以试行通过发行可转换债券或组建股份制公司发行股票方式筹措资本金		

注：至2015年9月19日至今，由国发〔2015〕51号文确定。包括在2015年9月19日前尚未审批可行性研究报告、核准项目申请报告、办理备案手续的固定资产投资项目，以及金融机构尚未贷款的固定资产投资项目，均按照本表比例执行。此外，已经办理相关手续但尚未开工建设的固定资产投资项目，参照本表比例执行。已与金融机构签订相关合同的固定资产投资项目，按照原合同执行。

总体而言该制度主要是为投资项目设定最低认缴的资本金比例，并通过与项目审批和贷款审批等制度联动配合，最终实现调控投资节奏的政策目的。

聚焦于PPP项目，财政部、发改委先后在其发文中对PPP项目资本金提出要求。财政部在《关于规范金融企业对地方政府和国有企业投融资行为有关问题的通知》（财金〔2018〕23号）中明确："国有金融企业向参与地方建设的国有企业（含地方政府融资平台公司）或PPP项目提供融资，应按照'穿透原则'加强资本金审查，确保融资主体的资本金来源合法合规，融资项目满足规定的资本金比例要求。若发现存在以'名股实债'、股东借款、借贷资金等债务性资金和以公益性资产、储备土地等方式违规出资或出资不实的问题，国有金融企业不得向其提供融资。"以资本金出资状况作为是否提供融资的前提条件。发改委发布的《关于依法依规加强PPP项目投资和建设管理的通知》（发改投资规〔2019〕1098号）中亦强调PPP项目要"严格执行国务院关于固定资产投资项目资本金制度的各项规定"。

（二）项目资本金与注册资本

在PPP实践中，存在将项目资本金与注册资本混淆的情形，本部分以有限责任公司为例对项目资本金与注册资本二者的关联与差异进行探讨。

项目资本金和项目公司注册资本是两个不同的概念，项目资本金指在投资项目总投资中由投资者认缴的出资额，对投资项目而言是非债务性资金，项目法人不承担这部分资金的任何利息和债务；投资者可按其出资的比例依法享有所有者权益。① 有限责任公司的注册资本为在公司登记机关登记的全体股东认缴的出资额。② 二者的法律依据、适用领域、出资要求、审查主体、未全面履行出资义务的后果等方面均存在明显的区别。

项目资本金与注册资本对比一览

		项目资本金	注册资本
法律依据		《国务院关于固定资产投资项目试行资本金制度的通知》（国发〔1996〕35号） 《国务院关于调整固定资产投资项目资本金比例的通知》（国发〔2009〕27号） 《国务院关于调整和完善固定资产投资项目资本金制度的通知》（国发〔2015〕51号）	《公司法》 《公司登记管理条例》（国务院令第666号） 《公司注册资本登记管理规定》（国家工商行政管理总局令第64号）
适用范围		固定资产投资项目	所有资产投资项目
出资要求	出资形式	可以用货币出资，也可以用实物、工业产权、非专利技术、土地使用权作价出资。③	可以用货币出资，也可以用实物、知识产权、土地使用权等可以用货币估价并可以依法转让的非货币财产作价出资。④
	出资比例	投资项目资本金的具体比例，由项目审批单位在审批可行性研究报告时核定。但要满足国务院相关文件规定的资本金最低比例。	自2013年修订后，《公司法》取消了公司注册自本最低限额。
未履行/未全面履行出资义务的后果		可能导致融资受阻；⑤PPP项目予以清退出库。⑥	未全面履行出资义务股东需向其他股东承担违约责任，向公司债权人承担补充赔偿责任。⑦

由于PPP项目一般会涉及固定资产投资，需要满足固定资产投资对资本金的要求，同时实缴的注册资本也关乎PPP项目公司的融资能力和履约能力，故PPP项目公司的注册资本不能完全适用现行《公司法》的规定。根据《财政部关于印发

① 《国务院关于固定资产投资项目试行资本金制度的通知》（国发〔1996〕35号）。
② 《中华人民共和国公司法》第二十六条。
③ 《国务院关于固定资产投资项目试行资本金制度的通知》（国发〔1996〕35号）第三条。
④ 《中华人民共和国公司法》第二十七条。
⑤ 《政府和社会资本合作项目财政承受能力论证指引》（财金〔2015〕21号）第十五条。
⑥ 《关于规范政府和社会资本合作（PPP）综合信息平台项目库管理的通知》（财办金〔2017〕92号）。
⑦ 《中华人民共和国公司法》第二十八条。

政府和社会资本合作模式操作指南(试行)的通知》(财金[2014]113 号)的相关规定,对于新建类 PPP 项目,在项目采购之前应当做好可行性论证、编制项目实施方案等项目前期工作,项目资本金的比例和数额一般会预先于 PPP 项目公司的注册资本确定。在项目资本金比例和数额已确定的情形下,PPP 项目公司的注册资本是否必须与项目资本金数额相等?如何合理设置?这是值得探讨的问题。

在 PPP 项目实践中,有的项目资本金数额和注册资本数额完全相等,有的则相差甚多。法律层面上,项目资本金并不等同于注册资本,也未有强制性规定要求两者数额必须等同。而监管层面则有意向将项目资本金和项目公司注册资本视作等同。以财政部《政府和社会资本合作项目财政承受能力论证指引》(财金〔2015〕21 号)为例,其第十五条规定:"股权投资支出应当依据项目资本金要求以及项目公司股权结构合理确定。股权投资支出责任中的土地等实物投入或无形资产投入,应依法进行评估,合理确定价值。计算公式为:股权投资支出=项目资本金×政府占项目公司股权比例。"从文义上进行解释,这实际上将项目资本金等同于注册资本,财政部此款的落脚点在于两者均为社会资本方认缴的出资额,也都是社会资本方自有资金,为非债务性资金,社会资本方按该比例享有所有者权益。

从政府角度来看,考虑到会计处理、项目核算和审计的便利性以及对项目投资安全的要求,一般倾向于要求注册资本金额等于采购文件中的资本金额;从股东责任、股权转让成本、税收和退出风险等角度来看,社会资本方往往不愿意向特殊目的公司注入大量资本作为注册资本,倾向于通过股东借款或融资解决大部分资本需求。

从激发 PPP 市场活力的角度来看,引导两者具有一定的差额且允许股东以"股东借款"方式补足项目公司注册资本和项目资本金差额部分或许更佳——因为在目前 PPP 项目层面面临的投融资问题主要就是资本金的筹措问题,若股权投资回款方式及股权资产流转模式已设计成熟,那资金方介入项目公司股权的可能性就会很大,但是目前各类股权退出模式仍停留在研究阶段,测试、应用尚需时日,而债权退出的模式相对成熟,且对社会资本方而言税收成本较低。将项目资本金与项目公司注册资本的差额视为股东借款,一方面有利于社会资本方在项目公司运营期内直接退出,一方面也有利于未来 PPP 项目资产进入二级市场的操作,不过,这必然也会导致一定的监管风险,所以若采用此模式,具体项目公司注册资本与项目资本金允许的差额范围还需监管层协商确定。

三、股权结构

PPP 项目公司可以由社会资本出资设立,也可以由政府和社会资本共同出资设立。但在设计由政府和社会资本共同出资设立的 PPP 项目公司的股权结构时,需要注意出资比例限制的问题,《PPP 项目合同指南(试行)》明确指出:"政府在项目公司中的持股比例应当低于 50%、且不具有实际控制力及管理权。"

财金〔2014〕76号文第三条“切实有效履行财政管理职能”第(一)项“着力提高财政管理能力”指出,要“按照‘风险由最适宜的一方来承担’的原则,合理分配项目风险,项目设计、建设、财务、运营维护等商业风险原则上由社会资本承担,政策、法律和最低需求风险等由政府承担”。发改投资〔2014〕2724号文第二条“准确把握政府和社会资本合作的主要原则”第(三)项“合理设计,构建有效的风险分担机制”也指出:“按照风险收益对等原则,在政府和社会资本间合理分配项目风险。原则上,项目的建设、运营风险由社会资本承担,法律、政策调整风险由政府承担,自然灾害等不可抗力风险由双方共同承担。”因此,从实际操作看,在PPP项目公司负责项目的设计、建设、财务、运营维护的情形下,政府在PPP项目公司的持股比例越高,政府面临的商业风险就会越大。在PPP项目公司中,政府高比例持股有违于我国政策文件确立的PPP项目风险分担的原则。因此,在进行由政府和社会资本共同出资设立的PPP项目公司的股权结构设计时,政府方的出资比例以及对PPP项目公司的实际控制力及管理权问题需要重点关注。

此外,在外商投资企业作为社会资本参与某类基础设施和公共服务工程的建设和运营时,也需要考虑股权架构设计问题。例如,《国家发展和改革委员会、财政部、水利部关于鼓励和引导社会资本参与重大水利工程建设运营的实施意见》(发改农经〔2015〕488号,2015年3月17日)第一条“明确参与范围和方式”第(二)项“合理确定项目参与方式”规定:“鼓励社会资本以特许经营、参股控股等多种形式参与重大水利工程建设运营。其中,综合水利枢纽、大城市供排水管网的建设经营需按规定由中方控股。”依此,对于综合水利枢纽、大城市供排水管网的建设经营,如果社会资本存在外商投资企业的情形下,一定要将中方控股问题考虑在内。

四、股权变更限制

项目公司自身或其母公司的股权结构发生变化,可能会导致不合适的主体成为PPP项目的投资人或实际控制人,进而有可能会影响项目的实施。鉴于此,为了有效控制项目公司股权结构的变化,在PPP项目合同中一般会约定限制股权变更的条款。在设计股权变更限制条款时,需要注意如下问题。

(一) 关于股权变更的一般限制性规定

实践中PPP项目股东协议对股权变更一般限制性规定通常设计为:项目公司股东应确保任何项目公司股东都不得擅自变更(包括向项目公司其他股东)其在项目公司中的全部或部分股权,除该变更为适用法律所要求,或具有适当管辖权的法院、法庭或政府部门所命令的变更;或该经政府方书面同意外。再有为限制政府持股比例,同时约定股权变更须保证项目公司社会资本股东方的股权比例高于50%(但因期满移交和《PPP协议》提前终止时的股权移交发生的股权变更除外)。

(二) 关于股权变更的限制方式

股权变更限制的主要方式为锁定期。锁定期,是指限制社会资本转让其所直接或间接持有的项目公司股权的期间。至于具体期限，需要根据项目的具体情况进行设定。常见的锁定期是自项目合同生效之日起，至项目开始运营日后的一定期限。例如，以对承包商的锁定期为例，如果承包商参与项目的主要目的是承担项目的设计、施工等工作，并不愿长期持股，承包商会希望在股东协议中预先做出股权转让的相关安排，但是另一方面，包括融资方在内的其他股东通常会要求限制承包商转让其持有的项目公司股权的权利，例如要求承包商在工程缺陷责任期满后才可以转让其持有的项目公司股权。

当然，在锁定期内，如发生以下特殊的情形，可以允许股权变更：(1) 项目贷款人为履行本项目融资项下的担保而涉及的股权结构变更；(2) 将项目公司及其母公司的股权转让给社会资本的关联公司；(3) 如果政府参股了项目公司，则政府转让其在项目公司股权不受上述股权转让变更限制。这些特殊情况作为锁定期股权变更的例外情形，可以在股东协议中予以明确。

(三) 对股权转让受让方的要求和限制

在社会资本的选择上，政府是看中社会资本的融资能力及对项目建设运营的履约能力。因此除锁定期外，政府还可能会约定对受让方的资质要求和限制。例如约定受让方须具备相应的履约能力及资格，要求受让方具有足够的技术和财务方面的能力、资源和信誉履行项目公司 PPP 项目合同项下的义务，且通过政府或其政府指定机构的资格审查。再有，在一些特定的项目中，政府方也有可能不希望特定的主体参与到 PPP 项目中，因此可能直接在合同中约定禁止将项目公司的股权转让给特定的主体。

第三节　社会资本的投资风险

社会资本的投资风险也就是项目公司的风险。本部分内容所指的投资风险主要是指社会资方或项目公司因出资不到位对项目所产生的风险。

目前，在 PPP 项目实施过程中，一般都要求实行资本金制度。一方面，项目资本金制度从 1996 年《国务院关于固定资产投资试行资本金制度的通知》(国发〔1996〕35 号)首次规定以来，后续只是对第四条的具体行业和项目的资本金比例做了几次调整，但没有对其他部分内容规定具体实施细则，尤其对第一条公益性投资项目不实行资本金制度没有进一步规定。一方面，政府一般都要求社会资本提供一定的资本金，保证 PPP 项目顺利进行。另一方面，根据 2009 年中国银行业监督管理委员会发布的《固定资产贷款管理暂行办法》中第九条的规定："贷款人受理的固定资产贷款申请应具备符合国家有关投资项目资本金制度的规定的条件。"银行在审批 PPP 项目贷款时也要求从严适用项目资本金制度。因此，资本金能否及时到位，是解决项目资金的首要问题。

现行PPP项目操作中资本金比例不低于20%，并且PPP项目投资规模较大，这就要求社会资本具有一定的资金实力，但是，在政府采购社会资本过程中，由于对资格设置不够合理，或者社会资本在中标后，企业内部出现了严重问题，造成了资金链断裂，无法及时拿出足够的资金，不能满足项目资本金的要求。

资本金来源也应满足合规要求，资本金本身应该是自有资金，不应该以债务性资金充当资本金，无论是项目公司、社会资本还是政府出资代表的债务性资金都不可以充当资本金。有些社会资本自身资金实力不足，与其他金融机构一起组成联合体投标PPP项目，表面上满足了资本金出资额要求，实际上，社会资本和金融机构单独签订了刚性兑付的保本协议，并约定期限退出；或者直接以借款的名义补充资本金，无论项目公司在金融机构贷款偿还之前还是其后偿还给股东，对于项目公司而言，均是“负债”，这就出现了以名股实债、股东借款、借贷资金等债务性资金违规出资或出资不实的问题，这种资金来源违背了资本金是由投资者认缴的出资额，对投资项目来说是非债务性资金，项目法人不承担这部分资金的任何利息和债务，投资者可按其出资的比例依法享有所有者权益的本质，资本金来源是不合规的。

第四节　社会资本的退出

社会资本的退出一直是投资方非常关注的问题。PPP项目的周期非常长，特别是一些公益项目，双方订立的合同一般都是三十年。在这三十年中，项目的经营情况能否一直维持良好状态无法保证，而不管社会资本方是国有企业还是民营资本，或者外资，其都是逐利的。对与社会资本如何退出相关的一系列问题的研究都具有非常现实的意义。关于如何退出的问题，近年来财政部、发改委及相关部门相继出台政策促进PPP项目规范化发展，鼓励社会资本良性退出。

《关于开展政府和社会资本合作的指导意见》(发改投资〔2014〕2724号)、《关于切实做好传统基础设施领域政府和社会资本合作有关工作的通知》(发改投资〔2016〕1744号)均提出了“依托各类产权、股权交易市场，为社会资本提供多元化、规范化、市场化的退出渠道”，并提出了利用“股权转让”“资产证券化”等方式，丰富PPP项目投资退出渠道。《关于推广运用政府和社会资本合作模式有关问题的通知》(财金〔2014〕76号)、《关于创新重点领域投融资机制鼓励社会投资的指导意见》(国发〔2014〕60号)也分别规定了合同中应重点关注“退出安排”等关键环节、明确项目退出路径。《关于加强中央企业PPP业务风险管控的通知》(国资发财管〔2017〕192号)提出通过“出让项目股份、增资扩股、上市融资、资产证券化等多渠道盘活资产”，实现资金良性循环。

根据上述政策，社会资本可通过股权转让、资产证券化等方式实现项目融资或退出。社会资本在特许经营期限届满后退出PPP项目，或者以股权转让、公开上市、资产证券化等形式退出PPP项目都属于社会资本的正常退出。相应的也存在社会资本的不正常退出或被迫退出，即由于不可抗力、社会资本方违约、政府政策变更等原因导致PPP项目失败，社会资本不得不退出PPP项目。

一、到期移交

到期移交是项目合作正常终止情形下社会资本方的退出方式。在项目合作期届满后，由项目公司将项目资产移交政府方或其指定机构。在涉及期满转让的以BOT、TOT、ROT等模式运作的PPP项目中，政府方和社会资本方通常会在项目合同中就移交形式、补偿方式、移交内容、移交标准、移交流程等进行约定，在合作期满时结合项目实际情况指定细致的移交方案，据此完成项目移交。

二、股权转让

股权转让是指社会资本通过转让其在项目公司的股权从PPP项目中撤出。股权转让的对象包括项目公司的其他股东或股东以外的第三方。股权转让完成后，作为转让方的社会资本将不再参与项目的后续实施。除非双方另有约定，其权利和义务将由受让人继承。

股权转让方式需满足股权锁定期限制和股权转让的前提条件。财政部《关于规范政府和社会资本合作合同管理工作的通知》(财金〔2014〕156号)明确："股权转让锁定期需要根据项目的具体情况进行设定，常见的锁定期是自合同生效日起，至项目开始运营日后的一定期限。"设置锁定期的目的在于限制社会资本随意的退出项目。

国务院《关于在公共服务领域推广政府和社会资本合作模式的指导意见》(国办发〔2015〕42号)提出："确需变更合同内容、延长合同期限以及变更社会资本方的，由政府和社会资本方协商解决，但应当保持公共服务的持续性和稳定性。"此后发改委在《关于印发〈传统基础设施领域实施政府和社会资本合作项目工作导则〉的通知》(发改投资〔2016〕2231号)中也强调："除PPP项目合同另有约定外，项目公司的股权及经营权未经政府同意不得变更。"据此股权转让不可影响基础设施和公共服务的持续攻击，转让前还应当取得政府方的同意。

三、资产证券化

资产证券化是指在项目运营阶段，由项目公司作为原始权益人，按照不同回报机制类型，以能够给项目带来现金流的收益权、合同债权作为基础资产，发行资产证券化产品，并将募集资金用来偿还银行贷款并提前收回自有资金。

国务院在《关于在公共服务领域推广政府和社会资本合作模式指导意见的通知》(国办发〔2015〕42号)提出："鼓励项目公司发行项目收益债券、项目收益票据、资产支持票据等。"在《关于进一步激发民间有效投资活力促进经济持续健康发展的指导意见》(国办发〔2017〕79号)一文中提出"推动PPP项目资产证券化"。2016年国家发改委与证监会联合发文《关于推进传统基础设施领域政府和社会资本合作(PPP)项目资产证券化相关工作的通知》(发改投资〔2016〕2698号)就推进传统基础设施领域PPP项目资产证券化工作的开展做出规范。次年财政部与中国人民银行、证监会联合发文《关于规范开展政府和社会资本合作项目资产证券化有关事宜的通知》(财金〔2017〕55号)规范PPP项目资产证券化工作。此后上交所和深交所分别印发通知推进PPP项目资产证券化业务的开展,使资产证券化具备更高的可操作性。

四、发行上市

证监会明确表示:"证监会一直积极支持符合条件的PPP企业发行上市,相关企业经过具有保荐资格的证券公司推荐,均可向证监会提出发行上市申请。""积极支持符合条件的股份制PPP项目公司在新三板通过挂牌和公开转让股份等方式进行股权融资。"[①]对于具备上市条件的项目公司,可以通过公开发行股票的方式进行融资,社会资本方可通过市场交易完成从PPP项目的退出。

但是,由于发行上市对项目公司的盈利状况、现金流和发展前景等有较高的要求,且发行上市所需的费用投入较大。在缺少相关配套支持政策的前提下,社会资本通过公开上市实现退出的难度也较大。

五、政府回购

政府回购是指项目公司在完成整个项目任务或某个阶段性任务后,由政府或指定的回购方对社会资本方所持有的股权进行回购的过程,政府回购也是传统基础设施建设的一种常见的退出方式。如国家体育场"鸟巢"PPP项目、深圳梧桐山隧道项目、南京长江隧道等项目中社会资本的退出渠道都是政府回购。

但是根据国办发〔2015〕42号文规定"地方融资平台不得通过保底承诺等方式参与PPP项目,进行变相融资"。可见国家已经明令禁止这种将股权转让给地方融资平台的"政府兜底性方式"做法。实践中,政府可能会指定其他国有企业回购项目公司股份,但是这种做法只是将地方融资平台换成了地方国有企业,本质上仍然是"政府兜底性"方式。

第五节　项目融资法律问题及实务处理

PPP模式在本质上就是一种主要运用于基础设施建设、公共服务提供等公共

① 见《证监会关于政协十二届全国委员会第五次会议第2915号(经济发展类144号)提案的答复》。

项目的融资模式。PPP 模式是一种优化的项目融资与实施模式，以各参与方的“双赢”或“多赢”作为合作的基本理念，PPP 融资模式的操作规则使社会资本能够参与到公共项目的确认、设计和可行性研究等前期工作中来，这不仅降低了社会资本的投资风险，而且能将民营企业的管理方法与技术引入项目中来，还能有效地实现对项目建设与运行的控制，从而有利于降低项目建设投资的风险，较好地保障国家与民营企业各方的利益。这对缩短项目建设周期，降低项目运作成本甚至资产负债率都有值得肯定的现实意义。

一、金融机构参与 PPP 项目融资的法规依据与形式

在 PPP 项目的全生命周期中，金融机构是深度参与其中的。在 PPP 项目的全生命周期中，对项目可能产生的风险必须进行商业保险，可能发行债券、进行资产证券化。因此，政策性银行、信托公司、券商（投行）、保险公司等可能参与到 PPP 项目当中。在前期识别阶段，被政府所指定的实施机构在开展工作时就需要多次进行项目的可融性测试。PPP 项目融资与传统公司融资存在明显的区别，在融资主体、资金渠道、还款来源、担保结构等要素上均存在差异。金融机构参与 PPP 项目，既可以作为社会资本直接投资 PPP 项目，也可以作为资金提供方参与项目。作为资金的提供方，金融机构可以为主要负责经营的社会资本方或者项目公司提供融资，间接参与 PPP 项目。融资方式可以采取项目贷款、信托贷款、明股实债、有限合伙基金、项目收益债和资产证券化等形式。

二、金融机构参与 PPP 项目的方式

（一）政策性银行参与 PPP

政策性银行参与 PPP 项目，可以发挥中长期融资优势，为项目提供投资、贷款、债券、租赁、证券等综合金融服务，并联合其他银行、保险公司等金融机构以银团贷款、委托贷款等方式，拓宽 PPP 项目的融资渠道。对于国家重点扶植的基础设施项目，如水利、污水处理、棚改等项目进行特殊信贷支持，如长期优惠利率贷款等。政策性银行可以释放国家对所鼓励的 PPP 项目方向、合作模式的信号，成为国家宏观调控的一种手段。[①]

2016 年 10 月，国开行苏州分行与苏州市高铁新城北河泾景观及蠡太路改造工程 PPP 项目的 SPV 公司苏州北河泾基础设施建设项目管理有限公司签署了《苏州市高铁新城北河泾景观及蠡太路改造工程 PPP 项目人民币资金借款合同》，合同约定贷款总额为 3.9 亿元，合作期限 10 年，所得借款全部用于项目的建设。

---

① 见李献林，王凌涛，周晓红，卢云飞，牛健：《PPP 项目融资风险指标体系及模糊综合评判方法的实证研究》，载《国企管理（石油经理人）》2019 年第 8 期第 30 页。

项目贷款的及时落地，为项目接下来的工程实施进度提供了重要保障。①

（二）商业银行参与 PPP

商业银行是 PPP 项目最重要的资金提供方，是 PPP 项目融资的主要形式。商业银行可以通过资金融通、投资银行、现金管理、项目咨询服务等方式参与 PPP 项目。

在 PPP 项目设计、建设、运营的过程中，商业银行在对 PPP 项目或实施主体的资信状况、现金流、增信措施等进行审核的基础上，为项目公司提供资金融通服务，具体可以通过项目贷款、贸易融资、保理、银团贷款等，发展供应链金融，提供增值服务。

商业银行可以依托强大的销售能力参与 PPP 项目公司中短融票据、PPN 等融资工具的承销发行。此外，商业银行还可以通过理财直接融资工具直接涉入 PPP 项目融资，这既能实现资产负债表外融资的目的，又能开发具有一定流动性、可市场估值、信息披露更加透明的金融工具，降低非标债权投资比率，或者利用产业基金、信托、资产管理、租赁等渠道，实现表内投资或表外理财资金对接 PPP 项目公司的融资需求。

目前，已经有众多商业银行开始以各种形式介入到 PPP 项目中。如 2021 年 6 月中国建设银行股份有限公司天津市分行、交通银行股份有限公司天津市分行、中国银行股份有限公司天津市分行、中国农业银行股份有限公司天津市分行、中国邮政储蓄银行股份有限公司天津分行、中国光大银行股份有限公司天津分行 6 家银行组成银团，共同为城市综合开发龙头项目轨道交通 Z4 线一期工程提供了 160 亿的银团贷款。② 又如 2018 年由中交基金作为基金管理人，联合中国交建、新疆交投、农业银行共同发起设立了基金规模 83 亿的新疆新丝路乌尉交通产业发展基金，基金将投向新疆维吾尔自治区乌鲁木齐至尉犁等公路项目政府和社会资本合作（PPP）项目。③ 该项目投资规模达 761.29 亿元，是新疆维吾尔自治区政府促进区域互联互通、推动经济社会发展重点建设项目，也是落实国家“一带一路”倡议的重量级工程。

商业银行在参与 PPP 项目时面临着期限错配和信用风险。PPP 项目融资周期长于一般工商企业贷款，以中短期存款为主的商业银行存在期限错配风险。同时 PPP 项目涉及地方政府、项目公司和其他实体，相关实体对合同的履行情况直接影响到融资项目的现金流、盈利能力和信用风险。在实践中，常存在这样的矛盾：现金流稳定的项目通常不需要通过 PPP 融资，而没有现金流有融资需求的

---

① 见《高铁新城北河泾 PPP 项目融资合同正式签约》，https://www.sohu.com/a/117542421_465257。

② 见《全国合同额最大的地铁 PPP 项目 Z4 线获 160 亿元银团贷款》，https://new.qq.com/rain/a/20210612A01H1I00。

③ 见《中国交建、农行等合作设立基金投资国内规模最大 PPP 项目》，https://baijiahao.baidu.com/s?id=1590545617590882906&wfr=spider&for=pc。

PPP 项目又往往是商业银行不愿意介入的。

(三) 保险公司参与 PPP 项目

为推动 PPP 项目融资方式创新,更好支持实体经济发展,中国保监会于 2017 年 5 月印发了《关于保险资金投资政府和社会资本合作项目有关事项的通知》,支持保险资金通过基础设施投资计划,投资符合条件的 PPP 项目。

从保险资金的运用来看,基础设计建设一般久期很长,符合险资长期性的特征,有助于缓解资产负债错配的问题。保险资金可以通过基础设施投资计划形式,向 PPP 项目公司提供融资。除债权、股权方式外,还可以采取股债结合等创新方式,满足 PPP 项目公司的融资需求。

截至 2019 年第二季度,中国平安人寿保险股份有限公司充分发挥险资独有的长期稳健的资本优势,在支持国家区域经济发展的战略指引下,截至目前已累计投入 4 000 亿元保险资金参与 PPP 项目和重大工程建设,涉及交通、电力、能源、港口等基础设施以及棚户区改造,有力地支持了实体经济发展。①

(四) 券商(投行)参与 PPP 项目

证券公司为 PPP 项目公司提供融资主要通过资产证券化、债券发行、资管计划、另类投资等方式介入。券商参与 PPP 项目资产证券化、债券发行的融资主要发生在运维阶段。

1. 资产证券化

国务院在《关于在公共服务领域推广政府和社会资本合作模式指导意见的通知》(国办发〔2015〕42 号)提出:“鼓励项目公司发行项目收益债券、项目收益票据、资产支持票据等。”在《关于进一步激发民间有效投资活力促进经济持续健康发展的指导意见》(国办发〔2017〕79 号)一文中提出“推动 PPP 项目资产证券化”。2016 年国家发改委与证监会联合发文《关于推进传统基础设施领域政府和社会资本合作(PPP)项目资产证券化相关工作的通知》(发改投资〔2016〕2698 号)就推进传统基础设施领域 PPP 项目资产证券化工作的开展做出规范。次年财政部与中国人民银行、证监会联合发文《关于规范开展政府和社会资本合作项目资产证券化有关事宜的通知》(财金〔2017〕55 号)规范 PPP 项目资产证券化工作。此后上交所和深交所分别印发通知推进 PPP 项目资产证券化业务的开展。

至 2020 年入库项目中涉及资产证券化项目共计 14 个,主要涉及市政工程、城镇综合开发、教育等领域。从发行金额来看,集中在 1 亿元至 10 亿元区间。基础资产以收费收益权为主。产品发行期限最长 29 年,最短 5 年。②

---

① 见《保险业增长稳预期稳,中国平安累计投入 4 000 亿元保险资金参与 PPP 项目和重大工程建设》,https://www.sohu.com/a/322934959_99958743。

② 见《PPP 项目资产证券化现状分析》,https://baijiahao.baidu.com/s?id=1666557904065515021&wfr=spider&for=pc。

2. 债券发行

国务院数次发文都提出鼓励以发行项目收益债券发行方式进行项目融资。如《国务院关于加强地方政府性债务管理的意见》(国发〔2014〕43号)提出“投资者或特别目的公司可以通过银行贷款、企业债、项目收益债券、资产证券化等市场化方式举债并承担偿债责任”;《国务院关于创新重点领域投融资机制鼓励社会投资的指导意见》(国发〔2014〕60号)提出“支持重点领域建设项目采用企业债券、项目收益债券、公司债券、中期票据等方式通过债券市场筹措投资资金”;2017年国家发改委印发《政府和社会资本合作(PPP)项目专项债券发行指引》(发改办财金〔2017〕730号)创新投融资渠道。政府和社会资本合作(PPP)项目专项债券是指由PPP项目公司或社会资本方发行,募集资金主要用于以特许经营、购买服务等PPP形式开展项目建设、运营的企业债券。现阶段支持重点为:能源、交通运输、水利、环境保护、农业、林业、科技、保障性安居工程、医疗、卫生、养老、教育、文化等传统基础设施和公共服务领域的项目。以项目收益债券形式发行PPP项目专项债券,原则上应符合发改委印发的《项目收益债券管理暂行办法》(发改办财金〔2015〕2010号)的要求。

2017年7月指引印发后国内首支PPP项目专项债、全国首支社会领域产业专项企业债发行。广州珠江实业集团有限公司成功发行10.2亿元社会领域产业政府和社会资本合作(PPP)项目专项债券,该债券是。本期债券为15年期固定利率债券,票面利率5.7%,债券计息期限自2018年7月19日至2033年7月18日。本次债券募投项目为开封市体育中心项目,该项目是财政部政府和社会资本合作示范项目,本项目社会资本方为本支债券发行人广州珠江实业集团有限公司的两家全资子公司。①

对比PPP项目专项债与PPP项目收益债,虽然项目收益债起步更早,但项目专项债更受市场关注。截至2020年7月10日,交易所审核的项目收益专项公司债合计发行94只,发行规模648.10亿元,其中,公开发行0只,非公开发行94支;已披露评级的,AA+评级8支,占比8.5%,AA评级33支,占比35.1%。项目收益债(企业债类)合计发行4只,发行规模26.5亿元,其中,公开发行1只,非公开发行3支;已披露评级的,主体AA-评级1支,AA评级2支。②

三、PPP项目融资风险及防范

政府对合同的履约情况会直接影响金融机构对项目来自财政补贴收入的认可

---

① 见《2018年广州珠江实业集团有限公司社会领域产业政府和社会资本合作(PPP)项目专项债券2021年付息公告》,https://baijiahao.baidu.com/s?id=1705095601453991118&wfr=spider&for=pc。

② 见《项目收益专项公司债券与项目收益债(企业债类)发行对比》,https://mp.weixin.qq.com/s?src=11&timestamp=1636965570&ver=3437&signature=kMEtv2v-cYsUlhQ8ekU1VFTJmOFk1JobH-qY9863ocGV1Fq0ayLhu**Nb9VenmUP0Eh4wZsCnOTJEj46jLrd*MKs3kIKt3ZPTUVE5BN1Ou8NmRnqLY7bVH0cUiGVIJRu&new=1。

度，有些政府对社会资本投资回报率提出过低要求，绩效考核条款过于苛刻造成项目还款来源或未来收益具有较大不确定性，金融机构处于风险防控考虑对此类项目会更加严格，造成PPP项目融资困难。

1. 项目建设期与建设质量产生的风险

对于以政府付费作为回报机制的非经营性PPP性项目而言，项目的“可用”是付费的前提条件。项目能否在约定时间内完成建设并达到约定建设质量直接影响了项目投入运营的时间以及项目投入运营后的收益。因此金融机构在对项目提供融资时可以将施工方资质要求列入合同，以选择具有较强实力的工程施工企业参与项目建设作为融资条件，还可通过要求购买保险等方式转移风险。

2. 项目运营情况变化带来的风险

在项目推进过程中项目的运营收益很可能因为各种因素受到影响，而导致收益远低于预期。例如在垃圾处理、污水处理等项目中，由于垃圾收运量、污水处理量不能达到预期，而导致项目的运营收入降低，影响项目的投资回报。

银行、保险公司等金融机构一般仅以财务投资者的身份参与PPP项目而不介入项目管理运营，项目管理运营情况将直接影响收益的。对此金融机构在向项目公司提供融资之前，应进行详细的尽职调查，对项目未来现金流进行测算，并约定争取参与重大决策的权利。

3. 增信措施无法落实产生的风险

PPP项目融资中可能以房地产抵押、信用保证、股权质押、应收账款质押等方式进行增信，实际操作中可能存在增信方式不能落实的风险。对于一些需要政府登记的增信方式各地在执行中会有很大差异，因此有必要了解不同地区的抵押登记政策，把担保方式的落实作为放款的前提条件，并尝试采用多种增信方式的组合。在选择抵押品时，还应优先考虑易于处置和变现的标的物。

4. 财务风险

财务风险是指项目现金收入不足以支付债务和利息，债权人主张债务而导致项目公司破产等情况。财务风险往往是由于经营主体经营管理不善，或社会经济文化变化影响，原有需求变化所造成的。社会资本可能不得不独自承担这些风险。因此，金融机构在为项目融资时，尽量要求融资性担保机构提供担保，由其分担一定的金融风险。

第五章　PPP 合同相关法律问题

PPP 项目法律问题的本质就是一个合同的问题，合同相关法律问题并不只呈现在 PPP 项目全周期的某个或某几个阶段，而是贯穿 PPP 项目始终的，因此我们在本章集中讨论 PPP 项目相关的法律问题。

在 PPP 项目中，项目参与方通过签订一系列合同来确立和调整彼此之间的权利义务关系。这些合同整体构成了 PPP 项目的合同体系。而在合同体系中 PPP 项目合同作为整个合同体系的核心，是其他合同产生的基础，也是各方履约的依据。本章对 PPP 项目的合同体系、PPP 项目合同的主要内容 PPP 项目合同的法律性质核心条款设计、PPP 项目合同的履行、变更与终止展开讨论。

第一节　PPP 项目的合同体系与性质

PPP 项目的合同通常包括 PPP 项目合同、股东协议、履约合同（包括工程承包合同、运营服务合同、原料供应合同、产品或服务购买合同等）、融资合同和保险合同等。其中，PPP 项目合同是整个 PPP 项目合同体系的基础和核心。本节就 PPP 项目的合同体系与合同间的相互关系、PPP 项目合同的主要条款内容以及 PPP 项目合同体系各合同性质等问题进行分析。

一、PPP 项目的合同体系

PPP 项目从开始立项起的整个项目生命周期内，会产生大量的合同，构成一个合同体系。各个合同之间并非完全独立、互不影响，而是紧密衔接、相互贯通的，合同之间存在着一定的“传导关系”，了解 PPP 项目的合同体系和各个合同之间的传导关系，有助于对 PPP 项目合同进行更加全面准确的把握。

（一）股东协议

PPP 项目公司的股东协议通常由所有项目参与者作为股东签署，以在股东之间建立长期且具有约束力的合同关系。股东协议通常包括以下主要条款：前提条件、项目公司的成立和融资、项目公司的业务范围、股东权利、股东履行 PPP 项目合同的承诺、股东商业计划、股权转让、股东大会、董事会和监事会的组成和职权范围、股息分配、违约、终止和终止后处理机制、不可抗力适用法律和争议解决等，部分 PPP 项目中股东协议的内容也可以反映在项目公司的章程中。

由于PPP项目股东的复杂性，不仅有代表政府利益的国有平台股东，还有PPP项目社会资本方的各联合体成员，加入项目公司的各股东的目的、投资和退出都不同。因此，股东协议不仅要体现股东之间的相互制约和平衡，还要控制项目公司在PPP项目中的风险。在股东构成、注册资本、股权结构等重要问题上，PPP项目股东协议与一般意义上的公司股东协议存在明显区别。与此相关的法律问题已在前文SPV公司设立部分展开讨论，在此不做赘述。

（二）履约合同

履约合同指项目公司实施PPP项目过程中为了履行PPP项目合同项下的约定而与第三方签订的各类合同，如工程承包合同、运营服务合同、原料供应合同、产品或服务购买合同等。

由于工程承包合同的履行情况往往直接影响PPP项目合同的履行，进而影响项目的贷款偿还和收益情况。因此，为了有效转移项目建设期间的风险，项目公司通常会与承包商签订一个固定价格、固定工期的EPC合同，将工程费用超支、工期延误、工程质量不合格等风险全部转移给承包商。EPC近年来在国内发展迅速，国家和地方层面也陆续出台了一系列政策，包括2019年12月31日住房和城乡建设部、国家发改委联合发布的《房屋建筑和市政基础设施项目工程总承包管理办法》（建市规〔2019〕12号），以鼓励和推行工程总承包模式，规范和促进相关市场交易行为。在发布建市规〔2019〕12号文后，各地陆续印发相关实施意见，意见中鼓励社会资本投资项目、政府和社会资本合作（PPP）项目采用工程总承包方式。[①] 与此相配套的，住房和城乡建设部、市场监督总局于2020年12月9日正式印发《建设项目工程总承包合同（示范文本）》（GF－2020—0216），由合同协议书、通用合同条件和专用合同条件（含附件）三部分组成。

（三）融资合同

融资合同包括项目公司与贷款方签订的项目贷款合同、担保人就项目贷款与贷款方签订的担保合同、政府与贷款方和项目公司签订的直接介入协议等多个合同。其中，项目贷款合同是最主要的融资合同，一般包括陈述与保证、前提条件、偿还贷款、担保与保障、抵销、违约、适用法律与争议解决等条款。同时，出于贷款安全性的考虑，贷款方往往要求项目公司以其财产或其他权益进行抵押或质押，或由其母公司提供某种形式的担保，或由政府作出某种承诺，这些融资保障措施通常会在担保合同、直接介入协议以及PPP项目合同中具体体现。有关PPP项目融资的相关法律问题在融资部分进行集中探讨。

（四）保险合同

由于PPP项目通常资金规模大、生命周期长，负责项目实施的项目公司及其

---

① 如《关于进一步推进房屋建筑和市政基础设施项目工程总承包发展的实施意见》（浙建〔2021〕2号）、《关于推进房屋建筑和市政基础设施项目工程总承包发展实施意见（苏建规字〔2020〕5号）。

他相关参与方通常需要对项目融资、建设、运营等不同阶段的不同类型的风险分别进行投保。通常可能涉及的保险种类包括货物运输险、建筑工程险、针对设计或其他专业服务的专业保障险、针对间接损失的保险、第三人责任险、政治风险保险等。

PPP项目合同的约定投保人通常为项目公司。项目合同指南也将“获得项目相关保险”列为“通常由项目公司承担的风险”，作为项目的实施主体，由项目公司购买保险无疑也是最为合适的。PPP项目合同中应明确项目相关保险费由谁承担，这也通常将影响到项目付费基数的计算。

PPP项目中通常购买的保险根据项目阶段的不同而有区别，常见险种有建筑工程一切险（安装工程一切险）、工伤保险、意外伤害险、设备相关保险、第三者责任险、货物运输险、环境责任险等。为转移风险，PPP项目合同中通常设置强制保险方案。项目实践中应注意避免同一阶段所购买保险投保范围重合。

（五）其他合同

PPP项目中还可能会涉及其他的合同，如与专业中介机构签署的投资、法律、技术、财务、税务等方面的咨询服务合同等。

二、PPP项目合同的主要内容

PPP项目合同是政府方与社会资本方依法就PPP项目合作所订立的合同。其目的是在政府方与社会资本方之间合理分配项目风险，明确双方权利义务关系，保障双方能够依据合同约定合理主张权利，妥善履行义务，确保项目全生命周期内的顺利实施。PPP项目合同是其他合同产生的基础，也是整个PPP项目合同体系的核心。对此财政部发布了《PPP项目合同指南》（以下称“财政部指南”）以帮助PPP项目各参与方全面系统地认识PPP项目合同，指导合同的订立和履行。国家发改委也发布了《政府和社会资本合作项目通用合同指南》（以下称“发改委指南”）对PPP项目的前期工作、工程建设、政府移交资产、运营和服务、收入和汇报等事项进行指导。针对特定领域项目也发布了示范合同，如财政部随《关于印发污水处理和垃圾处理领域PPP项目合同示范文本的通知》发布的《PPP项目合作协议》《PPP项目承继协议》《污水处理厂网一体化PPP项目合同》《污水处理厂网一体化PPP项目运营维护服务协议》《垃圾处理PPP项目合同》，旨在推动污水处理和垃圾处理领域PPP项目规范运作，加强项目前期准备和合同管理工作。

本部分围绕合同指南以及特定项目类型的示范合同对PPP项目合同的核心条款内容进行梳理，在此基础上对PPP项目合同的核心条款设计时要关注的法律问题进行讨论。在此我们要强调的是，由于现实情况的复杂多样，合同指南和各示范合同并不能适应所有PPP项目的特点和个性需求，在实践中要充分考虑各个项目的特点与实际情况，因地制宜地对示范文本进行补充和完善，进行科学的条款设计。

财政部指南中列明的PPP项目合同的主要内容包括：引言、定义和解释；项目的范围和期限；前提条件；项目的融资；项目用地；项目的建设；项目的运营；项目的维护；股权变更限制；付费机制；履约担保；政府承诺；保险；守法义务及法律变更；不可抗力；政府方的监督和介入；违约、提前终止及终止后处理机制；项目的移交；适用法律及争议解决；合同附件等。除此之外通常还包括一般合同中亦有的条款，如：著作权和知识产权、环境保护、声明与保证、通知、合同可分割、合同修订等。该指南对项目合同各个章节的主要内容做出要求，但没有具体的条款内容。此外指南区分不同付费机制对各付费机制下的核心合同要素进行释明，在第四章对公共交通、公用设施、社会公共服务行业下的特定条款进行说明。

发改委指南则按照模块对 PPP 项目合同的主要内容进行说明，包括：总则、合同主体、合作关系、投资计划及融资方案、项目前期工作、工程建设、政府移交资产、运营和服务、社会资本主体移交项目、收入和回报、不可抗力和法律变更、合同解除、违约处理、争议解决、其他约定等 15 个部分，共 86 个条款。与财政部指南类似的，发改委指南虽然列明了 86 个条款，但仅是就各条款应涉及事项进行了说明，而非具体的约定，在内容上与财政部指南第二章对应，二者在编排顺序与侧重上有所区别。

两指南主要内容对照表

<table>
<tr><th colspan="2">财政部指南主要内容</th><th colspan="2">发改委指南对应内容</th></tr>
<tr><td rowspan="4">第一节　PPP项目合同概述</td><td>合同主体</td><td colspan="2">第二章　合同主体</td></tr>
<tr><td>合同主要内容和条款</td><td>第一章　总则</td><td>第 5 条　合同构成及优先次序</td></tr>
<tr><td>风险分配</td><td colspan="2">无</td></tr>
<tr><td>法律适用</td><td>第十五章　其他约定</td><td>第 82 条　合同适用法律</td></tr>
<tr><td colspan="2">第二节　引言、定义和解释</td><td>第一章　总则</td><td>第 1 条　术语定义和解释
第 2 条　合同背景和目的</td></tr>
<tr><td colspan="2">第三节　项目的范围和期限</td><td>第三章　合作关系</td><td>第 8 条　合作内容
第 9 条　合作期限
第 10 条　排他性约定</td></tr>
<tr><td colspan="2">第四节　前提条件</td><td>第一章　总则</td><td>第 4 条　合同生效条件</td></tr>
<tr><td colspan="2">第五节　项目的融资</td><td colspan="2">第四章　投资计划及融资方案</td></tr>
<tr><td colspan="2">第六节　项目用地</td><td>第六章　工程建设</td><td>第 24 条　政府提供的建设条件</td></tr>
<tr><td colspan="2">第八节　项目的运营</td><td colspan="2" rowspan="2">第八章　运营和服务</td></tr>
<tr><td colspan="2">第九节　项目的维护</td></tr>
<tr><td colspan="2">第十节　股权变更限制</td><td>第二章　合同主体</td><td>第 7 条　社会资本主体-对项目公司的约定</td></tr>
<tr><td colspan="2">第十一节　付费机制</td><td>第十章　收入和回报</td><td></td></tr>
<tr><td colspan="2">第十二节　履约担保</td><td>第三章　合作关系</td><td>第 11 条　合作履约担保</td></tr>
<tr><td colspan="2">第十三节　政府承诺</td><td colspan="2">无</td></tr>
</table>

(续表)

财政部指南主要内容	发改委指南对应内容	
第十四节　保险	第六章　工程建设	第 31 条　工程建设保险
	第八章　运营和服务	第 47 条　运营期保险
第十五节　守法义务及法律变更	第十一章　不可抗力和法律变更	
第十六节　不可抗力		
第十七节　政府方监督和介入	无	
第十八节　违约、提前终止及终止后处理机制	第十二章　合同解除	
	第十三章　违约处理	
第十九节　项目的移交	第九章　社会资本主体移交项目	
第二十节　适用法律及争议解决	第十四章　争议解决	
	第十五章　其他约定	第 82 条　合同适用法律
第二十一节　合同附件	第十五章　其他约定	第 86 条　合同附件

二者在内容上的对应大致如上所示，发改委指南中单独列明的“项目前期工作”章节在财政部指南中并未有对应内容，而财政部指南中强调的“政府承诺”“政府方的监督和介入”在发改委指南中并无提及。即使是两部指南都涉及的内容如保险、违约、争议解决等内容也存在一些差异。

两指南部分内容对比

主要内容	财政部指南	发改委指南
保险	可供选择的险种包括但不限于：货物运输保险、建筑工程一切险、安装工程一切险、第三者责任险、施工机具综合保险、雇主责任险	项目合同应约定建设期需要投保的相关险种，如建筑工程一切险、安装工程一切险、建筑施工人员团体意外伤害保险等 项目合同应约定运营期需要投保的险种、保险范围、保险责任期间、保额、投保人、受益人、保险赔偿金的使用等
违约	按主体划分： 政府方违约事件：未按约定付费或提供补助；违约转让合同义务；政府方导致或控制的征收征用；政府方可控的法律变更等 项目公司违约事件：项目公司破产或资不抵债；未按约定完成项目建设、完工或运营；未按标准或要求提供产品或服务；违反股权变更限制；未按约定购买保险 在实践中还会就社会资本方的违约事件进行约定	按阶段划分： 投融资违约、前期工作违约、建设期违约、(政府)移交违约、运营期违约、(社会资本方)项目移交违约
争议解决方式	友好协商；专家裁决；仲裁；诉讼	仲裁或诉讼

三、PPP项目合同的性质

PPP合同体系内除项目合同外，均无争议地属于民事合同。而PPP项目合同的法律性质是各方争议的焦点。一方面PPP项目合同是政府方和社会资本在平等自愿基础上，经过充分协商订立的权利义务对等的协议，明显具备民事关系特征。另一方面PPP项目合同又往往涉及特许经营权的授予、政府方监督以及特定情形下的介入乃至接管等明显具有行政法属性的内容。政府方作为合同主体同时具备项目参与者、项目监管者有时甚至是规则制定者的多重身份。PPP项目合同从主体到内容都体现出明显的双重属性，也因此对PPP项目合同的性质至今未有定论，存在行政协议说、民事合同说、混合合同说、特殊合同说等典型观点。

(一) PPP项目合同性质的学理争论

PPP项目合同兼具公法和私法属性，一方面PPP项目合同是公共部门和私人部门之间对于公共服务的民事交易行为。私人部门出于盈利的目的，以自身资金、先进技术和管理经验等为条件，获取公共部门特许其从事特定基础设施或公用事业的经营权，二者对PPP项目合同中的权利义务的约定，都是双方协商一致的产物，跟普通的民事合同并无二致。[①] 从合同主体上看，虽然一方为政府方，但双方在合同签订过程中拥有充分的意思自治空间，二者具有平等的法律地位。

另一方面，PPP项目合同具有公法属性，且该公法属性无法与PPP项目合同相剥离。在PPP项目中政府作为公共事务的管理者，负有向国民提供优质且价格合理的公共产品和服务的义务，承担着PPP项目的规划、许可、审批、采购、管理、监督等行政管理职能。并且政府方对PPP可以行使实施过程监督权和特定情形下项目介入权，该监督介入权不仅包括了政府方基于PPP项目合同约定而享有的监督权，还包括了项目合作中的政府方及其他行政机关基于法律、法规的规定而享有的法定监督介入权，并且法定监督介入权并不因合同未进行约定而被排除。政府方需要承担持续提供公共产品与服务的担保责任，与一般的民事合同关系中的当事人不同，政府方由于其有为国民提供优质而稳定的公共产品与服务的责任，因此即使产品与服务的提供主体已变更为项目公司或者私部门，也不能免除政府承担上述义务，该担保责任并不因PPP协议的缔结、变更或履行不能而得以免除。比如在项目合作期限届满、项目合同提前终止后，政府方需对项目及时收回或回购、进行重新采购或自行运营，以保障公共产品和服务的提供不受PPP项目终止的影响，这一种基于政府方法定职责的担保责任体现了PPP项目合同的公法属性，政府方仅仅是借用了社会资本以及私部门的管理能力来完成国家任务，公共产品和服务的最终提供者和责任人实际上仍然是国家。譬如项目公司或者私人部门

---

① 见邢鸿飞：《政府特许经营协议的行政性》，载《中国法学》2004年第6期第56-63页；李霞：《论特许经营合同的法律性质——以公私合作为背景》，载《行政法学研究》2015年第1期第22-34页。

违反了不中断提供义务、连续性的合理价格与一定品质的担保义务，政府方仍然会承担最后的责任。当然这并不排斥政府方可以依据 PPP 项目合同约定追究社会资本方的责任。

(二) PPP 合同性质争议的立法表现

对 PPP 合同性质的争议也反映到相关立法上。财政部《关于规范政府和社会资本合作管理工作的通知》(财金〔2014〕156 号)明确："在 PPP 模式下，政府与社会资本是基于 PPP 项目合同的平等法律主体，双方法律地位平等、权利义务对等，应在充分协商、互利互惠的基础上订立合同，并依法平等地主张合同权利、履行合同义务。"发改委《政府和社会资本合作项目通用合同指南》亦强调"合同各方都是平等主体"。2014 年修改的《行政诉讼法》将"认为行政机关不依法履行、未按照约定履行或者违法变更、解除政府特许经营协议、土地房屋征收补偿协议等协议的"纳入受案范围；①2015 年国家发改委等六部委联合颁布的《基础设施和公用事业特许经营管理办法》则主张 PPP 模式下的公私合作应当按照特许经营协议处理，而"特许经营者认为行政机关作出的具体行政行为侵犯其合法权益的，有陈述、申辩的权利，并可以依法提起行政复议或者行政诉讼。"②2019 年出台的《最高人民法院关于审理行政协议案件若干问题的规定》将符合规定的政府与社会资本合作协议纳入行政协议案件的受理范围。③

(三) 司法实践中仍倾向于个案判断

学理争论和立法分歧对 PPP 项目合同争议解决带来一定障碍。在合同性质的探讨上我们可以止步于 PPP 项目合同具有双重属性，不做更进一步的定性。然而面对具体争议，在二元争议解决机制下司法实践必须在民事诉讼与行政诉讼中作出选择。目前司法实践总体遵循实质性审查方式对具体争议进行个案判断，④但个案判断的不确定性很可能导致合同各方无法按照事先约定的方式解决争议，或者在付出很大的时间成本之后才能够通过原本约定的方式解决争议。

下面以 2014 年《行政诉讼法》修订、2019 年《最高人民法院关于审理行政协议案件若干问题的规定》发布为时间分界，以三个典型案例分析司法实践中对 PPP 项目协议性质判定的通行做法与变迁。

1. 河南新陵公路建设投资有限公司诉辉县市人民政府合同纠纷案⑤

2003 年，辉县市政府准备建设辉县市新陵公路 15 千米道路项目，河南省万通

---

① 见《行政诉讼法》第十二条第(十一)项。

② 见《基础设施和公用事业特许经营管理办法》第五十一条。

③ 见《最高人民法院关于审理行政协议案件若干问题的规定》第二条。

④ 指法院在判断一项协议是属于行政协议还是属于民事协议时，不能仅看其名称，也不能仅依据其中少数或者个别条文来判定，而应当结合行政协议的要素(比如主体要素、目的要素、内容要素、意思要素)和特定合同的主要内容进行"综合判断"。在"和田天然气案裁定书""新陵公路案管辖裁定书""香港斯托尔公司案管辖裁定书"等案中，最高院都采用了这种审查方式。

⑤ 见(2015)民一终字第 244 号民事裁定书。

路桥建设有限公司为乙方，签订《关于投建经营辉县上八里至山西省省界公路项目的协议书》。后新陵公司以辉县市政府没有履行“路段两端的接线等相关问题的协调工作”，令新陵公司所修路桥为断头路无法通行，致使新陵公司的合同目的不能实现为由，将辉县市政府诉至法院，请求法院判令其市政府回购新陵公司投资建设的新陵公路15千米道路项目并支付新陵公司对项目建设的投资资金及利息。而辉县市政府则认为本案双方的公路建设协议书系采取BOT模式的特许经营协议，新陵公司的回购和补偿请求均是以该合同为基础，该合同是行政合同而非民事合同。本案最后诉至最高人民法院。

一审法院认为公路建设协议书，系采取BOT模式的政府特许经营协议，虽然合同一方当事人为政府，但合同相对方在订立合同及决定合同内容等方面享有充分的意思自治，并不受单方行政行为强制，合同内容包括了具体的权利义务及违约责任，体现了当事人的平等、等价协商一致的合意，应按照民事诉讼案件处理。

最高人民法院于2015年10月28日就上诉人辉县市人民政府与被上诉人河南新陵公路建设投资有限公司合同纠纷管辖权异议一案，裁定认为：

案涉合同的直接目的是建设新陵公路，而开发项目的主要目的为开发和经营新陵公路，设立新陵公路收费站，具有营利性质，并非提供向社会公众无偿开放的公共服务；虽然合同的一方当事人为辉县市政府，但合同相对人新陵公司在订立合同及决定合同内容等方面仍享有充分的意思自治，并不受单方行政行为强制，合同内容包括了具体的权利义务及违约责任，均体现了双方当事人的平等、等价协商一致的合意；本案合同并未仅就行政审批或行政许可事项本身进行约定，合同涉及的相关行政审批和行政许可等其他内容，为合同履行行为之一，属于合同的组成部分，不能决定案涉合同的性质；从本案合同的目的、职责、主体、行为、内容等方面看，合同具有明显的民商事法律关系性质，应当定性为民商事合同，不属于新《行政诉讼法》第十二条（十一）项、《最高人民法院关于适用〈中华人民共和国民事诉讼法〉若干问题的解释》第十一条第二款规定的情形。辉县市政府主张本案合同为行政合同及不能作为民事案件受理，没有法律依据。

从案例来看，最高院在该案中主要从目的、职责、主体三方面将“BOT模式的政府特许经营协议”定义为民商事合同，而非行政合同。

2. 漳浦中环天川环保水务有限公司与漳浦县环境保护局、漳浦县赤湖镇人民政府等侵权责任纠纷案①

本案纠纷发生的起因，是中环公司2009年10月28日凌晨擅自堵塞污水处理厂进水管道，停止污水处理设施的运行，存在未经处理的污水溢流出调节池，污染周围环境的危险。2009年10月28日，县环保局向中环公司发出《环境违法行为限期改正通知书》（浦环限改字〔2009〕09号），针对中环公司“未经环境保护主管部

---

① 见（2015）民申字第3013号民事裁定书。

门批准擅自闲置水污染物处理设施”，根据《中华人民共和国水污染防治法》第二十一条第二款、《中华人民共和国行政处罚法》第二十三条规定，要求其于当日18时之前改正违法行为，但中环公司拒绝落实整改，未按要求恢复污水处理设施的运行。考虑到中环公司的行为可能导致重大环境污染事故，县环保局于2009年10月29日向中环公司发出《关于确保五金园区污水处理厂正常运行的紧急通知》(浦环〔2009〕90号)，该通知载明：“2009年10月29日上午10时50分，未经处理的电镀废水溢流出调节池，污染了周围的环境，危及公共安全，影响了企业正常的生产秩序。”并要求赤湖镇政府应立即采取应急措施，建议在非常时期按有关规定对电镀污水处理厂实行暂时接管，及时恢复污水处理设施的正常运行，确保电镀污水达标排放。中环公司认为，县环保局等成立临时接管运营委员会，占领、运营中环公司经营的污水处理厂是侵权行为，应当承担侵权责任。

最高人民法院认定案涉合同为特许经营协议，但未直接依据有名合同及《行政诉讼法》第十二条第一款第(十一)项规定直接认定属于行政协议，而是对案涉协议进行认定分析后确认其为行政协议，应按照行政诉讼案件处理。

本案中，赤湖镇政府作为合同当事人，与中国环境科学研究院环境技术工程有限公司就“漳浦赤湖污染集中控制区(五金园区)电镀废水处理厂BOT项目”签订污水处理特许项目协议，对双方的权利义务进行了约定。同时，赤湖镇政府又是对本辖区环境质量负责的地方人民政府，且本案合同标的为污水处理项目，赤湖镇政府签订和履行污水处理特许项目协议是其行使公共管理和公共服务职责的方式之一，该行为具有公权力属性。赤湖镇政府在合同签订、履行过程中不得约定、实施与其行政管理职责相冲突的行为，对于特许经营者不按照协议约定提供公共服务的，行政机关可以依法取消特许经营。为此，特许项目协议在第二十六条第三款约定：“甲方不得采取任何违反法律法规和本协议约定以外的行动影响乙方及项目公司对本项目的建设和运营管理。如果出现这种影响，甲方同意补偿甲方的影响而造成的任何直接损失，但为了公共安全和健康的紧急情况而采取措施除外”。本院认为，根据该约定，赤湖镇政府在发生危及公共安全和健康的紧急情况下对项目的建设和运营管理采取措施，既不违反合同约定，也不违背其行政管理职责。因此，二审裁定认定，特许项目协议第二十六条第三款体现了赤湖镇政府作为公共事务管理者的身份，这一条款具有行政合同性质，并无不当。

3. 天颂建设集团有限公司、诸暨市人民政府大唐街道办事处申请确认仲裁协议效力案①

本案裁定书在《行政协议案件司法解释》正式生效之后作出，该案对于了解我

① 见(2020)浙06民特4号民事裁定书。

国法院的裁判态度具有典型意义。本案中绍兴中院采用了“穿透式”实质性审查[①]的方法，先认定PPP协议不属于行政协议，在此基础上确认仲裁条款的效力。

在本项目中政府方出资代表诸暨市基础设施投资基金有限公司与中新房东方有限公司、统合股权投资基金管理(杭州)有限公司共同设立了诸暨市袜艺小镇股权投资基金合伙企业。诸暨市袜艺小镇股权投资基金合伙企业、浙江大唐袜业城有限公司与联合体中标人共同设立了项目公司诸暨市袜艺小镇建设发展有限公司。项目公司注册资本3亿元，中新房东方有限公司认缴出资9 000万元，天颂建设集团有限公司认缴出资1 500万元。根据招标文件、《PPP项目投资协议》及公司章程的约定，中新房公司与天颂建设集团有限公司作为社会资本方应在项目公司领取营业执照15日内履行出资义务。此后中新房东方有限公司与天颂建设集团有限公司均未按约定履行出资义务，亦未在约定时间内签订《诸暨袜艺小镇综合配套PPP项目协议》，致使本项目停滞，无法继续实施。因此诸暨市人民政府大唐街道办事处依照招标文件和《PPP项目投资协议》约定向中新房东方有限公司与天颂建设集团有限公司追究法律责任，向绍兴仲裁委员会诸暨分会申请仲裁。天颂建设集团有限公司认为《PPP项目投资协议》系行政协议，相关纠纷属于行政争议，受行政诉讼法调整，不具有仲裁性。申请法院确认《PPP项目投资协议》中的仲裁条款系无效约定。

绍兴中院认为本案系申请确认仲裁协议效力纠纷，该纠纷是否具有可仲裁性取决于《PPP项目投资协议》的法律性质。绍兴中院从协议的主体、目的、内容等方面进行分析认为协议体现了双方当事人的平等、等价协商一致的合意，具有明显的民商事法律关系性质，[②]且纠纷并不涉及具体的行政行为。因此，本案争议具有可仲裁性。可以看到，在司法实践中，尽管《行政协议案件司法解释》将PPP合同纳入行政协议的范围，并否定了PPP合同中的仲裁条款的效力，但法院在司法实践中并未完全封堵通过仲裁程序解决PPP争议的渠道。

值得关注的是，《行政协议案件司法解释》的出台，将导致实践中有更多的

---

① “穿透式”实质性审查方法是指，法院在判断一项协议是属于行政协议还是属于民事协议时，不能仅看其名称，也不能仅依据其中少数或者个别条文来判定，而应当结合行政协议的要素(比如主体要素、目的要素、内容要素、意思要素)和特定合同的主要内容进行“综合判断”。“穿透式”实质性审查方法是最高院一直沿用的判断合同法律性质的方法。在“和田天然气案裁定书”“新陵公路案管辖裁定书”“香港斯托尔公司案管辖裁定书”等司法文书中，最高院一直都沿用了这种审查方法。

② “首先，案涉项目虽然与行政机关实现行政管理目标，履行公共管理职责有一定的关联，但该项目并非是诸暨市大唐街道办事处完全无偿的、单一的向社会公众提供的公共服务。其次，从合同订立及合同内容确定情况来看，虽然合同的一方当事人是诸暨市大唐街道办事处，但案涉协议内容不能充分表明行政机关在订立合同、监督和指挥合同的履行、变更或者解除合同等方面均享有单方的优越和主导地位。合同相对人天颂建设集团有限公司、中新房东方有限公司在订立合同及决定合同内容等方面仍享有充分的意思自治，并不受单方行政行为强制。再次，从合同内容来看，本案合同并未就行政审批、行政许可等行政法上权利义务内容进行约定，合同系为了约定设立项目公司后签署《PPP项目协议》，实施项目的设计、投融资、建设、运营管理及维护等事宜而签订。合同约定的具体的权利义务及违约责任，均体现了双方当事人的平等、等价协商一致的合意。”

PPP项目因此被压缩了仲裁解决的空间。例如，政府和社会资本方在PPP合同约定了仲裁条款，且双方同意以仲裁方式处理纠纷，在仲裁程序完成、仲裁裁决做出后，一方可能因为不利的仲裁裁决，以“约定的仲裁事项超出法律规定的仲裁范围”为由，向法院申请撤销或不予执行仲裁裁决。若法院基于《行政协议案件司法解释》认定PPP合同属于行政协议，则仲裁裁决有可能被撤销或不予执行。

(四) 救济路径对权益保护的影响

1. 以民事诉讼处理PPP项目合同纠纷

在民事救济路径下，当事人可以调解、和解、仲裁、民事诉讼等途径解决争议。调解、和解作为当事人协商一致的产物，能最大程度减少纠纷对PPP项目的不利影响，减轻对社会公众可能造成的冲击，立法上也鼓励通过调解与和解方式化解PPP纠纷。仲裁与民事诉讼因程序公开、透明，较能被当事人双方所接受，亦得到了相关政策和立法的认可。①

鉴于PPP的专业性、综合性、复杂性以及具有较强的社会敏感性，比较而言，仲裁或许能够更加专业、高效、公正解决纠纷。而如果提起民事诉讼，因PPP项目金额平均在5亿元以上，一般都可以到高院诉讼。② 高级别法院相对能够更好地排除地方政府的干预，社会资本可以获得相对公平的裁判。但是无法对行政权的合法性进行审查。

2. 以行政诉讼处理PPP项目合同纠纷

对政府方而言，将特许经营协议以及符合规定的PPP项目合同纳入行政诉讼处理范畴并不会使政府处于相较于民事诉讼而言更有利的地位。在行政诉讼中一般性的实行举证责任倒置，被告即政府方对其作出的行政行为负有举证责任，对自己是否具有法定职权、履行法定程序、履行相应法定职责以及订立、履行、变更、解除行政协议等行为的合法性承担举证责任。同时考虑到行政诉讼被告恒定，即行政诉讼只可“民告官”，一旦司法实践中认定某PPP项目合同为特许经营协议可能影响政府方对己方权益的保护与救济。《最高人民法院关于审理行政协议案件若干问题的规定》更多关注政府方违约的情况，然而PPP项目实践中社会资本方、项目公司违约情形屡见不鲜。此外我们还应当关注到行政诉讼涉诉情况、败诉率等指标对政府考评的影响。实践中许多地方政府都将涉诉情况、败诉率等作为法治政府建设评价的重要指标，将控制败诉率作为推动依法行政的手段。如吉林省政府就将“行政机关败诉率”列为法治政府建设五项涉诉指标的首项；广东省司法厅

① 财政部《关于印发政府和社会资本合作模式操作指南（试行）的通知》第二十八条第一款第三项规定，在项目实施过程中，按照项目合同约定，项目实施机构、社会资本或项目公司可就发生争议且无法协商达成一致的事项，依法申请仲裁或提起民事诉讼。国家发改委《政府和社会资本合作项目通用合同指南》、财政部《PPP项目合同指南（试行）》均说明合同双方可以选择申请仲裁。

② 见《最高人民法院关于调整高级人民法院和中级人民法院管辖第一审民商事案件标准的通知》（法发〔2015〕7号）。

则建立了败诉行政案件报告制度，要求行政机关向上一级机关报告败诉原因和整改措施，同时规定发生败诉行政案件后，新作出的行政行为再次发生败诉的，将在法治广东建设考评中予以扣分，《人民法院报》对此制度给予高度评价。[①] 从这种趋势而言，涉诉、败诉对各行政机关都会带来很大的压力，政府方倾向于避免行政诉讼的发生，这种心态可能导致社会资本或项目公司以提起行政诉讼威胁政府方，作为双方谈判中迫使政府方让步的筹码。

第二节　PPP 合同起草的几个问题

政府和社会资本合作总体呈现出投资规模大、涉及领域广、参与方较多、合作年限长的特点，为更好地推进政府和社会资本合作，推动 PPP 模式的实际运用，国家发改委和财政部均印发了数量可观的规范性文件对 PPP 的运用加以引导。笔者在为 PPP 项目提供法律服务的过程中观察到：当前在 PPP 项目实践中，PPP 项目的合同体系与总体框架已较为固定，包含的核心条款趋向标准化，基本参照发改委发布的《政府和社会资本合作项目通用合同指南（2014 年版）》、财政部发布的《PPP 项目合同指南（试行）》来确定。但与此同时，笔者也发现在具体项目上 PPP 合同设计仍存在一些问题，可能对政府与社会资本的合作、项目的顺利推动、各方争议的解决带来阻碍。本书就笔者观察到的实践情况对 PPP 合同设计的必要性及合同设计要考虑的问题进行讨论，提出笔者的几点建议。

一、PPP 项目关注合同设计的必要性

在探讨如何进行 PPP 合同设计之前，笔者想先就合同设计在 PPP 项目中的重要性与必要性进行讨论。

其一，PPP 即政府和社会资本之间建立的合作关系这一事实和法律法规对 PPP 的要求之间存在差距，在 PPP 实践中需要找到一个结合点以实现应然与实然的统一。而 PPP 项目中各方签订的一系列合同即为这个结合点，法律的要求和各方合作意愿的表达，最终都要通过具体的合同文本来实现。各合同既是项目参与各方用以确立和调整彼此合作关系的依据，也是项目顺利且合规实施的重要保障。

其二，现有的《政府和社会资本合作项目通用合同指南（2014 年版）》以及《PPP 项目合同指南（试行）》只是一个指导性文件，而非具体可适用的文本。目前仅有财政部于在 2020 年印发的《污水处理和垃圾处理领域 PPP 项目合同示范文

---

① 《人民法院报》于 2020 年 10 月 28 日刊文《报告制度让行政败诉行为整改不敢敷衍》称："只有对拒不改正或者对败诉引不起充分重视、改正不到位的行为予以一定惩戒，使相关责任人承受不利后果，才会倒逼他们认真履职，不敢任性或者敷衍。"

本》属于较为详尽的合同文本，对除此之外领域的PPP项目而言，两部委出台的合同指南是仅有的参照。进一步考虑到PPP项目投资规模大，复杂性强等特点，即使是已有示范文本的污水处理和垃圾处理领域，不加设计的直接套用示范文本，仍然不能满足项目的现实需要。

其三，实际项目中合同指南的运用存在行业差异，各行业项目有很强的行业特征，且每个项目的自身特性也存在差异，对合同本文进行更细化的设计是PPP模式涉及行业如此之广背景下的现实需求。财政部印发的合同指南也关注到了行业的差异，在第四章就公共交通项目、公用设施项目以及社会公共服务项目中的一些特别条款和机制加以阐释，但如前所述这并不是可以直接使用的合同文本。原建设部基于其发布的《市政公用事业特许经营管理办法》的实施情况，先后制定了城市供水、管道燃气、城市生活垃圾处理、城镇供热、城市污水处理等五个方面的特许协议示范文本，由于特许经营协议与PPP合同存在的差别，也只能够作为特定领域项目拟定合同时的参考，无法直接适用。

其四，PPP项目时间跨度大，以财政部政府和社会资本合作中心项目数据库为例，现有PPP项目合作期限自5年至52年不等，绝大多数项目的合作期限在10年及以上。[①] 面对如此长的时间跨度没有任何一个当事人能够在订立合同时就完全预计未来的所有不确定性。正如哈特所言："在复杂的、不可预测的世界中，人们很难想得太远，并为可能发生的各种情况都作出计划；即使能够作出单个计划，缔约各方也很难就这些计划达成协议，因为他们很难找到一种共同的语言来描述各种情况和行为。"[②]这一现实并不意味着合同设计是无用功，恰恰相反，这要求项目各方重视合同设计通过设计可变条款等内容，为未来可能发生而当前无法预知的情况预留调整空间，以此增强PPP合同对变化的应对能力，降低合作各方的再谈判成本。

二、PPP合同起草应关注的几个问题

（一）加强合同条款柔性，避免动辄"解除合同"

传统的合同理论往往将"解除合同"作为合同履行障碍的一个重要救济手段，在笔者参与的项目中就出现了频繁约定"甲方（政府方）有权终止合作"作为社会资本方违约后果的情况。但笔者认为动辄终止合作或解除合同这种刚性做法并不适用于PPP项目。PPP项目本身以政府和社会资本的长期合作为基础，涵盖设计、建设、运营等多个阶段，且我国PPP模式集中运用于关系到公共利益的基础设施和公共服务领域。动辄终止合作解除合同，与PPP项目建立长期稳定合作关系的目的相悖。不论合作关系崩溃于建设、维护、运营的哪一个环节，即便政府方第一

① 在现有的10 080个项目中，有10063个项目的合作期限在10年及以上，占比高达99.82%。

② 见哈特：《企业、合同与财务结构》，费方域译，上海人民出版社1998年版，第25－26页。

时间接管项目，都不可避免地造成项目或长或短的停摆以及不必要的经济损失，甚至可能对公共利益的实现造成损害。因此在合同违约责任内容设计时，要增强合同条款的柔性，避免过度使用“解除合同”这种制约或救济手段。更多地以经济惩罚或能够限制社会资本方参与其他项目的信用惩戒手段作为政府方约束社会资本方的方式，在确保合作关系存续的前提下设计社会资本方的违约责任。类似的在合同终止条款上，也要审慎约定合同提前终止的情形。

（二）关注各方权利义务的平衡

虽然PPP项目合同具有民事行政双重属性，政府方在项目中也具有合作者和监管者的多重身份，但不可否认的是PPP项目的落地是以政府和社会资本的合作为基础的。而保持长期良好合作的前提是双方充分协商，互惠互利。笔者在实践中观察到不少项目的合同条款在约定违约情形与后果时出现了合同双方的权利义务失衡，如以两三页的篇幅详细列举社会资本方的违约情形与违约责任，而对政府方列举仅有半页篇幅。政府方在PPP项目中兼具的监管者身份已经使得政府方在合作中处于强势地位，而失衡的项目边界条件则进一步加剧了双方地位的不对等。根据财政部对PPP项目的规范，采购文件、合同文本应与实施方案保持一致，项目边界条件并不在可再谈判的范围之列。因此为了取得项目，社会资本方也只能接受权利义务失衡的合同条款。为保持良好的合作关系计，政府方作为实施机构在编制实施方案、采购文件以及设计合同文本时应当着重关注合作双方权利义务的平衡。

（三）设计可变条款和明确的变更机制

前文已经提到PPP项目合同是长期合同，任何一个当事人都无法在订立合同时就完全预料到未来可能发生的情况。且面对数十年的时间跨度，一个在设计时显得尽善尽美的PPP合同，在履行过程往往因实际情况的变化而显露或产生漏洞。因此笔者认为在合同设计时就应当有意识地设计可变条款对可能发生的变更予以安排。比如设计服务标准、移交标准可变条款，考虑到技术发展、工艺进步、行业发展等背景下，基础设施或公共服务项目的标准可能随之变化。如在污水处理项目的运作过程中，国家对污水处理的标准可能发生变化，污水处理的主要技术也很可能发生迭代。在此前提下，仍以订立合同之时的标准用以评价项目公司的建设运营水平显然已经落后于实际要求。对于服务标准、移交标准可变条款的设计参考英国《PFI/PPP标准合同》中的“服务变动”制度，列明服务各项标准的基础上，针对未来合理期间内的各种变更予以安排，以满足对服务持续稳健运作的合理期待。①

设计可变条款的同时，还应当设计明确的变更机制，对PPP项目合同变更的触发条件、变更程序进行明确约定，以限制PPP项目合同的弹性空间，避免肆意的

① 见陈婉玲：《PPP长期合同困境及立法救济》，载《现代法学》2018年第6期，第86页。

变更PPP项目合同内容而造成PPP项目效率的下降、对社会资本方投资利益和公共利益的平衡的破坏。也能够避免可变条款沦为合同各方规避一致性要求以及政府采购相关规定的手段。

（四）设计反暴利条款，平衡投资者利益与公共利益

PPP项目以政府投资引导社会资本进入基础设施和公共服务领域，为吸引社会资本进入必然要保证社会资本获得一定的收益，但同时其所涉及的领域决定了PPP项目事关公共利益。PPP项目应当遵循平衡投资者利益和公共利益的原则。笔者认为可以通过反暴利条款的设计，以实现投资者利益和公共利益的平衡，确保在社会环境及项目运作情况发生变化的情况下，PPP项目不会沦为社会资本攫取暴利的工具。

比如可在项目合同中设计调价机制、超额利润分配机制等。这两种机制在实践中已有一些项目采用。价格调整条款即将价格与可观察的各种指数或变量相联系。这些指数或变量既包括反应社会经济变化的经济变量如物价指数、工资指数等，也包括项目本身的一些变量如项目实际投资额、服务总量、服务质量等。超额利润分配机制可以通过资本收益率与预期收益率的比较，对是否存在超额利润进行判断，并依据资本实际收益率对超额利润进行阶梯累进分配。

除此之外还可以参考国际经验，通过特许期的调整来限制社会资本的收益。即在项目合同中约定基本特许期、特许期上限和项目的基本收益率，当项目公司的收益率超过基本收益率时可以适当缩短或提前终止特许期；当基本特许期已满而项目公司收益率仍未达到基本收益率时，允许适当延长特许期，但不可超越特许期上限。在国家级示范项目河北省太行山等高速公路项目中，就对道路收费期做了弹性约定，该项目以BOT模式运行，合作期为28年，合同约定收费期满后若不能覆盖成本和合理收益，在符合当时政策规定并经过论证批准后可适当调整收费期限。[①]

（五）关注费用承担、票据开具等财务问题

笔者观察到目前在PPP实践中存在先以其他模式进行项目建设而后转化为PPP模式的情况，如EPC+PPP模式的运用。在此类情况下，尤其要关注合同中对前期费用承担、票据开具等问题的处理。目前项目实践中，各方在合同设计时已较多的关注到了项目前期费用的承担问题，通常约定项目前期已发生的费用由社会资本方（项目公司）承担计入项目总投。但与此相关的票据开具问题有时会被忽略。在具体项目中可能发生前期费用由实施机构垫付同时收款方向实施机构开具票据的情况，这带来的直接结果是社会资本方（项目公司）最终承担了相关费用，但

① 本项目合同中约定："按照现行《收费公路管理条例》的规定，每条段收费期为25年。收费期满后，若本特许经营项目不能覆盖成本和合理收益，按照届时收费期限有关政策规定，经充分评估论证，协商一致并报相关部门批准后，可适当调整收费期限。"

却无法取得相应票据用以抵扣税款，增加了企业不必要的税费支出。在涉及联合体的协议中，往往会出现因未明确约定票据开具对象，而造成联合体中某成员无法取得票据的情况。

（六）区分民事要素与行政要素

如前所述合同性质的争议会对PPP项目合同争议解决带来一定障碍，司法实践中个案判断的做法也存在不确定性。针对这一问题，笔者认为可以通过合同条款设计对PPP项目合同中的公法私法要素进行区分。例如将项目合同中涉及行政许可、行政管理、政府介入以及接管等公法要素的内容单设条款进行约定，不与其他私法要素条款杂糅。同时在项目合同中明确约定除上述事项可以行政纠纷解决方式处理外，因其余事项引发的纠纷均以民事纠纷解决方式予以处理。虽然这一条款设置可能与现在常见的“仲裁条款”面临一样的情况，即在争议发生后，合同双方以协议性质为由否认该约定的效力。但笔者认为这一约定至少在一定程度上加强了合同双方对事项性质的统一认识，仍有其价值与意义。在合同设计之上更为有力的方式是在立方层面对PPP项目合同中的公法因素通过罗列清单的方式予以列明，结合立案庭对争议事项的判断，实现对PPP项目争议解决的二元分流。

（七）关注仲裁条款在协议承继后的效力

当前PPP项目在争议解决方式上普遍约定以仲裁方式进行处理，这一约定基本出现在项目合同中的争议解决部分。对于设立项目公司的PPP项目而言，在设立项目公司之后，政府方、社会资本方和项目公司三方签订承继协议，由项目公司承继社会资本方的权利义务，承继协议通常不就争议解决方式予以约定。这可能导致在实践中，项目公司主张其并未与政府方约定仲裁，以此对抗政府方提出的仲裁，或基于此直接对政府方提起诉讼，而导致仲裁条款形同虚设。为避免这一现象的发生，建议在承继协议中明确约定“因本协议发生争议的，以《PPP项目合同》约定的争议解决方式进行处理”，以此确保《PPP项目合同》中约定仲裁条款的效力。

（八）设计沟通交流机制

设计明确的沟通交流机制，定期会议、书面记录、形成合同补充、有利于项目变更。在设计上述条款时也要关注条款具体在哪个合同呈现的问题，不统统罗列于项目合同中，使其冗杂，可在公司章程中对此予以约定。

第三节 PPP项目合同的履约监管与履约保证

一、履约监管

本处所称履约监管是指采购阶段结束签署PPP项目合同后直至项目移交之

日止，政府方根据合同约定的产出及标准，对中标社会资本和项目公司的履约行为进行监督管理，并通过各种管理措施确保其履约行为符合约定的过程。PPP 项目履约监管有助于确保合同全面履行，应对项目推进过程中可能出现的各种风险及问题，保证项目全生命周期正常可持续运转。

《关于规范政府和社会资本合作合同管理工作的通知》(财金〔2014〕156 号)文件中明确提出：建立履约管理、行政监管和社会监督“三位一体”的监管架构，优先保障公共安全和公共利益。PPP 项目合同中除应规定社会资本方的绩效监测和质量控制等义务外，还应保证政府方合理的监督权和介入权，以加强对社会资本的履约管理。《PPP 项目合同指南(试行)》明确规定了“政府方的监督、介入”。《关于贯彻落实〈中共中央国务院关于全面实施预算绩效管理的意见〉的通知》(财预〔2018〕167 号)明确要求，加快对政府投资基金、主权财富基金、政府和社会资本合作(PPP)、政府购买服务、政府债务项目等各项政府投融资活动实施绩效管理，实现全过程跟踪问效。

(一) 各阶段履约监督的主要内容

国家发改委出台的《政府和社会资本合作项目通用合同指南》(2014 年版)中分别对“前期工作监管”“建设期监管”“运营期监管”“财务监管”等进行了阐述。

阶段	主要监管内容
前期工作	项目公司成立、资本金到位、前期项目融资等前期工作的履约情况
建设阶段	工程变更或优化设计管理；融资、设计、施工、设备采购等工作的招标及合同监管等
运营阶段	产业投资运营商引入监管；使用者付费监管；绩效考核管理；中期评估；运营阶段履约担保等
移交阶段	移交方案、标准的确定；项目资产的评估；项目公司的存续问题；移交阶段履约担保；项目后评价等

(二) 政府方的“一票否决权”

在 PPP 项目公司的股东会决议或董事会决议中，对于涉及或影响公共利益或公共安全的重大事项，政府方出资代表(以下简称“政府方”)或其委派、提名的董事享有一票否决权，此即所谓 PPP 项目的政府方一票否决权。作为小股东(政府方)对抗控股股东(社会资本)的防御性机制，一票否决权的原理并不复杂，是国内大多数 PPP 项目的标配。

1. 政府方“一票否决权”的具体设定方式

PPP 项目公司中的“一票否决权”实质是一种不以股权为基础的对项目公司经营决策的控制和影响，主要通过 PPP 项目公司股东协议、公司章程等合同形式来规定公司管理权的分配，即在 PPP 项目公司治理结构中实现。

(1) PPP项目公司股东会中的一票否决权

实务中PPP项目公司股东结构按照出资比例可分为三类：一是社会资本全资控股；二是政府出资代表象征性参股，政府为了获得一票否决权和知情权，象征性地出资较小的比例；三是政府出资代表实质性参股。现实中第一种类型由社会资本全资控股的较少，多数项目采用后两种类型。

在政府方参股的项目公司中，股东会的表决机制有的分为二级：一般事项由代表二分之一以上的表决权的股东通过；特别事项（如作出修改公司章程、增加或者减少注册资本的决议，以及公司合并、分立、解散、清算或者变更公司形式、延长经营期限、制定和修改项目公司章程、对外担保、股权质押的决议，下同）需要由代表三分之二以上表决权的股东通过。也有的分为三级：一般事项由代表二分之一以上的表决权的股东通过；特别事项需要由代表三分之二以上表决权的股东通过；特别重大事项（涉及民生保障、社会稳定且影响公众利益、公共安全、项目公司股权变动等）由全体股东一致通过。

不论几级表决机制，政府方出资代表对特别重大事项（涉及民生保障、社会稳定且影响公众利益、公共安全等）应享有一票否决权。有的项目甚至出现政府出资方仅持有“1元金股”，但拥有对项目公司融资、抵押、质押、改制等重大决策的“一票否决权”。

(2) PPP项目公司董事会中的一票否决权

鉴于项目公司的经营管理主要由董事会负责，政府方在实际操作时需更加注意董事会的一票否决权。PPP项目中董事会的组成原则基本上是基于股东比例来分配各方委派的董事，但在政府出资代表行政性参股或实质性参股的情况下，政府方为了避免社会资本完全控制董事会，在委派董事人数上并不完全遵循股权比例。

董事会的决议机制为一人一票，不论是否按股权比例分配董事名额，也不论董事会采取什么样的议事规则，是否同上述股东会一样采用二级或三级表决方式，政府方出资代表委派的董事对项目公司经营中涉及影响公共利益或公共安全的事项拥有一票否决权。此处应注意政府方出资代表委派的董事享有的一票否决权，应与股东在股东会所有享有的一票否决权对应。

(3) PPP项目公司监事会的一票否决权

监事会是项目公司的监督机构，依法行使监督权，确保项目公司依法经营，维护股东利益。一般情况下，监事会没有特别重大事项需要政府方委派的监事行使“一票否决权”。笔者提供法律服务的PPP项目中，社会资本对监事会席位一般不会过于关注。因此，为保持政府方对监事会的控制权，更好地监督项目公司依法合规运营管理，也可以不设监事会，仅由政府方委派一名监事，便能够完全实现政府方控制监事会的目的。

2. 审慎判断是否涉及公共利益，避免一票否决权滥用

财政部《PPP项目合同指南》关于“争议期间的合同履行”规定：“鉴于PPP项目通常会涉及公共安全和公共利益，为保障项目的持续稳定运营，通常会在争议解决条款中明确规定在发生争议期间，各方对于合同无争议部分应当继续履行，除法律规定或另有约定外，任何一方不得以发生争议为由，停止项目运营。”国家发改委《政府和社会资本合作项目通用合同指南》第七十四条亦规定：“诉讼或仲裁期间项目各方对合同无争议的部分应继续履行；除法律规定或另有约定外，任何一方不得以发生争议为由，停止项目运营服务、停止项目运营支持服务或采取其他影响公共利益的措施。”2017年《基础设施和公共服务领域政府和社会资本合作条例(征求意见稿)》第四十二条规定：“合作项目争议解决期间，协议双方应当继续履行合作项目协议约定的义务，不得擅自中断公共服务的提供。”何为PPP项目中的“公共利益”，以上规定均未明确界定。公共利益长期以来都是政治、法律领域争论的核心概念，常因体现权力正当性来源、行为价值判断的基础、法律保护的目标，而被广泛地援引。这也造成了在PPP项目谈判中，社会资本方可以接受政府方的“一票否决权”，但不能接受仅简单地将否决权的对象抽象为“公共利益”。因此，需要结合项目的具体类型、规模、潜在受众等多个因素，与社会资本协商确定项目所涉“公共利益”的具体指向，以防止“一票否决权”的滥用，也为具体行使该权利提供明确的指引。

笔者认为，公共利益的定性不可宽泛化，因PPP项目公司运营的另一个目的是盈利，在向社会公众提供公共服务产品的同时要获取经营利润。所以，在设定PPP项目一票否决权时应进行限缩处理，采用列举方式限定一票否决权的适用。具有代表性的事项包括：(1) 可能造成重大安全生产事故和环境污染事故的公司决议；(2) 可能存在群体上访事件并导致扰乱社会公共秩序的公司决议；(3) 无正当理由的停业、歇业等公司决议；(4) 社会资本方在股权锁定期内转让项目公司股权的决议；(5) 除中标PPP项目外，利用公司经营资金投资其他项目的公司决议；(6) 未依法定程序提高公共产品的定价的决议；(7) 转让项目公司重大设备等资产，影响项目公司正常经营的决议。

因PPP项目不一而同，在公司章程中设定妨害公共利益的股东一票否决权时，应以具体项目而具体设计，但不能滥用公共利益的概念。要平衡政府方和社会资本方的利益，既防止社会资本方利用控股股东地位操纵公司导致公共利益的损害，又防止政府方将《公司法》第三十七条规定的股东会职权所有事项均纳入“公共利益”射程之内，妨碍项目公司正常运营。

二、履约保证

履约保证机制的设置一直以来都是PPP项目合同的重点内容之一，是项目执行阶段各项监管职能能够顺利实施的根基。本部分分别就政府方和社会资本

方常用的履约保证手段进行讨论,即就政府承诺及履约保函的相关法律问题进行讨论。

(一) 政府承诺

在许多社会资本方看来,现有 PPP 项目的失败大多源于政府的不守信用,由此在决策 PPP 项目投资时产生犹疑,担心政府缺乏合作诚意。PPP 项目自身投资大、周期长、风险高的特点确实更易使社会资本方产生疑虑,因此基于对社会资本合理投资回报的保证,往往需要政府方作出承诺,给予一定的投资保证。政府在积极做出保证时,也应当关注政府保证的合法性和合理性,避免因情势变化而发生承诺无法兑现的违约。

1. 常见政府承诺

(1) 防止不必要的竞争性项目

也即唯一性条款,在使用者付费项目中,为确保项目公司能从足够的用户处取得付费以回收投资获取必要收益,政府方通常会作出在一定期限、范围内不建设有竞争性的项目。作出承诺时需要注意以下几点:一是限制的空间范围需要明确对竞争性项目的范围,可以采用定义加列举的方式加以明确;三是考虑不同行业之间的竞争性关系,例如水运交通项目,和铁路专用线项目可能具有替代性竞争关系;三是合理设定政府方违反限制竞争条款的违约责任,在不损害公共利益的基础上对项目公司进行赔偿。

(2) 负责或协助获取土地权利

一些 PPP 项目中,政府方往往需要承诺提供项目土地使用权,或为项目公司获得相关土地使用权提供便利。土地权利的取得见第六章第三节的具体内容。

(3) 办理有关审批手续

政府方常常在《PPP 项目合同》中承诺协助项目公司获得有关政府审批,甚至由政府方负责办理审批手续。这类承诺要注意,承诺的具体审批范围以承诺的方式,应当符合法律法规的规定,不可因为政府是项目参与方而违背法定审批程序或审批条件。

(4) 配套承诺

主要包括由政府方提供项目配套基础设施,完成项目与现有相关基础设施和公用事业的对接。例如在涉及发电的垃圾处理项目中,往往需要建设输电线路以实现上网或并网发电,这部分设施就可能由政府建设或政府与社会资本方共同建设。政府配套承诺应当注意其是否导致财政支出增加,以及财政支出的增加对项目财政承受能力论证的结果是否有实质性影响。[①]

---

① 《政府和社会资本合作项目财政承受能力论证指引》(财金〔2015〕21 号)规定:PPP 项目全生命周期内的财政支出包括股权投资、运营补贴、风险承担和配套投入,每一年度全部 PPP 项目需要从预算中安排的支出责任,占一般公共预算支出比例应当不超过 10%。

(5) 付费或补助以及其他承诺

包括政府补助、最低采购量等承诺。比如在一些供电、供气等项目中政府可能承诺"照付不议",即政府在合同中承诺最低采购量,不论政府是否需要采购相关能源,在项目公司未违约的情况下,政府方均按最低采购量付费。又如在垃圾处理、污水处理项目中,政府方承诺提供保底量的垃圾或污水以确保项目的运营。此类承诺主要关注承诺的必要性、可实施性、可控性以及违约责任等。

2. 政府承诺与政府担保

政府承诺与政府担保存在本质区别。政府承诺是政府作为 PPP 项目合同的甲方,对履行 PPP 项目合同中约定的责任义务进行的承诺,内容通常包括特许权期限、非竞争性、税收优惠、回购事项、浮动利率、其他政策优惠等事项,违背承诺时,政府方承担违约责任。而政府担保则是政府作为第三人与债权人约定,当债务人不履行债务时,由政府按照约定履行债务或者承担其他担保责任的行为。对后一行为诸多法律法规及政府规范性文件都做出了禁止性规定。

如《担保法》第八条:"国家机关不得为保证人,但经国务院批准为使用外国政府或者国际经济组织贷款进行转贷的除外。"《预算法》第三十五条第二款:"除法律另有规定外,地方政府及其所属部门不得为任何单位和个人的债务以任何方式提供担保。"

除上述法律规定外,国务院、银监会还出台了《国务院关于加强地方政府性债务管理的意见》(国发〔2014〕43 号)、《中国银监会关于银行业风险防控工作的指导意见》(银监发〔2017〕6 号)与《关于进一步规范地方政府举债融资行为的通知》(财预〔2017〕50 号)等文件限制地方政府的违规担保行为,规定金融机构不得要求或接受地方政府及其所属部门以担保函、承诺函、安慰函等任何形式提供的担保,严禁接受地方政府担保兜底。

由于地方政府违规担保的行为多数牵连到地方政府的融资平台公司,国务院在《关于加强地方政府融资平台公司管理有关问题的通知》(国发〔2010〕19 号)中,亦强调除法律和国务院另有规定外,地方各级政府及其所属部门、机构,均不得以财政性收入、行政事业等单位的国有资产,或其他任何直接、间接形式为融资平台公司的融资行为提供担保。

在实践中一些地方政府经常会在 PPP 项目合同之外以"承诺函"的形式对某一具体事项进行"保证"或者"担保",这些"承诺函"通常无效。在实践中应结合承诺的具体内容进行判断。如"承诺将上述融资本息(回购资金)纳入相应年度(或中长期)财政预算予以安排"等承诺函并不构成担保,此类承诺函更类似于政府出具的安慰函,不具有法律效力。又如"若……无法偿还本息金额,政府财政按照《承诺函》履行担保责任"则构成了法律禁止的无效政府担保。

3. 政府承诺的合法性与合理性

依据《PPP 项目合同指南(试行)》,PPP 项目中政府可做出的必要政府承诺的合法范围为：(1) 付费或补助保证，即可承诺将按照合同约定的时间和金额付费或者提供补助，亦可根据项目的需要设置"照付不议"的付费安排，保证项目的最低市场需求；(2) 土地权利保证，即可承诺提供项目有关土地的使用权，或者许诺为项目公司取得相关土地权利提供必要的协助；(3) 配套支持保证，即可承诺按照一定的时间和要求提供相关连接设施，包括负责建设部分项目配套设施，或负责完成项目与现有相关基础设施和公用事业的对接等；(4) 协助审批保证，即可承诺将协助项目公司获得有关的政府审批，亦可直接规定项目公司无法自行获得，或者由政府方办理会更为便利的审批由政府方负责办理并提供合法有效的审批文件；(5) 唯一性保证，即可在采用使用者付费机制的项目中，承诺政府方有义务防止出现不必要的竞争性项目；(6) 其他承诺，如在污水处理和垃圾处理项目中，政府方可承诺按时提供一定量的污水或垃圾以保证项目的运营。

在关注承诺合法性的同时，政府还应重点关注承诺的合理性。通常来说，合理的政府承诺需要具备必要性和可行性，即是如果没有此项政府承诺，将会导致项目效率降低、成本增加甚至无法实施；且承诺的内容应当是政府有能力承担有能力控制的。

政府承诺作出后，政府便应严格践诺守约，确保 PPP 项目合同的顺利履行。在《国务院关于加强政务诚信建设的指导意见》(国发〔2016〕76 号)中，针对政府与社会资本合作领域的政府诚信建设问题，国务院还特别强调："强化政府有关部门责任，建立政府和社会资本合作失信违约记录。明确政府和社会资本合作项目政府方责任人及其在项目筹备、招标投标、政府采购、融资、实施等阶段的诚信职责，建立项目责任回溯机制，将项目守信履约情况与实施成效纳入项目政府方责任人信用记录。"政府决策者应当认识到违约失信不仅是对 PPP 项目的不负责，也是对自身政治生命的不负责。在 PPP 项目的合作过程中，社会资本应当放弃利用政府订约的经验欠缺，不可诱导其作出不平等，甚至是不合法的承诺保证；政府自身则应高度重视契约行为的合法合规，强化契约刚性意识，尽力避免各种主动或被动的违约失信行为，尤其是不要把 PPP 视为单纯的融资工具，从而在引资需求迫切的压力下，给予项目过多的、不切实际的、甚至是违法违规的承诺。

(二) 履约保函

履约保障机制一方面为社会资本及项目公司按照合同约定履行义务提供了保证；另一方面也是政府方在合作期间实现有效监管及在社会资本或项目公司违约的情形下得到有效救济的强力措施。其中"保函"作为当前项目实践中应用最为广泛的履约担保形式，除了要做到首尾相接、全生命周期覆盖之外还有很多在实操中容易被忽视的细节问题。

1. 保函的独立性问题

根据《最高人民法院关于审理独立保函纠纷案件若干问题的规定》第一条的规定，独立保函是指银行或非银行金融机构作为开立人，以书面形式向受益人出具的，同意在受益人请求付款并提交符合保函要求的单据时，向其支付特定款项或在保函最高金额内付款的承诺，对应PPP项目中的履约保函，即社会资本或项目公司作为申请人，由银行或其他担保机构向项目实施机构开具的书面承诺，承诺在发生担保的事项后根据政府方索赔请求在约定的最高金额范围内付款。

PPP项目履约保函在法律属性上并不属于我国《担保法》列举的传统担保形式，而属于独立保证的一种，因此在保函内容上要注意以下几点。第一，保函应载明基础信息：包括保函编号、申请人、受益人及担保人的名称、地址；基础交易合同名称；保函开出生效期、保函失效期或失效事由；适用法律等。第二载明“独立”保函，以见索即付、适用URDG758等独立保函交易示范规则、保函内容中开立人的付款义务独立于基础交易关系及保函申请法律关系，其仅承担相符交单的付款责任等表述予以明确。第三保函应载明最高金额。第四，载明索赔条款，包括受益人向银行等金融机构提出索赔理由、据以付款的单据（根据法释〔2016〕24号，单据指保函载明的受益人——通常为项目实施机构——应提交的付款请求书、违约声明、第三方签发的文件、法院判决、仲裁裁决、汇票、发票等表面发生付款到期事件的书面文件）、办理索赔流程等。

对于受益人来说，在收到申请人提交的保函之后，除了对上述内容的核查之外，还需重点关注担保人金融机构是否合法，是否能够提供规范的保函业务以及是否有相应的担保能力和资质。

对于独立保函，在单据符合保函要求时，除独立保函欺诈之外，开立人以基础交易关系或独立保函申请关系对付款义务提出抗辩的，将得不到支持在PPP项目中，政府方作为受益人申请且提供符合要求的单据时，开立人就需付款。

对金融机构而言，他们更愿意开具独立保函，因为对于非独立保函，开立人要审查基础交易关系，而PPP项目复杂且涉及金额大，开立人没有能力对基础交易关系中的是与非进行准确判断，也不愿意去承担此种风险。而对于独立保函，在被提取以后，开立人向保函申请人追偿即可。

在保函独立性框架下，保函并不会因为基础交易无效而归于无效，担保人也不享有援引申请人根据基础交易对受益人主张的抗辩权及一般从属性保证中的先诉抗辩权。独立保函给予了受益人最大的利益保障，因此在保函格式的表述上，一定要强调“独立保函”。与此同时，对于申请人而言，为了平衡独立保函中的风险分配，防止在保函纠纷一开始即陷入十分不利的被动局面，可以在《PPP项目合同》中就政府方错误或恶意行使索赔权做出相关限制性约定。

2. 保函的衔接问题

《关于印发政府和社会资本合作模式操作指南（试行）的通知》（财金〔2014〕113号）指出“履约保障边界主要明确强制保险方案以及由投资竞争保函、建设履约保函、运营维护保函和移交维修保函组成的履约保函体系”，结合《政府和社会资本合作项目政府采购管理办法》（财库〔2014〕215号）的规定，实务中，基本已经形成投标保函、建设期履约保函、运营维护保函和移交维修保函组成的保函体系。笔者认为,这种保函体系结合了PPP项目的全生命周期衔接,是比较合理的。但是部分地方政府方,为了"检验潜在社会资本的诚意与实力",在保函体系之外,创设了"诚意金""实力证明"等保证措施,既没有法律依据,也加重了社会资本的义务,应予以制止。

履约保函按照PPP项目全生命周期管理的特点,要求前期、建设期、运维期、移交期首尾相连。因此在保函有效期的设置上,我们往往会要求下一阶段保函的提交是上一阶段保函解除的前提条件。有效期敞口的保函会增加银行等金融机构的管理难度和申请人的保费支出,因此金融机构往往会建议先开具一份3—6月的保函,到期再进行延展。项目公司或社会资本方处于成本等考虑往往会提出分期提交保函或到期延展的请求。政府方需要注意的是分期提交保函可能面临项目公司或社会资本方在保函到期后未及时提交替换保函或进行保函展期的风险,进而影响项目的履约担保效力。此外对于与项目合同中所约定的保函形式不一致的保函,建议政府方谨慎判断,如果认为存在风险,可拒绝接收相关保函。

3. 保函的提取

考虑到保函开具的成本较高程序较烦琐,同时提取保函后还将面临补足等问题,因此在项目公司或社会资本方违约时建议充分考虑是否可以适用其他救济渠道,避免一味依赖提取保函。另外,在保函金额的提取额度上应当予以控制,尽量与违约导致的损失保持一致,除非面临社会资本或项目公司重大违约行为导致项目难以继续推进的情形,否则建议避免启动"提取保函项下全部金额"条款。一方面全面提取保函金额后面临着项目公司或社会资本方是否及时补足保函金额的问题;另一方面这一行为可能激化矛盾,对维护双方合作关系无益。

第四节 PPP项目合同履行过程中的几个问题

一、PPP项目合同的变更

(一) PPP项目变更的法规政策依据

实践中的诸多PPP项目在推进过程中都会进行一定的变更。目前中央各部委对PPP项目变更的规范较少。适用于所有PPP项目的有发改委2019年印发的《关于依法依规加强PPP项目投资和建设管理的通知》(发改投资规〔2019〕1098号),文件提出"实施方案、招投标文件、合同或建设中出现以下情形的,应当报请原审批、核准、备案机关重新履行项目审核备程序:(1) 项目建设地点发生变化;(2) 项目建设规模和主要建设内容发生较大变化;(3) 项目建设标准发生较大变化;(4) 项目投资规模超过批复投资的10%。"财政部则在《关于进一步加强政府和社会资本合作(PPP)示范项目规范管理的通知》(财金〔2018〕54号)中针对示范项目的变更提出了如下要求:“地方各级财政部门要会同有关部门加强示范项目动态管理,确保项目执行不走样。对于项目名称、实施机构等非核心条件发生变更的,应及时向财政部PPP中心备案;对于项目合作内容、总投资、运作方式、合作期限等核心边界条件与入选示范项目时相比发生重大变化的,应及时向财政部PPP中心申请调出示范项目名单,并对项目实施方案,物有所值评价报告、财政承受能力论证报告、采购文件、项目合同等进行相应调整、变更。”

部分地方政府规范性文件中也对PPP项目变更进行了一些规范。如江苏省财政厅就曾印发《关于进一步推进政府和社会资本合作规范发展的实施意见》(苏财金〔2017〕92号),当中提出“当项目实施与入库时相比发生重大变化(包括但不限于项目投资总额、建设内容、财政承受能力)时,按规定履行项目变更批准手续后10个工作日内,向省财政厅正式行文申请变更调整。”江苏省财政厅拟定的《江苏省政府和社会资本合作(PPP)项目变更备案管理办法(试行)征求意见稿》,对PPP项目变更进行更加细化的分类管理。呈现出对项目变更加以更严格细致管理的趋势。

从现有规范来看,在发改委和财政部两部委文件中都出现了“较大/重大变化”的判断标准,PPP项目变更存在一般变更与重大变更的区别,两种变更的程序要求不同。在法律服务过程中,法律专业人员应当对项目面临的变更是否属于重大变更进行细致严谨的论证,以协助项目变更工作的合法合规展开。

(二) PPP项目的主体变更

PPP项目实施机构是政府或政府指定的相关机构担任,在政府授权范围内负责具体PPP项目的准备、采购、监管和移交等工作的主体;也是平等的参与具体PPP项目,与社会资本协商、谈判的主体。在项目推进过程中,可能因机构合并、职能调整等原因产生变更实施机构的需求。

1. PPP项目采购程序开始前的变更

《政府和社会资本合作模式操作指南(试行)》(财金〔2014〕113号)第十条规定:“县级(含)以上地方人民政府可建立专门协调机制,主要负责项目评审、组织协调和检查督导等工作,实现简化审批流程、提高工作效率的目的。政府或其指定的有关职能部门或事业单位可作为项目实施机构,负责项目准备、采购、监管和移交等工作。”根据此规定,有三类主体可以作为PPP项目的实施机构:一是政府;二是政府指定的有关职能部门;三是政府指定的事业单位。依据财政部关于公布废止和失效的财政规章和规范性文件目录(第十三批)的决定,中华人民共和国财政部令第103号财金〔2014〕113号已经废止。国家发展改革委关于开展政府和社会资本合作的指导意见》(发改投资〔2014〕2724号)第四条“建立健全政府和社会资本合作的工作机制”中的第二款“明确实施主体”规定:“按照地方政府的相关要求,明确相应的行业管理部门、事业单位、行业运营公司或其他相关机构,作为政府授权的项目实施机构，在授权范围内负责PPP项目的前期评估论证、实施方案编制、合作伙伴选择、项目合同签订、项目组织实施以及合作期满移交等工作。”据此，根据发改委的规定，可以成为PPP项目实施机构的主体有：行业管理部门；事业单位；行业运营公司和其他相关机构。

依据现行政策对实施机构的要求来判断，对于实施机构的选择主要强调的是其专业性，基于此，同级别的政府、政府职能部门、事业单位等主体担任实施机构的情形下，在未进行社会资本采购之前，是可以进行实施机构的变更的。

在这种情形下实施机构的变更，建议实施机构所属同级人民政府重新出具实施机构授权书，据此完成实施机构的变更。建议在该阶段只对基本建设程序相关批复文件进行项目法人变更，对于PPP项目模式涉及的PPP项目实施方案、财政承受能力论证报告及物有所值论证报告使用变更前的报告即可。

3. *PPP项目实施中的变更*

随着机构改革的进行，部分政府职能部门的职能发生了变化，在这种情形下是否可以对实施机构进行调整。笔者认为，基于政府职能部门发生调整而进行的实施机构的调整是可以的，但是也建议按照职能部门发生调整的时间节点的不同，按照本文关于PPP项目采购程序开始前、PPP项目采购程序结束后操作程序进行调整。即在采购程序开始前，重新由实施机构所属同级人民政府出具授权书。采购程序结束后，需要新旧实施机构、项目公司签订补充协议，完成合同主体的变更，由新的实施机构承担PPP项目合同项下的全部权利和义务。（具体案例详见东莞发展控股股份有限公司关于轨道PPP项目实施机构变更的公告—公告编号：2019－064）

3. *要关注的其他问题*

其一，特定情况实施机构变更需要取得社会资本方或社会资本方的同意。笔者认为当实施购机变更存在跨行政级别时，如果此时采购程序已经结束，需要取得PPP项目合同的相对方即社会资本或者项目公司的同意，因为跨行政级别实施机构的变更，直接影响到实施机构的付费能力。而同行政级别变更实施机构则更多是政府方处于管理顺畅的需求进行的变更，这种变更对中选社会资本方或项目公司的权利义务不会有明显的实际影响。

其二，在PPP项目实施机构变更过程中的财政承受能力问题。依据财政部关于印发《政府和社会资本合作项目财政承受能力论证指引》的通知（财金〔2015〕21号）第二十五条的规定“每一年度全部PPP项目需要从预算中安排的支出责任，占一般公共预算支出比例应当不超过10%。省级财政部门可根据本地实际情况，因地制宜确定具体比例，并报财政部备案，同时对外公布”，所以如果是同行政级别的实施机构的变更，因为财政承受能力没有发生变化，实施机构所属同级人民政府重新出具实施机构授权书即可进行变更。如果需要跨行政级别实施机构的变更，则需要考虑变更后实施机构所属同级政府的财政承受能力情况，避免超过10%的红线。

(三) PPP 项目合同内容变更

1. 项目采购阶段的合同内容变更

(1) 采购文件发售过程中的澄清或修改

PPP 项目无论是采用公开招标方式还是竞争性磋商或竞争性谈判的采购方式进行采购，在采购文件(或磋商文件、谈判文件)的发售过程中，按照相关法律法规及财政部规范性文件的规定，项目实施机构是可以对采购文件进行必要的澄清或修改的。而 PPP 项目合同作为项目实施机构和最终选定的社会资本所要签署的合同文本正是采购文件的重要内容之一，由此，项目实施机构显然可以对 PPP 项目合同中的条款进行澄清或修改。但因为实施方案在采购前已经过本级政府的审核，实施方案中的 PPP 项目交易结构、风险分配机制、各方商业计划和利益将最终落实 PPP 项目合同中，所以此时的修改不应背离项目实施方案的核心内容。并且还应注意的是澄清或修改可能影响响应文件的编制的，如采用公开招标方式，应在招标文件要求提交投标文件截止时间至少十五日前，以书面形式通知所有收受招标文件的社会资本；如采用竞争性磋商采购方式，应在提交首次响应文件截止时间至少 5 日前书面形式通知所有获取磋商文件的社会资本；而如采用竞争性谈判采购方式的，应在提交首次响应文件截止之日 3 个工作日前，以书面形式通知所有接收谈判文件的社会资本。

(2) 采购谈判过程中的内容变更

《政府和社会资本合作模式操作指南(试行)》(财金〔2104〕113 号)、《政府和社会资本合作项目政府采购管理办法》(财库〔2014〕215 号)中均规定，采购结果确认谈判工作组应当按照评审报告推荐的候选社会资本排名，依次与候选社会资本及与其合作的金融机构就项目合同中可变的细节问题进行项目合同签署前的确认谈判。

而按照《政府采购竞争性磋商采购方式管理暂行办法》(财库〔2014〕214 号)及《政府采购非招标采购方式管理办法》(财政部第 74 号令)中的相关规定，在竞争性磋商采购方式的磋商和竞争性谈判采购方式的谈判过程中，磋商小组和谈判小组可以根据磋商文件(谈判文件)和磋商情况(谈判情况)实质性变动采购需求中的技术、服务要求以及项目合同草案条款，但不得变动磋商文件(谈判文件)中的其他内容。而且实质性变动的内容，须经采购人代表确认。

综上可以看出，在社会资本最终确定前，项目实施机构和候选的社会资本是可以对 PPP 项目合同进行变更的，但需要关注的不可涉及实质内容：

首先，公开招标方式和竞争性磋商、竞争性谈判采购方式对于 PPP 项目合同中可变更内容是有区别的，其区别就在于变更的内容是否涉及合同的实质性条款。然而对何为项目合同的实质性条款，无论是《政府采购法》和《招标投标法》及其实施条例，还是财政部相关规范性文件，对此都没有明确的规定。参照《招标投标法实施条例》第五十七条及财金《PPP 项目合同指南(试行)》的规定，笔者认为可以将PPP项目合同中的项目范围和期限、项目融资、项目用地、项目建设与运营维护、付费机制、项目移交、政府承诺及争议解决机制等对合作双方权利义务有重要影响的条款作为PPP项目合同的实质性条款。

(3) 确认谈判完成后项目合同的完善

确认谈判完成后，项目实施机构应与中选社会资本签署确认谈判备忘录，并将采购结果和根据采购文件、响应文件、补遗文件和确认谈判备忘录拟定的合同文本进行公示。从这条规定可以看出，在确认谈判完成后，项目实施机构要根据采购文件、响应文件、补遗文件和确认谈判备忘录的内容对原采购文件中的PPP项目合同进行修改和完善，而且还应将中选社会资本响应文件中的重要承诺和技术文件等作为PPP项目合同的附件。应注意的是，此处修改和完善后的PPP项目合同要进行再次公示也是PPP项目采购程序中特有的规定。

(4) 项目合同签署前的审核与批准

《政府和社会资本合作项目财政管理暂行办法》(财金〔2016〕92号)中规定：采购结果公示结束后、PPP项目合同正式签订前，项目实施机构应将PPP项目合同提交行业主管部门、财政部门、法制部门等相关职能部门审核后，报同级人民政府批准。此处的审核与批准程序也是PPP项目采购中所特有的程序规定，该文还提出了审核的标准：合同是否发生实质性变更、付费与绩效是否挂钩、成本核算成本变动因素、补贴或收费定价的调整周期、条件和程序。需要指出的是"是否发生实质性变更"的参照标准是项目实施方案、物有所值评价报告、财政承受能力论证报告及采购文件。

2. 项目执行阶段PPP项目合同的修改与审核

PPP项目合作期一般为10年到30年，即便项目采购阶段已将PPP项目合同条款进行了合法合规的约定，但因为合同期限较长，可能还是无法规避所有的风险。尤其是社会经济环境、公共产品和服务的需求量及结构等条件发生变化的，需要对项目合同进行修订，项目实施机构和社会资本或项目公司在提出修订项目合同的申请后要待政府审核同意后才能执行。建议在项目采购前编制项目合同时，应在项目合同中约定项目执行过程中项目合同修改的条件和程序，以便后期签约双方在有修改合同的需求时有据可依。

二、PPP项目的提前终止

对于PPP项目提前终止，财政部《PPP项目合同指南(试行)》和国家发展和改革委员会《政府和社会资本合作项目通用合同指南(2014年版)》分别使用了"提前终止"和"合同解除"两个不同表述，笔者认为二者表述意思一致，是指在PPP项目的生命周期内由于某些事项的发生导致PPP项目合同提前解除，双方合同权利义务终止。

(一) 提前终止的法律依据和主要情形

目前在合同指南或范本中对于 PPP 合同的提前终止做了相应的约定。财政部《PPP 项目合同指南(试行)》、国家发展和改革委员会《政府和社会资本合作项目通用合同指南(2014 年版)》《财政部办公厅关于印发污水处理和垃圾处理领域 PPP 项目合同示范文本的通知》(财办金〔2020〕10 号)分别对 PPP 合同的提前终止问题进行了相关的说明,要求 PPP 合同中应该包含提前终止相关的条件。PPP 合同的执行或终止,也应该按照《民法典》的有关规定执行,合同编中关于双方提前解除合同的条件,也适用于 PPP 合同。PPP 项目的提前终止在政策没有明确规定的情况下,一般参照 PPP 合同中关于提前终止的有关约定执行,若 PPP 合同中未约定相关的条款,则需合同双方协商终止。

PPP 项目提前终止的原因很多,根据责任主体的不同主要分为政府方严重违约导致的提前终止、社会资本方严重违约导致的提前终止、不可抗力原因导致的提前终止。

政府方严重违约导致的提前终止是指政府方未能按约定履行 PPP 合同中规定的义务,导致项目无法继续实施。一般的情况有:项目征拆及土地供给衔接出现问题、财承超压而退库、项目操作前期不规范、政策环境变化等。

社会资本方严重违约导致的提前终止是指社会资本方未能按约定履行 PPP 合同规定的义务,导致项目无法继续实施。一般的情况有:融资未能及时足额到位、项目实施进度严重滞后、项目施工及运营过程中相关行为严重违反合同约定等。

不可抗力原因导致的提前终止指由于地震、洪水、干旱等自然灾害,或者战争、瘟疫等不可抗力导致项目无法继续实施。

(二) 提前终止的操作流程

无论导致项目提前终止的责任属于哪一方,项目各参与方一般都会将重点放在如何在项目提前终止的情况下将自身利益最大化或最大程度降低损失,各方对补偿的索求及责任的追诉最直接的体现就是货币。因此项目终止时的核心问题是针对补偿金额及方式的协商谈判。根据项目实施进展的阶段不同,终止谈判的操作流程与方法也不尽相同。

实务中因政府方违约导致 PPP 合同终止的情形尚属少数,多数是因项目公司违约所引发的,尤其在目前的金融环境下,社会资本方或项目公司因种种原因资金出现严重问题,导致出资或融资的不足或不能。而融资是 PPP 项目实施的核心,项目不能融资或融资不足,则 PPP 合同目的不能实现,也意味着 PPP 合同履行将举步维艰,双方只能终止 PPP 项目合同。

根据财政部《PPP 合同指南》《基础设施和公用事业特许经营管理办法》(发改令〔2015〕25 号)等规定,因项目公司重大违约政府有权提前终止 PPP 项目合同。

在实践中因项目公司重大或根本违约导致合同的提前终止主要有：社会资本方或项目公司未按照《PPP 项目合同》的约定及时出资或融资的；社会资本方或项目公司作出的声明、保证、承诺等与投标阶段的出现严重不属实、不能正确履行；未经政府同意擅自转让、抵押、出租特许经营权或股权的；未经政府同意擅自处分与项目有关的资产的等。

当以上情形发生时，政府方有权根据项目的实际情况提出提前终止合同，对此，笔者建议在处理 PPP 项目合同提前终止的实务中，应关注流程的合规性。

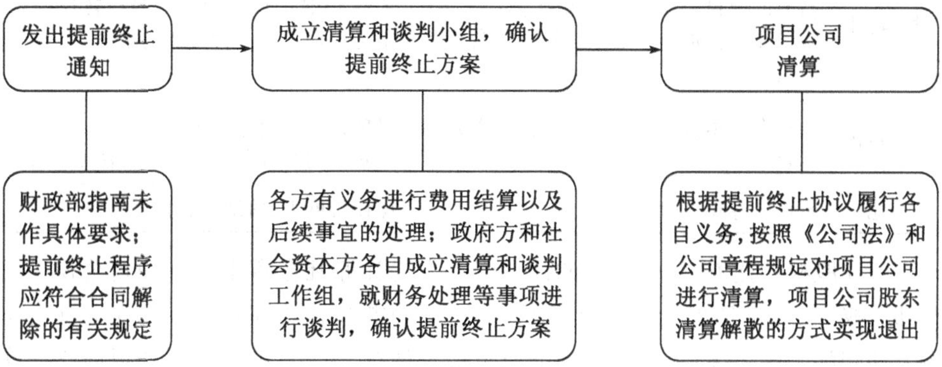

图 5－1　PPP 项目提前终止的操作流程

(三) 提前终止引发的后续问题

1. *提前终止时新社会资本方的选择与承接*

一般情况下，PPP 项目的提前终止只是执行阶段出现了障碍，并不代表项目本身在前期立项阶段或 PPP 项目其他阶段存在问题。且 PPP 项目与公共利益直接相关，若因合作的提前终止而使整个项目流产并不妥当。在实践中面对提前终止的 PPP 项目，政府方通常选择继续实施该项目，但在实施路径上有所区别。对不适宜继续以 PPP 模式继续实施的项目，政府方在进行 PPP 项目退库操作后，可以考虑以其他投资方式继续实施该项目，例如政府债券投资或政府直接投资等方式。对于可以继续采取 PPP 模式实施的项目，在政府方与原社会资本方就提前终止方案达成一致意见并签署相关合同后，政府方可以重新选择社会资本方。重新选择社会资本方可以通过重新招标、股权转让、项目公司增资减资等方式进行。重新选定的社会资本方与原社会资本方的承接主要通过重新授予特许经营权和股权转让等方式进行。重新授予特许经营权时合作期限建议原则上不突破原合作期限的剩余合作期限。

为进一步减小项目提前终止对公共服务持续供给的影响，政府方可以和原社会资本方约定在重新选择新的社会资本方的过程中，仍然由原社会资本方继续负责项运营，若不能持续运营则构成政府方接管事由。

提前终止时重新选择社会资本方的方式

方式	操作方法	需要考虑的因素
重新招标	可以通过公开招标等方式选取有较强履约能力的社会资本方继续实施该项目；政府方也可通过重新修改原 PPP 项目实施方案的内容吸引更多的优秀社会资本方参与	招标工作的周期性较长；在确定终止方案时应确定好新旧社会资本的衔接内容
股权转让	项目公司的原社会资本放通过转让其所持有的项目公司股权给新社会资本方，实现原社会资本方的退出和新社会资本方的引入	关注 PPP 项目合同中对股权转让的约定是否存在对此种方式的限制
增资减资	原社会资本方的减资与新社会资本方的增资	对项目公司财务状况要求高；需履行通知或公告债权人的法定程序
其他	资产证券化、项目公司公开上市等	操作难度大、落地性较低

而在股权转让方式下，由新的社会资本方受让原社会资本方在项目公司中的全部股权，原有的 PPP 项目合同、融资合同等均继续有效和履行。在新老社会资本方共同配合的情况下，此种情况下似乎最为便捷。PPP 项目合同的提前终止实质上是社会资本的强制退出。

2. 提前终止的补偿机制

在 PPP 项目合同中因不同事由导致的终止在后续处理上也会有所不同。一般来讲，通常会涉及回购义务和回购补偿两方面的事项。

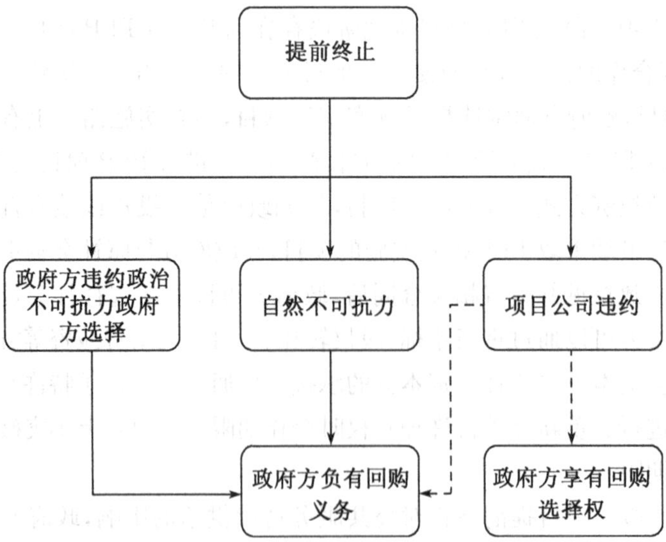

图 5－2

（1）回购义务

通常只有在项目公司违约导致项目终止的情形下，政府才不负有回购的义务而是享有回购的选择权，即政府可以选择是否回购该项目。但对于一些涉及公共安全和公众利益的、需要保障持续供给的PPP项目，也可能在合同中约定即使在项目公司违约导致项目终止的情形下，政府仍有回购的义务。

（2）回购补偿

政府与社会资本往往会根据提前终止的事由制定相应的补偿机制。《PPP合同指南》中根据项目终止的不同事由对政府的回购补偿金额进行了原则性的约定。

提前终止事由与回购补偿方式

终止事由	补偿原则	补偿范围或计算方式
政府方违约事件、政治不可抗力以及政府方选择终止	确保项目公司不会因项目提前终止而受损或获得额外利益（即项目公司获得的补偿等于假设该PPP项目按原计划继续实施的情形下项目公司能够获得的经济收益）	（1）项目公司尚未偿还的所有贷款； （2）项目公司股东在项目终止之前投资项目的资金总和； （3）因项目提前终止所产生的第三方费用或其他费用； （4）项目公司的利润损失。
项目公司违约事件	避免政府不当得利并且能够吸引融资方的项目融资	（1）市场价值方法，即按照项目终止时合同的市场价值（即再进行项目采购的市场价值）计算补偿金额； （2）账面价值方法，即按照项目资产的账面价值计算补偿金额。
自然不可抗力	由双方共同分摊风险	（1）补偿范围一般会包括未偿还融资方的贷款、项目公司股东在项目终止前投入项目的资金以及欠付承包商的款项； （2）补偿一般会扣除保险理赔金额，且不包括预期利润损失。

第六章　PPP全生命周期其他法律问题

PPP项目的全生命周期是指由项目发起、识别、筛选、准备、设计、融资、建造、运营、维护至终止移交等活动构成的完整周期，财政部印发的《政府和社会资本合作模式操作指南》明确将PPP项目全生命周期划分为五个阶段，包括项目识别、项目准备、项目采购、项目执行以及项目移交五个阶段。各阶段主要工作内容不同，所要重点关注的法律问题亦有所不同。当然在PPP项目中很多法律问题并非单独存在于某个阶段，而是在各阶段交替出现甚至贯穿PPP项目始终，比如合同的履行和绩效管理。鉴于PPP项目的风险性，财政部门非常重视各项工作的监管，江苏省财政主管部门还专门发文建立全生命周期的法律顾问制度。在讨论完PPP项目的SPV公司和PPP合同的相关法律问题后，本章主要对PPP项目全生命周期各阶段的主要工作予以概览，并提取其中一些重点法律问题进行探讨。

第一节　PPP项目全生命周期各阶段主要工作及相关法律问题概述

PPP项目在正式起动识别程序之前，可能由政府机关及其职能部门提起，也可能由社会资本方或其他第三方提起。但是这一过程并不涉及法律问题。PPP项目只有在进入识别阶段之后才涉及程序和内容的合法合规性问题。

一、项目识别

PPP项目识别阶段主要环节包括项目发起、项目筛选、物有所值评价、财政承受能力论证。在这些工作环节中，法律顾问主要关注的要点包括：项目是否列入年度和中期开发计划、项目是否按照要求提交前期资料、项目是否通过物有所值评价和财政承受能力论证、项目通过评价和论证的程序是否合规、项目前期工作（主要包括规划、立项、土地预审、环评、稳评等）是否按规定完成。

阶段	工作环节	具体内容	实施主体
项目识别	项目发起	遴选或推荐潜在PPP项目	政府或社会资本
	项目筛选	提交可行性研究报告，进行评估，确定备选项目，根据筛选结果制定项目年度和中期开发计划	财政部门会同行业主管部门
	物有所值评价	物有所值定性评价、物有所值定量评价	财政部门会同行业主管部门
	财政承受能力论证	每年政府付费或政府补贴等财政支出不得超出当年财政收入的一定比例	财政部门

表面上看，在这一阶段不涉及大量实体法律问题，更多是对程序合法合规性的审查。但是这一阶段没有认真进行法律审核同样会出现问题。在我们所服务的PPP项目中，由于可行性研究报告在引用《基本建设项目建设成本管理规定》(财建〔2016〕504号)时没有吃透文件精神，导致对项目建设管理费的计算出现错误，而后续在实施方案编制、财务复核和合同订立环节都没有发现这一问题，致使双方在费用计算与支付上产生争议。

二、项目准备

PPP项目准备阶段主要工作内容包括建立协调机制、确定项目实施机构、编制实施方案、对实施方案进行物有所值和财政承受能力验证，对通过验证的方案报政府审核。在此阶段法律顾问主要关注的要点包括：实施机构主体是否合规、PPP项目实施方案的内容是否完整、实施方案的具体内容是否清晰明确且合法合规。

阶段	工作环节	具体内容	实施主体
项目准备	建立协调机制	负责项目评审、组织协调和检查督导等工作	县级(含)以上人民地方政府
	确定项目实施机构	负责项目准备、采购、监管和移交工作	县级(含)以上任命政府或其指定的有关职能部门或事业单位
	编制实施方案	对下列内容进行介绍：项目概况、风险分配框架、项目运作方式、交易结构、合同体系、监管架构、采购方式选择	实施机构委托第三方咨询机构完成
		造价复核、财务复核、可融性测试、市场测试	实施机构委托第三方完成
	物有所值评价和财政承受能力验证	对项目实施方案进行的物有所值和财政成能力验证	财政部门
	报政府审核		由项目实施机构上报

本阶段法律服务工作已经全面展开，律师或其他法律专业人员不仅要关注因项目本身的特殊性所涉及的专项法律，比如环保的项目会涉及环保行业的专项法律法规，还要围绕财政部门的部门规章，结合常规的法律知识对项目的合法合规性进行审查，还要关注一些地方性法规或规范性文件给实施机构提供相关建议。目前仅有部分地方政府在规范性文件中就 PPP 项目的识别提出进行市场测试、可融性测试的要求。如《淮安市政府和社会资本合作（PPP）领域政务诚信建设实施意见（试行）》（淮财金〔2020〕29 号）提出“项目实施机构应当在项目两评一案编制完成后，有针对性地做好项目投资及造价复核、财务复核、可融性测试、市场测试”。但是这仅是一份规范性文件，许多地方在对 PPP 项目进行识别时尽管没有相应的法律、法规或规范性文件，但是他们也在开展相应的测试工作，以实现项目需求与社会资本方投资收益需求的对接，确保项目是时候的融资可行性。

三、项目采购

项目采购阶段主要解决社会资本方的选择问题。PPP 项目社会资本方的采购实施资格预审，在采购阶段主要的工作内容包括：进行资格预审、采购文件的编制、采购、响应文件的评审、PPP 项目采购特有的确认谈判以及最终的合同签署。在此阶段法律顾问主要关注：采购平台、采购方式的选择是否符合规定；采购公告、资格预审文件、采购文件内容是否与实施方案保持一致；采购条件的设置是否合规等问题。项目采购相关问题已在第四章专门论述。

四、项目执行

项目执行阶段主要是各方基于 PPP 项目合同的约定履行相应的义务，包括 SPV 公司的设立、完成项目融资、完成工程设计与建设、开展绩效评价、履行支付义务、对项目进行中期评估等。在此阶段法律顾问主要关注 PPP 项目合同各方是否按照 PPP 项目合同约定履行相应义务。项目公司设立、项目融资等问题在第四章专章讨论。合同履行相关问题在第五章合同专章进行论述。绩效评价内容在本章第五节专门论述。

五、项目移交

项目移交阶段主要工作内容移交准备、资产评估与性能测试、资产交割以及移交后绩效评价。在此阶段法律顾问主要关注项目移交是否按照 PPP 项目合同的约定合法合规的展开；移交后项目公司及人员处理是否符合合同约定且合法合规。项目移交阶段的法律问题一方面是各方涉及因 PPP 项目面产生的一系列合同的履行过程中具体问题的处理，另一方面因监管工作的需要，就 PPP 项目与实施机构付费相挂钩的绩效考评工作全面展开。本章第四节、第五节就项目移交的实务和绩效考评问题展开专门的探讨。

第二节 PPP项目立项法律问题及实务处理

在财办金〔2017〕92号文发布后项目立项成了PPP项目入库的前提条件，是PPP项目必须完成的前期准备工作。《传统基础设施领域实施政府和社会资本合作项目工作导则》（发改投资〔2016〕2231号）中列明PPP项目立项的三种形式即审批、核准、备案。《国家发展改革委关于依法依规加强PPP项目投资和建设管理的通知》（发改投资规〔2019〕1098号）强调："PPP项目要严格执行《政府投资条例》《企业投资项目核准和备案管理条例》，依法依规履行审批、核准、备案程序。"

一、立项方式的法规依据

现有的三种立项方式最早是由《国务院关于投资体制改革的决定》（国发〔2004〕20号）确定的，《决定》遵循"谁投资、谁决策、谁收益、谁承担风险"的原则改革政府对企业投资的管理制度，合理界定政府投资职能。彻底改革不分投资主体、不分资金来源、不分项目性质，一律按投资规模大小分别由各级政府及有关部门审批的企业投资管理办法，区分不同情况实行审批制、核准制或备案制。

2016年公布次年生效实施的《企业投资项目核准和备案管理条例》（国务院令第673号）进一步明确三种立项方式。2019年颁布实施的《政府投资条例》（国务院令第712号）以行政法规的形式予以立法。

（一）审批制

政府采取直接投资方式、资本金注入方式投资的项目采取审批制。项目单位应当编制项目建议书、可行性研究报告、初步设计，按照政府投资管理权限和规定的程序，报投资主管部门或者其他有关部门审批。对于企业使用政府补助、转贷、贴息投资建设的项目，政府采用部分审批制，只审批资金申请报告。

（二）核准制

对于企业不使用政府投资建设的，但关系国家安全、涉及全国重大生产力布局、战略性资源开发和重大公共利益等项目实行核准管理。同时严格限定实行政府核准制的范围，并根据变化的情况适时调整。[①]《政府核准的投资项目目录》（以下简称《目录》）由国务院投资主管部门会同有关部门研究提出，报国务院批准后实施。未经国务院批准，各地区、各部门不得擅自增减《目录》规定的范围。

企业投资建设实行核准制的项目，仅需向政府提交项目申请报告，不再经过批

---

① 核准制范围见《政府核准的投资项目目录》。先后发布2004年本（失效）、2013年本（失效）、2014年本（失效）、2016年本（现行有效）。

准项目建议书、可行性研究报告和开工报告的程序。政府对企业提交的项目申请报告，主要从维护经济安全、合理开发利用资源、保护生态环境、优化重大布局、保障公共利益、防止出现垄断等方面进行核准。对于外商投资项目，政府还要从市场准入、资本项目管理等方面进行核准。政府有关部门要制定严格规范的核准制度，明确核准的范围、内容、申报程序和办理时限，并向社会公布，提高办事效率，增强透明度。

相对于审批制而言，核准制的政府监管较少，主要考虑的也不是投资风险，而是从维护社会公共利益角度对项目建设后的影响进行考量。

（三）备案制

对于《目录》以外的企业投资项目，实行备案制，除国家另有规定外，由企业按照属地原则向地方政府投资主管部门备案。备案制的具体实施办法由省级人民政府自行制定。国务院投资主管部门要对备案工作加强指导和监督，防止以备案的名义变相审批。备案制是监管最少的，实质上是由企业自行承担投资的风险。

有关于 PPP 项目投资立项方式应采取审批制、核准制或是备案制，国家发改委曾发布文件指导立项，发改投资规〔2019〕1098 号明确："采取政府资本金注入方式的 PPP 项目，按照《政府投资条例》规定，实行审批制。列入《政府核准的投资项目目录》的企业投资项目，按照《企业投资项目核准和备案管理条例》规定，实行核准制。对于实行备案制的企业投资项目，拟采用 PPP 模式的，要严格论证项目可行性和 PPP 模式必要性。"

总体而言基于现有规定 PPP 项目立项模式遵循以下总体规则：对政府投资项目进行审批制，对使用政府补助、转贷、贴息投资项目进行部分审批；对企业投资项目一律实行核准和备案制。划清政府投资和企业投资的标准是资金来源，资金来源于政府，即便投资主体是企业，那也应当进行审批制，资金来源于企业，则实行核准制或备案制。

二、有关职能部门的具体应用

在 PPP 项目涉及的具体领域内，有关的职能部门为了贯彻相关行政法规和国务院文件的精神，又结合本部门的实际对 PPP 模式在本行业的应用下发了具体的文件，对具体行业 PPP 项目立项也作了进一步明确的规定。

（一）《关于国家高速公路网新建政府和社会资本合作项目批复方式的通知》（发改办基础〔2016〕1818 号）

发改部门是基础设施立项审批的职能部门。上述《通知》中明确："政府采用投资补助方式参与的国家高速公路网新建 PPP 项目按照核准制管理。政府采用资本金注入方式参与的国家高速公路网新建 PPP 项目仍按照审批制管理，直接报批可行性研究报告。"

相较于国务院的文件，对于政府采用投资补助方式参与的项目，《通知》以核准制替代了部分审批制。

（二）《政府和社会资本合作建设重大水利工程操作指南（试行）》（发改农经〔2017〕2119号）

水利部和国家发改委联合下发《操作指南（试行）》对重大水利工程PPP项目立项作出了更具体的规定。第十一条规定："政府采用直接投资、资本金注入方式参与的新建水利PPP项目，按政府投资项目进行审批，由具有相应审批权限的发展改革部门审批可行性研究报告。企业使用自己筹措资金建设，以及使用自己筹措的资金并申请使用政府投资补助或贷款贴息等的新建水利PPP项目，按企业投资项目履行核准制，由相应的核准机关办理核准手续。"

（三）《收费公路政府和社会资本合作操作指南》（交办财审〔2017〕173号）

交通运输部的上述《操作指南》第十二条规定："政府采用建设期投资补助、运营补贴、贷款贴息方式参与收费公路PPP项目，按照核准制管理；政府采用资本金注入、或既有资本金注入又有建设期投资补助、运营补贴、贷款贴息一种或几种方式参与收费公路PPP项目，按照审批制管理。"

第三节 PPP项目用地法律问题及实务处理

一、项目用地的取得方式

PPP项目用地的取得方式可以分为划拨取得和有偿使用两大类。《关于在公共服务领域推广政府和社会资本合作模式的指导意见》（国办发〔2015〕42号）："多种方式保障项目用地。实行多样化土地供应，保障项目建设用地。对符合划拨用地目录的项目，可按划拨方式供地，划拨土地不得改变土地用途。建成的项目经依法批准可以抵押，土地使用权性质不变，待合同经营期满后，连同公共设施一并移交政府；实现抵押权后改变项目性质应该以有偿方式取得土地使用权的，应依法办理土地有偿使用手续。不符合划拨用地目录的项目，以租赁方式取得土地使用权的，租金收入参照土地出让收入纳入政府性基金预算管理。以作价出资或者入股方式取得土地使用权的，应当以市、县人民政府作为出资人，制定作价出资或者入股方案，经市、县人民政府批准后实施。"《土地管理法实施条例》第二十九条规定："国有土地有偿使用的方式包括：（一）国有土地使用权出让；（二）国有土地租赁；（三）国有土地使用权作价出资或者入股。"

项目用地的取得方式

<table>
<tr><th colspan="3">取得方式</th><th>适用范围</th><th>法律和政策依据</th></tr>
<tr><td colspan="3">划拨</td><td>(一) 国家机关用地和军事用地；
(二) 城市基础设施用地和公益事业用地；
(三) 国家重点扶持的能源、交通、水利等基础设施用地；
(四) 法律、行政法规规定的其他用地。</td><td>《土地管理法》
《划拨用地目录》</td></tr>
<tr><td rowspan="4">有偿使用</td><td rowspan="2">出让</td><td>招、拍、挂</td><td>(一) 供应商业、旅游、娱乐和商品住宅等各类经营性用地以及有竞争要求的工业用地；
(二) 其他土地供地计划公布后同一宗地有两个或者两个以上意向用地者的；
(三) 划拨土地使用权改变用途，《国有土地划拨决定书》或法律、法规、行政规定等明确应当收回土地使用权，实行招标拍卖挂牌出让的；
(四) 划拨土地使用权转让，《国有土地划拨决定书》或法律、法规、行政规定等明确应当收回土地使用权，实行招标拍卖挂牌出让的；
(五) 出让土地使用权改变用途，《国有土地使用权出让合同》约定或法律、法规、行政规定等明确应当收回土地使用权，实行招标拍卖挂牌出让的；
(六) 法律、法规规定明确应当招标拍卖挂牌出让的其他情形。</td><td>《招标拍卖挂牌出让国有土地使用权规范(试行)》</td></tr>
<tr><td>协议出让</td><td>(一) 供应商业、旅游、娱乐和商品住宅等各类经营性用地以外用途的土地，其供地计划公布后同一宗地只有一个意向用地者的；
(二) 原划拨、承租土地使用权人申请办理协议出让，经依法批准，可以采取协议方式；
(三) 划拨土地使用权转让申请办理协议出让，经依法批准，可以采取协议方式；
(四) 出让土地使用权人申请续期，经审查准予续期的，可以采用协议方式。</td><td>《协议出让国有土地使用权规范(试行)》</td></tr>
<tr><td colspan="2">租赁</td><td>对原有建设用地，法律规定可以划拨使用的仍维持划拨，不实行有偿使用，也不实行租赁；对因发生土地转让、场地出租、企业改制和改变土地用途后依法应当有偿使用的，可以实行租赁。对于新增建设用地，重点仍应是推行和完善国有土地出让，租赁只作为出让方式的补充。对于经营性房地产开发用地，无论是利用原有建设用地，还是利用新增建设用地，都必须实行出让，不实行租赁。</td><td>《规范国有土地租赁若干意见》</td></tr>
<tr><td colspan="2">作价出资或者入股</td><td>根据投融资体制改革要求，对可以使用划拨土地的能源、环境保护、保障性安居工程、养老、教育、文化、体育及供水、燃气供应、供热设施等项目，除可按划拨方式供应土地外，鼓励以出让、租赁方式供应土地，支持市、县政府以国有建设用地使用权作价出资或者入股的方式提供土地，与社会资本共同投资建设。</td><td>《关于扩大国有土地有偿使用范围的意见》(国土资规〔2016〕20 号)</td></tr>
</table>

二、保障投资主体顺利取得项目用地的方式选择

现实中PPP项目用地有可能出现投资主体无法顺利取得的情况。这种冲突在轨道交通和沿线土地综合一体开发的PPP项目中表现尤为突出。PPP项目一般先通过公开竞争或一对一谈判方式完成投资人竞选程序,中选的投资人在获取相应土地使用权后,才能开展投资、建设等活动。这意味着,投资人在展开项目建设之前必须获得项目用地使用权。但在实际操作中可能会出现投资人虽中标却未获得项目用地使用权的错位情况。即使是协议方式出让,如果产生两个以上意向用地人,也无法保证投资人一定能获得项目用地。而招拍挂方式获取土地使用权,可能会造成投资人付出成本增加,相应也会抬高政府购买的价格,这与减少社会成本的初衷相悖。

为解决这种错位,实践中一般会采取如下方式加以解决。如:先进行PPP项目采购,后进行土地的招拍挂;先进行土地的招拍挂,后以单一来源采购进行PPP项目的采购;先进行土地的招拍挂,后以竞争性磋商进行PPP项目的采购;先由城投公司获取土地,并以土地出资设立项目公司,后通过增值扩股方式引进社会资本方。采用方式一,依法采购的PPP项目社会资本方有摘不到特定土地的风险,这也是前期社会资本方最为担心的一个问题,一般会在PPP合同中约定社会资本方不能成功摘地的补偿措施或替代解决方案。方式二,为防止项目的行政风险,单一来源采购要在充分论证、理由充分的基础上才可采取,《财政部关于推进政府和社会资本合作规范发展的实施意见》(财金〔2019〕10号)发布后,因为单一来源方式缺乏竞争性,政府付费类的项目已不能采取此种操作模式。方式三与方式四虽然能保证特定土地顺利进入项目中,但会可能存在权力寻租、串标等合法合规风险。

在现有法律框架下保障投资主体顺利取得项目用地的可行路径有二。

1. 进行"PPP+土地"联合招标

近年来一些政策性文件认可了这一路径。《关于联合公布第三批政府和社会资本合作示范项目加快推动示范项目建设的通知》(财金〔2016〕91号)指出:"依法需要以招标拍卖挂牌方式供应土地使用权的宗地或地块,在市、县国土资源主管部门编制供地方案、签订宗地出让(出租)合同、开展用地供后监管的前提下,可将通过竞争方式确定项目投资方和用地者的环节合并实施。"《传统基础设施领域实施政府和社会资本合作项目工作导则》(发改投资〔2016〕2231号)指出:"各地要积极创造条件,采用多种方式保障PPP项目建设用地。如果项目建设用地涉及土地招拍挂,鼓励相关工作与社会资本方招标、评标等工作同时开展。"

PPP项目采购程序与建设用地使用权招拍挂程序存在较多差异,根据《招标拍卖挂牌出让国有土地使用权规定》,土地出让只有招标、拍卖、挂牌三种方式;而PPP项目采购方式包括公开招标、邀请招标、竞争性谈判、竞争性磋商和单一来源采购5种方式。如果合并实施,则只有招标方式可以满足土地出让和PPP项目采

购两者的合法性。当然，如果土地出让和 PPP 项目采购分别进行，则可分别就土地出让和 PPP 项目设定一定的条件，由此可采用更多、更灵活的方式选择社会资本。但应注意设定的条件不能是影响公平、公正竞争的限制条件。将两者合并实施，需要处理好二者的衔接问题。在 PPP 项目准备阶段根据土地招拍挂制度的要求，出让用地的出让方案需要由市、县人民政府国土资源行政主管部门按照出让年度计划，会同城市规划等有关部门共同拟订，鉴于土地出让方案和实施方案的编制主体存在不一致的情况，土地出让和 PPP 项目采购社会资本合并实施，项目实施机构在编制实施方案要统筹考虑土地相关事宜，在方案的编制过程中就充分的与国土部门沟通，必要时可以在前期项目识别阶段就让土部门参与进来，确保合并实施方案中对于土地计划或项目实施计划的制定满足城市的发展规划要求，减少后期合并实施的阻力，国土部门也要解放思想、积极配合，在满足 PPP 项目实施方案要求的土地情况条件下，统筹拟出让地块的用途、年限、位置等要求，防止脱节。

2. 土地使用权作价出资或入股

财政部、国土资源部出台的相关政策文件肯定了符合法律规定条件的项目用地作价入股方式的可行性。《关于在公共服务领域推广政府和社会资本合作模式指导意见的通知》(国办发〔2015〕42 号)："多种方式保障项目用地。实行多样化土地供应，保障项目建设用地。……以作价出资或者入股方式取得土地使用权的，应当以市、县人民政府作为出资人，制定作价出资或者入股方案，经市、县人民政府批准后实施。"《关于扩大国有土地有偿使用范围的意见》(国土资规〔2016〕20 号)："对可以使用划拨土地的能源、环境保护、保障性安居工程、养老、教育、文化、体育及供水、燃气供应、供热设施等项目，除可按划拨方式供应土地外，鼓励以出让、租赁方式供应土地，支持市、县政府以国有建设用地使用权作价出资或者入股的方式提供土地，与社会资本共同投资建设。"

在 PPP 项目实际操作中，若以作价出资或者入股方式取得土地使用权的，应当以市、县人民政府作为出资人。按照《国有资产法》代表政府出资的应该是国有资产监督机构或人民政府根据需要授权的其他部门、机构。[①] 如果政府出于其他考虑，希望安排国有公司作为政府方出资人，则可由国资委或其他部门、机构先行以土地使用权出资，之后，将其所持有的项目公司股权无偿划转至政府安排的国有公司。此外，国有建设用地使用权作价出资或者入股的使用年限，应与政府和社会资本合作期限相一致，但不得超过对应用途土地使用权出让法定最高年限。作价出资或者入股土地使用权实行与出让土地使用权同权同价管理制度，依据不动产

① 《国有资产法》第十一条："国务院国有资产监督管理机构和地方人民政府按照国务院的规定设立的国有资产监督管理机构，根据本级人民政府的授权，代表本级人民政府对国家出资企业履行出资人职责。国务院和地方人民政府根据需要，可以授权其他部门、机构代表本级人民政府对国家出资企业履行出资人职责。"

登记确认权属，可以转让、出租、抵押。[①]

目前虽然在政策上提出了支持土地使用权作价出资或入股，但尚没有出台较为明确的规范和实施细则，各地政府及国土部门对政策理解及把握程度不一；且在 PPP 项目合作期满后，可能面临合同展期、移交后继续运营等各种问题，相应情况下作价出资或入股土地使用权如何处置，也缺少具体规定和措施，与 PPP 项目的实施无法良好衔接，因此在实践中采用土地使用权作价出资或入股方式的 PPP 项目仍较少。在我国深化投融资体制改革和工程建设项目审批制度改革的大背景下，需要进一步出台相关审批程序和后续管理等方面的政策规定，使土地使用权作价出资或入股这一项目用地取得方式真正发挥其优势。

第四节 PPP 项目移交阶段主要法律问题及实务处理

PPP 项目移交是指在项目合作期限结束或者项目合同提前终止后，项目公司或社会资本方将全部项目设施及相关权益以合同约定的标准、范围和程序移交给政府或其指定机构。

由于我国 PPP 实践开始较晚，且 PPP 项目合作期限普遍很长，目前我国 PPP 项目已开展移交的不多。实践中 PPP 项合同中一般会细致地约定项目移交方式、范围、验收程序、标准、责任和费用等诸多事宜，并设置移交过渡期、移交保修期等内容。政府和社会资本方在 PPP 项目合同中对移交所涉内容作出的尽可能详尽的约定，能够为项目期满时的顺利移交提供有力保障。

一、项目移交相关法规政策依据

目前对 PPP 项目移交有关规定主要集中在中央各部委发布的部门规范性文件中。如财政部发布的《政府和社会资本合作模式操作指南（试行）》（财金〔2014〕113 号）对移交方式、移交内容、移交工作的总体流程进行了明确，虽然操作指南业已失效，但其仍然是 PPP 项目实践中的重要参照。财政部发布的另一文件《政府和社会资本合作项目财政管理暂行办法》（财金〔2016〕92 号）则从财政管理的角度，要求财政部门会同行业主管部门做好 PPP 项目移交工作确保公共服务的持续稳定共计。发改委发布的《关于开展政府和社会资本合作的指导意见》（发改投资〔2014〕2724 号）和《关于切实做好传统基础设施领域政府和社会资本合同有关工作的通知》（发改投资〔2016〕1744 号）均强调要妥善做好项目移交。《传统基础设施领域实施政府和社会资本合作项目工作导则》（发改投资〔2016〕2231 号）提出设置过渡期，在过渡期成立移交工作组启动移交准备工作。

---

① 见《关于扩大国有土地有偿使用范围的意见》（国土资规〔2016〕20 号）。

除财政部、发改委之外，各部委针对特定领域 PPP 项目的指导意见中普遍对 PPP 项目的移交工作提出了要求，如发改委、财政部和水利部联合发布的《关于鼓励和引导社会资本参与重大水利工程建设运营的实施意见》(发改农经〔2015〕488 号)；国家铁路局发布的《关于进一步鼓励和扩大社会资本投资建设铁路的实施意见》(发改基础〔2015〕1610 号)；国家发改委、农业部《关于推进农业领域横幅和社会资本合作的指导意见》(发改农经〔2016〕2574 号)；原国家林业局、财政部《关于运用政府和社会资本合作模式推进林业生态建设和保护利用的指导意见》(林规发〔2016〕168 号)；国家发展改革委、水利部印发的《政府和社会资本合作建设重大水利工程操作指南(试行)》(发改农经〔2017〕2119 号)；交通运输部办公厅发布的《收费公路政府和社会资本合作操作指南》(交办财审〔2017〕173 号)等规范性文件。

二、项目移交的基本流程和主要内容

项目移交的基本流程包括移交准备、项目资产评估、项目性能和功能测试、资产交割、移交后绩效评价。

(一) 移交准备

《传统基础设施领域实施政府和社会资本合作项目工作导则》(发改投资〔2016〕2231 号)规定："对于 PPP 项目合同约定期满移交的项目，政府应与项目公司或社会资本方在合作期结束前一段时间(过渡期[①])共同组织成立移交工作组，启动移交准备工作。"

在移交准备环节，项目实施机构或政府指定的其他机构与社会资本方成立项目移交工作组，启动移交准备工作。项目移交工作组需要按照合同约定确定包括移交内容与明细、移交人员、移交程序等内容在内的项目移交方式；为项目资产评估、项目性能和功能测试制定具体实施方案。

(二) 项目资产评估

在 PPP 项目移交前，移交工作组应制定资产评估方案，具体评估工作可以委托具有相关资质的资产评估机构进行，评估结果作为确定补偿金额的依据。资产评估根据移交资产范围准确界定资产评估范围和对象，结合移交资产的特点、价值类型、资料搜集情况等条件，合理选择一种或多种方法进行评估。在评估时要充分考虑移交资产的物理性能状况、可用状态和范围及资产剩余经济寿命期对评估结果的影响。

---

① 在各部委发布的针对特定领域中 PPP 模式运用的指导性文件中对过渡期的时间跨度有不同建议。如国家发展改革委、水利部印发的《政府和社会资本合作建设重大水利工程操作指南(试行)》(发改农经〔2017〕2119 号)第二十五条规定："除另有约定外，合同期满前 12 个月为项目公司向政府移交项目的过渡期……"交通运输部办公厅发布的《收费公路政府和社会资本合作操作指南》(交办财审〔2017〕173 号)第四十五条规定："项目移交应设置过渡期。过渡期宜为 PPP 合作期限届满前 1 年或 2 年……"

（三）项目性能功能测试

为了确认项目资产的实际可用性、项目资产是否符合PPP项目合同约定的移交标准以及项目是否具备可持续运营能力，一般由实施机构或者移交工作组委托具备相关专业背景的专家严格按照性能测试方案和PPP项目合同约定的移交标准进行项目资产的性能测试。性能测试内容主要包括项目设施设备的性能指标、维护状况、项目资产的可用性等。经评估和性能测试，项目状况符合约定的移交条件和标准的，项目公司按合同要求及有关规定完成移交工作并办理移交手续。项目状况不符合约定的移交条件和标准的，项目公司按要求出具移交维修保函，对相关设施进行恢复性修理、更新重置，在满足移交条件和标准后，及时办理移交手续。项目公司不履行恢复性修理义务的，实施机构可以自行或委托第三方进行修理，由项目公司承担费用和风险。

（四）资产交割

在PPP项目合同约定的移交日之前，项目公司/社会资本应按照移交方案将满足性能测试要求的项目资产、知识产权、相关合同和技术移交给政府或其指定单位。多数情况下，资产交割中过户等手续办理由项目公司/社会资本负责，项目实施机构和移交工作组协助配合相关工作。移交过程中产生的相关费用由PPP项目合同约定的主体承担。合同未约定的，由项目公司/社会资本和政府方通过谈判协商解决。

（五）移交后绩效评价

PPP项目基本上存在投资体量大、公益属性强的特点，为了保障社会公众的利益和政府的公信力，在项目移交完成后，行业主管部门、项目实施机构会同财政及有关部门应对项目进行绩效评价，主要对项目全生命周期的效率、效果、影响和可持续性等进行评价。评价结果将反馈给项目利益相关方并按有关规定公开。

三、项目移交的潜在法律风险与防范

顺畅的项目移交流程、详尽周全的项目移交方案能够在一定程度上保证PPP项目移交工作的顺利展开，为避免因移交而对基础设施运营和公共服务供给带来不必要的影响，在PPP实践中还应当关注与PPP项目移交相关联的潜在法律风险，在合同设计、移交方案设计时予以必要防范。

（一）明确移交范围

为避免因项目移交范围不明确造成争议，PPP项目合同中的移交条款应当包括移交范围的约定。移交范围通常包括：项目设施；项目土地使用权及项目用地相关的其他权利；与项目设施相关的识别、机器、装置、零部件、备品备件以及其他动产；项目实施相关人员；运营维护项目设施所要求的技术和技术信息；与项目设施有关的手册、图纸、文件和资料；移交资产的相应权利凭证，如产权证、产品合格证、设备发票、车辆行驶证等;以及移交项目所需的其他文件。

在实践中由于 PPP 项目规模大,涉及的项目资产、配件备件、资料、凭证等数量多且内容杂,为避免遗漏与争议,建议在移交准备阶段项目公司仔细点验资产并拟定项目移交清单,为后续移交方案的制定提供相关依据。

(二) 合理制定移交条件和标准

为了确保回收的项目符合政府的预期,PPP 项目合同中通常会明确约定项目移交的条件和标准。特别是在项目移交后政府还将自行或者另行选择第三方继续运营该项目的情形下,移交的条件和标准更为重要。移交条件和标准包括权利和技术两方面,在权利方面要求项目资产不存在权利瑕疵,在技术方面要求项目设施符合双方约定的技术、安全、环保标准。

在相关条款设计时,建议关注标准的合理性与弹性。在实践中,PPP 项目合同中对移交标准的约定往往会约定满足该项目领域的通行技术标准,如对建筑物约定满足《房屋完损等级评价标准(试行)》(城住字〔1984〕第 678 号)中的标准;污水处理项目约定满足《农村生活污水处理工程技术标准》《城镇污水处理污染物排放标准》等国家标准。由于 PPP 项目往往时间跨度很长,在设计 PPP 项目合同时并不能预见数十年或几十年后通行技术标准或环保标准的变化,因此为避免在项目移交时因合同约定中的标准已废止失效而影响项目移交工作的开展,建议在合同设施时以柔性条款为移交标准基于实际情况进行合理变更留有余地。

同时在条款设计时还建议关注移交内容与移交标准的对应性。

(三) 项目相关合同及技术的转让

项目移交中需要注意的另一个问题是相关合同和技术的转让。在项目移交过程中,项目公司在项目建设和运营阶段签订的一系列重要合同可能仍需履行。在此情况下项目公司需要将这些未完成的合同转让给政府或政府指定的其他机构。为确保移交过程相关合同的转让能够顺利进行,在签署这些合同时建议项目公司与合同向对方进行明确约定。实践中涉及转让的合同通常有 EPC 合同、运营服务合同、原材料供应合同、融资租赁合同等。

与合同转让类似的,在一些实施专业性要求较高的 PPP 项目中,可能涉及项目移交后第三方技术的使用许可。政府需要防范移交后因使用第三方技术而产生侵权责任。在项目移交时一方面项目公司应当将项目运维所需的所有技术移交给政府或政府指定的其他机构,另一方面项目公司还应当确保政府或政府指定机构在使用相关技术时不会面临第三方索赔。项目公司在与第三方签订技术许可合同时可以明确约定第三方同意项目公司在特定条件下(项目移交)将技术许可转让给项目接收方。此外为更进一步避免政府方面临侵权索赔,建议在项目合同中约定项目公司有义务协助政府方从第三方处获得相关技术的使用许可。

第五节　PPP 绩效管理主要法律问题及实务处理

PPP 项目绩效管理是指在 PPP 项目全生命周期开展的绩效目标和指标管理、绩效监控、绩效评价及结果应用等项目管理活动。PPP 项目的绩效管理是政府预算绩效管理的有机组成部分，相较于政府预算绩效管理，其更加关注项目产出，也更能在当年或次年直接影响财政支出。无论是从顺应国家财政预算制度改革层面，还是从规范项目运作、项目付费依据角度，PPP 项目绩效管理都显得尤为重要。

一、绩效管理的法规政策依据

对 PPP 项目开展绩效评价的要求最早见于财政部 2014 年 9 月发布的《关于推广运用政府和社会资本合作模式有关问题的通知》（财金〔2014〕76 号）一文，该文要求要稳步开展项目绩效评价，并依法公开绩效评价结果接受社会监督。[①] 同年 12 月国家发改委发布的《关于开展政府和社会资本合作的指导意见》（发改投资〔2014〕2724 号）一文要求以绩效评价等方式加强 PPP 项目的规范管理。[②]

此后财政部、发改委持续发文对 PPP 项目的绩效管理做出进一步要求，中央各部委也在特定领域推广 PPP 模式的指导意见中提出绩效评价要求。而 2020 年财政部发布的《政府和社会资本合作项目绩效管理操作指引》（财金〔2020〕13 号）可谓目前对 PPP 绩效管理最为系统详细的规范。

现将与 PPP 绩效管理相关的政策文件总结如下：

---

① 《关于推广运用政府和社会资本合作模式有关问题的通知》（财金〔2014〕76 号）第三条第（七）项："稳步开展项目绩效评价。省级财政部门要督促行业主管部门，加强对项目公共产品或服务质量和价格的监管，建立政府、服务使用者共同参与的综合性评价体系，对项目的绩效目标实现程度、运营管理、资金使用、公共服务质量、公众满意度等进行绩效评价。绩效评价结果应依法对外公开，接受社会监督。同时，要根据评价结果，依据合同约定对价格或补贴等进行调整，激励社会资本通过管理创新、技术创新提高公共服务质量。"

② 《关于开展政府和社会资本合作的指导意见》（发改投资〔2014〕2724 号）第五条第（五）项："绩效评价。项目实施过程中，加强工程质量、运营标准的全程监督，确保公共产品和服务的质量、效率和延续性。鼓励推进第三方评价，对公共产品和服务的数量、质量以及资金使用效率等方面进行综合评价，评价结果向社会公示，作为价费标准、财政补贴以及合作期限等调整的参考依据。项目实施结束后，可对项目的成本效益、公众满意度、可持续性等进行后评价，评价结果作为完善 PPP 模式制度体系的参考依据。"

发布机关	名称及文号	主要内容
国务院办公厅	《关于在公共服务领域推广政府和社会资本合作模式指导意见》(国办发〔2015〕42 号)	政府依据公共服务绩效评价结果向社会资本支付相应对价；以绩效评价结果作为对价支付依据；建立事前设定绩效目标、事中进行绩效跟踪、事后进行绩效评价的全生命周期绩效管理机制；依据项目运行情况和绩效评价结果，健全公共服务价格调整机制
财政部	《关于推广运用政府和社会资本合作模式有关问题的通知》(财金〔2014〕76 号)	财政补贴以项目运营绩效评价结果为依据；根据评价结果依据合同约定对价格或补贴等进行调整；评价结果应依法对外公开，接受社会监督
	《政府和社会资本合作模式操作指南(试行)》(财金〔2014〕113 号)(已失效)	项目实施机构应定期监测项目产出绩效指标；政府负有支付义务的按照实际绩效直接或通知财政部门及时足额支付；项目实际绩效优于约定标准的，项目实施机构应执行合同约定的奖励条款，并可作为能否展期的依据；未达到标准的应执行约定的惩处条款或救济措施
	《关于政府和社会资本合作示范项目实施有关问题的通知》(财金〔2014〕112 号)	对 PPP 示范项目实施全生命周期监管，定期组织绩效评价，评价结果作为定价调价的重要依据
	《政府和社会资本合作项目财政管理暂行办法》(财金〔2016〕92 号)	合同应当约定项目具体产出标准和绩效考核指标，明确项目付费与绩效评价结果挂钩；各级财政部门开展 PPP 项目绩效运行监控，对绩效目标进行管理和检查，开展中期绩效评估；纠正偏离目标的绩效运行；各级财政部门应当依据绩效评价结果合理安排财政预算资金；项目运营阶段信息公开内容包括绩效评价结果
	《关于在公共服务领域深入推进政府和社会资本合作工作的通知》(财金〔2016〕90 号)	政府支出责任与公共服务绩效挂钩
财政部	《关于规范政府和社会资本合作(PPP)综合信息平台项目库管理的通知》(财办金〔2017〕92 号)	未建立与项目产出绩效相挂钩的付费机制的，项目建设成本不参与绩效考核，或实际与绩效考核结果挂钩部分占比不足 30%，不得入库
	《关于推进政府和社会资本合作规范发展的实施意见》(财金〔2019〕10 号)	建立完全与项目产出绩效相挂钩的付费机制；政府支出事项不得与项目产出绩效脱钩
	《政府和社会资本合作(PPP)项目绩效管理操作指引》(财金〔2020〕13 号)	对 PPP 项目绩效管理工作流程、内容、目标、指标等事项的详细规定

（续表）

发布机关	名称及文号	主要内容
发改委	《关于开展政府和社会资本合作的指导意见》(发改投资〔2014〕2724号)	以绩效评价为手段加强PPP项目的规范管理;鼓励推进第三方评价,结果项社会公开,作为价费标准、财政补贴以及合作期限等调整的参考依据;项目实施结束后可以进行后评价
	《传统基础设施领域实施政府和社会资本合作项目工作导则》(发改投资〔2016〕2231号)	PPP项目合同中应包含PPP项目运营服务绩效标准定期对项目运营服务进行绩效评价,绩效评价结果应作为项目公司或社会资本方取得项目回报的依据;进行中期评估,及时发现存在的问题,推动项目绩效目标顺利完成

二、绩效管理的主要内容

在2020年财政部印发《政府和社会资本合作项目绩效管理操作指引》(财金〔2020〕13号)后,绩效考核的要求及主要内容得到进一步明确。

各阶段绩效管理工作要求

阶段	工作要求
项目准备	项目实施机构应根据项目立项文件、历史资料,结合PPP模式特点,在项目实施方案中编制总体绩效目标和绩效指标体系并充分征求相关部门、潜在社会资本等相关方面的意见。财政部门应会同相关主管部门从依据充分性、设置合理性和目标实现保障度等方面进行审核
项目采购	项目实施机构可结合社会资本响应及合同谈判情况对绩效指标体系中非实质性内容进行合理调整。PPP项目绩效目标和指标体系应在项目合同中予以明确
项目执行	绩效目标和指标体系原则上不予调整。但因项目实施内容、相关政策、行业标准发生变化或突发事件、不可抗力等无法预见的重大变化影响绩效目标实现而确需调整的,由项目实施机构和项目公司(未设立项目公司时为社会资本,下同)协商确定,经财政部门及相关主管部门审核通过后报本级人民政府批准
项目移交后	财政部门应会同有关部门针对项目总体绩效目标实现情况,从全生命周期的项目产出、成本效益、物有所值实现情况、按效付费执行情况及对本地区财政承受能力的影响、监管成效、可持续性、PPP模式应用等方面编制绩效评价(即后评价)指标体系

PPP项目绩效指标体系由绩效指标、指标解释、指标权重、数据来源、评价标准与评分方法构成。PPP项目绩效目标应包括预期产出、预期效果及项目管理等内容。预期产出是指项目在一定期限内提供公共服务的数量、质量、时效等。预期效果是指项目可能对经济、社会、生态环境等带来的影响情况,物有所值实现程度,可持续发展能力及各方满意程度等。项目管理是指项目全生命周期内的预算、监

督、组织、财务、制度、档案、信息公开等管理情况。

财金〔2020〕13号文附件中列示了建设期、运营期针对项目公司和项目实施机构的绩效考评共性指标。

绩效评价共性指标框架

评价对象	评价阶段	一级指标	二级指标
项目公司	建设期	产出	竣工验收
		效果	社会影响;生态影响;可持续性;满意度
		管理	组织管理;资金管理;档案管理;信息公开
	运营期	产出	项目运营;项目维护;成本效益;安全保障
		效果	经济影响;生态影响;社会影响;可持续性;满意度
		管理	组织管理;财务管理;制度管理;档案管理;信息公开
实施机构	建设期	产出	履约情况;成本控制
		效果	满意度;可持续性
		管理	前期工作;资产管理;监督管理;信息公开
	运营期	产出	按效付费;其他履约情况
		效果	满意度;可持续性;物有所值
		管理	预算编制;绩效目标与指标;监督管理;信息公开

三、绩效管理的实际问题处理

(一) 历史PPP项目绩效考核方案与新政策的衔接

PPP绩效管理的政策规定在近年来逐步趋于完善,但对于已签约并实施好几年的老项目而言,由于实施方案和PPP合同的编制和签订时间较早,当初约定的绩效评价细则并不一定能够满足现行政策的要求,在实践中最为常见的是PPP实施方案和项目合同中仅有运营期绩效考核指标与方案,而无建设期绩效考评方案。为符合现行政策规定实施机构倾向于对绩效考评方案进行调整完善。但这一变更应取得项目公司的认可。《绩效管理操作指引》(财金〔2020〕13号)第十一条第(三)项也规定"PPP项目执行阶段,绩效目标和指标体系原则上不予调整。但因项目实施内容、相关政策、行业标准发生变化或突发事件、不可抗力等无法预见的重大变化影响绩效目标实现而确需调整的,由项目实施机构和项目公司协商确定,经财政部门及相关主管部门审核通过后报本级人民政府批准。"因此建议项目政府方与项目公司双方充分协商,在保证公平公正的基础上对原合同的绩效考核细则进行适当完善,兼顾公平公正的同时,建立"完全与项目产出绩效相挂钩的付费机制"。同时考虑到政策继续修改的可能性,建议在PPP合同的绩效评价条款中增加灵活条款,比如"若国家、省、市相关部门修订或发布新的PPP项目绩效管理政策文件，甲乙双方应当根据最新政策要求修改完善绩效评价工作方案”。项目公司(社会资本)对绩效目标或指标体系调整结果有异议的，可申请召开评审会，就调整结果的科学性、合理性、可行性等进行评审。双方对评审意见无异议的，按评审意见完善后履行报批程序；仍有异议的，按照合同约定的争议解决机制处理[①]。

(二) 根据实践及时修正绩效考核指标体系

绩效考核指标体系一般在项目进入执行阶段之前就已编制完成，当时往往无法预料项目运营期的诸多状况，指标体系难免有所欠缺或存在偏差。项目进入运营期以后，在项目管理、运营养护质量以及各部门的沟通协调等方面都可能产生大量问题，这些问题不一定都能在原先制定的绩效考核指标体系中找到对应的指标。项目进行第一次绩效评价之后，一般也会暴露出绩效考核指标体系的一些不足之处。这就需要主管部门在保持核心内容不变的基础上，根据绩效评价实践经验动态调整绩效考核指标体系，保证绩效评价能始终紧贴项目实际，成为政府部门监管项目的有力抓手。

(三) 完整保留绩效评价全流程资料

鉴于绩效评价结果对“按效付费”的重要性，为使绩效评价结果准确、过程可回溯，必须对整个绩效评价过程进行详细真实的记录。首先，应当按照政策要求和评价主体的需求，合理设计绩效评价过程的过程记录资料格式，保证评价过程全程留痕、有据可查，如会议签到表、踏勘记录、访谈记录、评分表、调查问卷、绩效评价结果会审表等，保证签字盖章等手续完备。其次，应当注意绩效评价成果性文件的联审会签，如编制完成《绩效评价工作方案》和《绩效评价报告》后，建议广泛征求各相关部门(财政、发改、行业主管部门等)意见，避免单一部门的决策风险。最后，在绩效评价完成之后，应当将评价的全过程所有资料分类汇编、胶印成册，按照有关档案管理规定妥善管理。保存完好的绩效评价全过程资料不仅能保证考核结果经得起时间检验，也能为后续的项目实施提供宝贵的参考经验。[②]

---

① 见《绩效管理操作指引》(财金〔2020〕13号)第十二条。

② 见《PPP项目绩效评价的若干实践经验分享》，www.sohu.com/a1417613415-773999.

附　录

PPP 相关规范一览表

发文机关	内容分类	序号	文件名称	文号	具体内容/规范事项
国务院	直接规范	1-1	国务院法制办关于《基础设施和公共服务领域政府和社会资本合作条例（征求意见稿）》公开征求意见的通知	国务院法制办 2017.7.21 发布	规范基础设施和公共服务领域PPP：总则、合作项目的发起、合作项目的实施、监督管理、争议解决、法律责任
	与PPP相关的其他规范	2-1	国务院关于固定资产投资项目试行资本金制度的通知	国发〔1996〕35号	对各种经营性固定资产投资项目必须落实资本金才能进行建设；明确资本金比例
		2-2	国务院关于投资体制改革的决定	国发〔2004〕20号	改革项目审批制、规范政府核准制、健全备案制、鼓励社会投资
		2-3	国务院关于深化预算管理制度改革的决定	国发〔2014〕45号	赋予地方政府依法适度举债权限，建立规范的地方政府举债融资机制：推广适用PPP模式，鼓励社会资本通过特许经营方式参与城市基础等有一定收益的公益性事业投资和运营
		2-4	国务院关于规范地方政府债务管理工作情况的报告	2015年12月22日第十二届全国人大常委会第十八次会议上	鼓励地方将有收入来源的项目，通过移交—运营—移交（TOT）、改建—运营—移交（ROT）等政府和社会资本合作（PPP）模式进行改造，运用多种方式化解政府债务
		2-5	政府核准的投资项目目录（2016年本）	国发〔2016〕72号	采取核准制的投资项目目录
		2-6	国务院关于加强政务诚信建设的指导意见	国发〔2016〕76号	加强PPP领域政务诚信建设；建立PPP失信违约记录，明确PPP项目政府方责任人及其在各阶段的诚信职责
		2-7	企业投资项目核准和备案管理条例	国务院令第673号	规范政府对企业投资项目的核准和备案行为，加快转变政府的投资管理职能

（续表）

发文机关	内容分类	序号	文件名称	文号	具体内容/规范事项
	与PPP相关的其他规范	2-8	国务院关于落实《政府工作报告》重点工作部门分工的意见	国发〔2017〕22号	深化政府和社会资本合作，完善相关价格、税费等优惠政策，政府要带头讲诚信，决不能随意改变约定，决不能“新官不理旧账”。
	与PPP相关的其他规范	2-9	政府投资条例	国务院令第712号	规范政府投资行为
	与PPP相关的其他规范	2-10	国有资产评估管理办法（2020修订）	国务院令第91号	国有资产评估管理规则
	与PPP相关的其他规范	2-11	国务院关于进一步深化预算管理制度改革的意见	国发〔2021〕5号	加强对PPP、政府购买服务等项目的全过程绩效管理；规范PPP项目管理
国务院办公厅	直接规范	1-1	国务院办公厅转发《财政部、发展改革委、人民银行关于在公共服务领域推广政府和社会资本合作模式指导意见》的通知	国办发〔2015〕42号	围绕增加公共产品和公共服务供给，能源、交通运输、水利、环境保护、农业、林业、科技、保障性安居工程、医疗、卫生、养老、教育、文化等公共服务领域广泛采取PPP模式；明确运用PPP的意义、总体要求、体系、实施、政策保障
国务院办公厅	与PPP相关的其他规范	2-1	国务院办公厅转发《财政部、人民银行、银监会关于妥善解决地方政府融资平台公司在建项目后续融资问题意见》的通知	国办发〔2015〕40号	已签订合同贷款额不能满足建设区要，且适宜采取PPP模式的融资平台公司在建项目，优先采取PPP模式弥补在建项目增量融资需求；已签订合同贷款额不能满足建设需要，且符合国家有关规定并确实没有其他建设资金来源，又不宜转为PPP模式的，增量融资纳入预算管理，发行政府债券解决
国务院办公厅	与PPP相关的其他规范	2-2	国务院办公厅关于印发《国务院2018年立法工作计划》的通知	国办发〔2018〕14号	提出起草基础设施和公共服务领域政府和社会资本合作条例草案
国务院办公厅	与PPP相关的其他规范	2-3	国务院办公厅关于保持基础设施领域补短板力度的指导意见	国办发〔2018〕101号	对已签订借款合同的必要在建项目鼓励通过转为合规的PPP等市场化方式开展后续融资；鼓励通过PPP方式撬动社会资本特别是民间资本投入补短板重大项目；严禁以PPP等名义变相举债
国务院办公厅	与PPP相关的其他规范	2-4	国务院办公厅关于聚焦企业关切进一步推动优化营商环境政策落实的通知	国办发〔2018〕104号	发改委财政部牵头推进PPP项目建设，核查理清PPP项目库基础上，加大对PPP项目推进力度，督促地方政府依法依规落实已承诺的合作条件

（续表）

发文机关	内容分类	序号	文件名称	文号	具体内容/规范事项
国家发改委	直接规范	1-1	国家发展改革委关于开展政府和社会资本合作的指导意见	发改投资〔2014〕2724号	PPP的重要意义、项目适用范围、操作模式选择、规范管理；附通用合同指南
		1-2	国家发展和改革委员会关于切实做好传统基础设施领域政府和社会资本合作有关工作的通知	发改投资〔2016〕1744号	基础领域PPP工作的重要意义，加强项目储备、推行项目联审、做好项目决策、建立合理投资汇报机制、规范项目实施、多元化推出机制、积极发挥金融机构作用、鼓励引导民间投资和外商投资、优化信用环境；附件列明传统基础设施领域推广PPP模式的重点项目
		1-3	国家发展改革委办公厅关于国家高速公路网新建政府和社会资本合作项目批复方式的通知	发改办基础〔2016〕1818号	政府以投资补助方式参与新建PPP项目案核准制管理；采用资本金注入方式参与的按照审批制管理
		1-4	国家发展改革委关于印发《传统基础设施领域实施政府和社会资本合作项目工作导则》的通知	发改投资〔2016〕2231号	适用于能源、交通运输、水利、环境保护、农业、林业以及重大市政工程等传统基础设施邻域采用PPP模式的项目，规范PPP项目操作流程
		1-5	国家发展改革委、中国证监会关于推进传统基础设施领域政府和社会资本合作（PPP）项目资产证券化相关工作的通知	发改投资〔2016〕2698号	PPP项目资产证券化的重要意义、省级发改委应推动PPP项目资产证券化（明确符合条件的重点推动项目范围）；证券监管部门及自律组织支持PPP项目资产证券化
		1-6	传统基础设施领域政府和社会资本合作（PPP）项目库管理办法（试行）	发改委2016.12.21发布	项目入库、填报程序、项目库使用管理“项目库建设、管理和使用单位有责任和义务保障项目库的信息安全。严禁私自复制、下载、泄露、转让或出售项目库中的信息和资料。”
		1-7	国家发展改革委办公厅、交通运输部办公厅关于进一步做好收费公路政府和社会资本合作项目前期工作的通知	发改办基础〔2016〕2851号	对收费公路PPP项目的前期工作管理的调整。按项目所处状态进行区分

（续表）

发文机关	内容分类	序号	文件名称	文号	具体内容/规范事项
	直接规范	1-8	国家发展改革委办公厅关于印发《政府和社会资本合作(PPP)项目专项债券发行指引》的通知	发改办财金〔2017〕730号	PPP项目专项债券适用范围(能源、交通运输、水利、环境保护、农业、林业、科技、保障性安居工程、医疗、卫生、养老、教育、文化等传统基础设施和公共服务领域的项目);发行条件、审核要求、信息披露和投资者保护
		1-9	国家发展改革委关于加快运用PPP模式盘活基础设施存量资产有关工作的通知	发改投资〔2017〕1266号	以PPP模式盘活基础设施存量资产的意义;分类盘活规范管理
		1-10	国家发展改革委关于鼓励民间资本参与政府和社会资本合作(PPP)项目的指导意见	发改投资〔2017〕2059号	鼓励民间资本参与PPP项目的举措:创造环境-绿色通道、地方优惠政策;分类施策、鼓励盘活存量、PPP推介工作、科学设置社会资本方选择标准、依法签订规范有效全面的合同、加大融资支持力度、提高咨询机构能力、评选典型案例、加强诚信体系建设
		1-11	国家发展改革委、水利部关于印发《政府和社会资本合作建设重大水利工程操作指南(试行)》的通知	发改农经〔2017〕2119号	规范社会资本参与重大水利工程建设和运营的操作流程
		1-12	国家发展改革委关于依法依规加强PPP项目投资和建设管理的通知	发改投资规〔2019〕1098号	PPP可行性论证审查、履行项目决策程序、严格审核实施方案、执行资本金制度、纳入在线审批监管平台统一管理、惩戒违规失信行为
	相关其他规范	2-1	国家发展改革委、财政部关于运用政府投资支持社会投资项目的通知	发改投资〔2015〕823号	鼓励社会资本参与,同等条件下优先引入社会资本;积极利用政府投资支持PPP模式
		2-2	基础设施和共用事业特许经营管理办法	国家发展和改革委员会、财政部、住房和城乡建设部、交通运输部、水利部、中国人民银行令第25号	总则、特许经营协议订立、特许经营协议履行、特许经营协议变更和终止、监督管理和公共利益保障、争议解决
		2-3	国家发展改革委关于全面深化价格机制改革的意见	发改价格〔2017〕1941号	完善PPP项目的价格调整机制

（续表）

发文机关	内容分类	序号	文件名称	文号	具体内容/规范事项
	相关其他规范	2-4	国家发展改革委办公厅、财政部办公厅关于进一步增强企业债券服务实体经济能力严格防范地方债务风险的通知	发改办财金〔2018〕194号	规范以PPP项目发行债券融资。严格PPP模式适用范围，审慎评估政府付费类PPP项目、可行性缺口补助PPP项目发债风险，严禁采用PPP模式违法违规或变相举债融资
		2-5	关于支持民营企业加快改革发展与转型升级的实施意见	发改体改〔2020〕1566号	对在政府和社会资本合作（PPP）项目中设置针对民营资本差别待遇或歧视性条款的，各级财政部门按照规定不予资金支持
		2-6	国家发展改革委关于印发《引导社会资本参与盘活国有存量资产中央预算内投资示范专项管理办法》的通知	发改投资规〔2021〕252号	专项支持的重点项目：制裁采用REITs、PPP等方式盘活国有存量资产
		2-7	中央预算内投资资本金 注入项目管理办法	国家发展和改革委员会令第44号	政府和社会资本合作（PPP）项目拟申请以资本金注入方式安排中央预算内投资的，应当根据国家有关规定开展可行性论证，并将论证情况纳入可行性研究报告。资本金注入项目完成可行性研究报告审批后，又拟采取政府和社会资本合作方式投资建设的，按情况分别处理。资本金注入项目拟采取政府和社会资本合作方式投资建设的，原则上应当采用公开招标方式选择社会资本方
财政部	直接规范	1-1	财政部关于推广运用政府和社会资本合作模式有关问题的通知	财金〔2014〕76号	PPP模式的重要性、示范工作、财政监督
		1-2	财政部关于印发《政府和社会资本合作模式操作指南（试行）》的通知	财金〔2014〕113号	规范项目识别、准备、采购、执行、移交各环节操作流程
		1-3	关于规范政府和社会资本合作合同管理工作的通知	财金〔2014〕156号	规范PPP合同，附件为《PPP项目合同指南（试行）》
		1-4	关于印发《政府和社会资本合作项目政府采购管理办法》的通知	财库〔2014〕215号	规范PPP项目政府采购行为，采购方式：公开招标、邀请招标、竞争性谈判、竞争性磋商和单一来源采购；采购流程；争议处理依照政府采购制度执行

（续表）

发文机关	内容分类	序号	文件名称	文号	具体内容/规范事项
	直接规范	1-5	财政部关于印发《政府和社会资本合作项目财政承受能力论证指引》的通知	财金〔2015〕21号	财政承受能力论证
		1-6	关于实施政府和社会资本合作项目以奖代补政策的通知	财金〔2015〕158号	以奖代补支持PPP发展
		1-7	财政部关于规范政府和社会资本合作(PPP)综合信息平台运行的通知	财金〔2015〕166号	综合信息平台意义、综合信息平台运行规程
		1-8	关于印发《PPP物有所值评价指引(试行)》的通知	财金〔2015〕167号	物有所值评价
		1-9	关于在公共服务领域深入推进政府和社会资本合作工作的通知	财金〔2016〕90号	区分公共服务项目和产业发展项目,列明推广领域
		1-10	关于印发《政府和社会资本合作项目财政管理暂行办法》的通知	财金〔2016〕92号	从项目识别、政府采购、财政预算、资产负债、监督等方面进行财政管理
		1-11	关于征求《政府和社会资本合作物有所值评价指引(修订版征求意见稿)》意见的函	财办金〔2016〕118号	政府和社会资本合作物有所值评价指引(修订版征求意见稿)
		1-12	关于印发《财政部政府和社会资本合作(PPP)专家库管理办法》的通知	财金〔2016〕144号	PPP专家的遴选、入库以及专家库的组建使用和管理
		1-13	关于印发《政府和社会资本合作(PPP)综合信息平台信息公开管理暂行办法》的通知	财金〔2017〕1号	PPP综合信息平台信息公开管理
		1-14	关于印发《政府和社会资本合作(PPP)咨询机构库管理暂行办法》的通知	财金〔2017〕8号	PPP咨询服务机构信息公开
		1-15	关于规范开展政府和社会资本合作项目资产证券化有关事宜的通知	财金〔2017〕55号	规范推进PPP项目资产证券化工作

（续表）

发文机关	内容分类	序号	文件名称	文号	具体内容/规范事项
	直接规范	1-16	关于规范政府和社会资本合作（PPP）综合信息平台项目库管理的通知	财办金〔2017〕92号	项目库管理要求、严格新项目入库、集中清理已入库
		1-17	财政部关于进一步加强政府和社会资本合作（PPP）示范项目规范管理的通知	财金〔2018〕54号	处置存在问题的示范项目、加强项目规范管理
		1-18	财政部关于推进政府和社会资本合作规范发展的实施意见	财金〔2019〕10号	规范PPP项目实施；划定10%财政承受能力红线
		1-19	财政部关于征求《政府会计准则第10号——政府和社会资本合作安排》及应用指南意见的函	财办会〔2019〕22号	为了规范授予方对政府和社会资本合作（PPP）安排的确认、计量和相关信息的披露，制定本准则。
		1-20	财政部关于印发《政府会计准则第10号——政府和社会资本合作项目合同》的通知	财会〔2019〕23号	规范政府方对政府和社会资本合作项目合同的确认、计量和相关信息的列报，提高会计信息质量，制定本准则
		1-21	财政部办公厅关于印发《污水处理和垃圾处理领域PPP项目合同示范文本》的通知	财办金〔2020〕10号	污水处理和垃圾处理领域PPP项目合同示范文本使用说明、合作协议、承继协议、污水处理厂网一体化项目合同 & 运营维护协议；垃圾处理PPP项目合同
		1-22	关于印发《政府和社会资本合作（PPP）项目绩效管理操作指引》的通知	财金〔2020〕13号	PPP绩效管理操作指引含管理导图、工作方案、评价报告、建设期/运营期评价共性指标框架
		1-23	关于印发《〈政府会计准则第10号——政府和社会资本合作项目合同〉应用指南》的通知	财会〔2020〕19号	包括适用范围判断、内容说明、科目设置及账务处理、报表项目、新旧衔接
	相关其他规范	2-1	关于印发《政府采购竞争性磋商采购方式管理暂行办法》的通知	财库〔2014〕214号	竞争性磋商的具体规定

（续表）

发文机关	内容分类	序号	文件名称	文号	具体内容/规范事项
	相关其他规范	2-2	财政部关于政府采购竞争性磋商采购方式管理暂行方法有关问题的补充通知	财库〔2015〕124号	符合要求的供应商只有2家，竞争性磋商可以继续进行；只有1家的应当终止竞争性磋商，发布终止公告说明原因，重新开展采购活动
		2-3	关于对地方政府债务实行限额管理的实施意见	财预〔2015〕225号	以PPP对有经营收益和现金流的融资平台公司市场化转型改制予以支持、地方政府以PPP减少政府债务余额
		2-4	关于印发《市政公共资源有偿使用收入管理办法》的通知	财税〔2016〕116号	PPP模式投资运用的市政公共资源，其有偿使用收入应当按照合同约定确定
		2-5	关于进一步规范地方政府举债融资行为的通知	财预〔2017〕50号	规范PPP，允许地方政府单独出资或与社会资本共同出资设立各类投资基金；不得以借贷资金出资设立投资基金；严禁利用PPP变相举债；不得以任何方式承诺回购社会资本方投资本金、不得以任何方式承担社会资本方的投资本金损失、不得承诺最低收益；推进PPP项目信息公开
		2-6	关于规范金融企业对地方政府和国有企业投融资行为有关问题的通知	财金〔2018〕23号	国有金融企业不得提供债务性资金作为PPP项目资本金
		2-7	关于贯彻落实《中共中央国务院关于全面实施预算绩效管理的意见》的通知	财预〔2018〕167号	对PPP等各项政府投融资活动实施绩效管理，实现全过程跟踪问效
		2-8	关于印发《城市管网及污水处理补助资金管理办法》的通知	财建〔2019〕288号	补助资金的支付应当按照国家有关财政管理制度的规定执行，属于引入社会资本管理范围的，应当按照国家有关PPP的规定执行
		2-9	关于印发《项目支出绩效评价管理办法》的通知	财预〔2020〕10号	PPP项目绩效评价可参照本办法执行
		2-10	关于印发《企业会计准则解释第14号》的通知	财会〔2021〕1号	关于社会资本方对政府和社会资本合作（PPP）项目合同的会计处理
		2-11	关于印发《政府采购需求管理办法》的通知	财库〔2021〕22号	不能完全确定客观指标，需要供应商提供设计方案、解决方案或者组织方案的采购项目，如PPP等一般采取谈判（磋商）方式采购

(续表)

国务院及国务院办公厅有关鼓励推广 PPP 模式及 PPP 试点的文

发文机关	序号	文件名称	文号	主要内容
国务院	1	国务院批转发展改革委《关于 2014 年深化经济体制改革重点任务意见》的通知	国发〔2014〕18 号	加快发展混合所有制经济。推进国有企业股权多元化改革，建立政府和社会资本合作机制。
	2	国务院关于加快发展体育产业促进体育消费的若干意见	国发〔2014〕46 号	推广和运用政府和社会资本合作等多种模式，吸引社会资本参与体育产业发展
	3	国务院关于创新重点领域投融资机制鼓励社会投资的指导意见	国发〔2014〕60 号	改革完善交通投融资机制：向地方政府和社会资本放开城际铁路、市域(郊)铁路、资源开发性铁路和支线铁路的所有权、经营权。建立健全政府和社会资本合作(PPP)机制
	4	国务院关于落实《政府工作报告》重点工作部门分工的意见	国发〔2015〕14 号	深化投融资体制改革。在基础设施、公用事业等领域，积极推广政府和社会资本合作模式。(发展改革委、中央编办、财政部、工业和信息化部、交通运输部、住房城乡建设部、水利部、商务部、人民银行、证监会、林业局、铁路局、中国铁路总公司等负责)
	5	国务院关于印发《水污染防治行动计划》的通知	国发〔2015〕17 号	加快发展环保服务业。鼓励发展政府和社会资本合作模式等
	6	国务院关于印发《中国制造 2025》的通知	国发〔2015〕28 号	运用政府和社会资本合作(PPP)模式，引导社会资本参与制造业重大项目建设、企业技术改造和关键基础设施建设。
	7	国务院关于进一步做好城镇棚户区和城乡危房改造及配套基础设施建设有关工作的意见	国发〔2015〕37 号	推广 PPP 模式，承接棚改任务急纳入各地区配套建设计划的项目实施主体，可依据政府购买棚改服务协议、特许经营协议等政府与社会资本合作合同进行市场化融资
	8	国务院关于国有企业发展混合所有制经济的意见	国发〔2015〕54 号	鼓励各类资本参与国有企业混合所有制改革：推广 PPP 模式
	9	国务院关于积极发挥新消费引领作用加快培育形成新供给新动力的指导意见	国发〔2015〕66 号	优化政府投资结构。推动健全 PPP 法律法规体系，创新政府投资与市场投资的合作方式，明确并规范政府和社会资本的权责利关系，鼓励和吸引社会资本参与新消费相关基础设施和公共服务领域投资

（续表）

发文机关	序号	文件名称	文号	主要内容
国务院	10	国务院关于促进加工贸易创新发展的若干意见	国发〔2016〕4 号	加强对社会资金的引导，通过政府和社会资本合作模式、产业基金等，促进改善各类公共服务
	11	国务院关于深入推进新型城镇化建设的若干意见	国发〔2016〕8 号	深化政府和社会资本合作，根据经营性、准经营性和非经营性项目不同特点，采取更具针对性的政府和社会资本合作模式，加快城市基础设施和公共服务设施建设
	12	国务院关于进一步健全特困人员救助供养制度的意见	国发〔2016〕14 号	鼓励 PPP 模式，采取公建民营、民办公助等方式，支持供养服务机构建设
	13	国务院关于深化泛珠三角区域合作的指导意见	国发〔2016〕18 号	推广运用 PPP 模式，吸引更多社会资本参与泛珠三角区域合作，提高政府资金使用效率
	14	国务院关于进一步加强文物工作的指导意见	国发〔2016〕17 号	大力推广 PPP 模式，探索开发文物保护保险产品，拓宽社会资金进入文物保护利用的渠道
	15	国务院关于印发《2016 年推进简政放权放管结合优化服务改革工作要点》的通知	国发〔2016〕30 号	提高公共服务供给效率，推广 PPP 模式，调动社会各方面积极性，增加基本公共服务
	16	国务院关于印发《土壤污染防治行动计划》的通知	国发〔2016〕31 号	发挥市场作用。通过 PPP 模式，发挥财政资金撬动功能，带动更多社会资本参与土壤污染防治
	17	国务院关于印发《“十三五”控制温室气体排放工作方案》的通知	国发〔2016〕61 号	积极运用 PPP 模式支持应对气候变化和低碳发展工作
	18	国务院关于印发《“十三五”生态环境保护规划》的通知	国发〔2016〕65 号	加大对 PPP 的支持力度
	19	国务院关于印发《“十三五”国家战略性新兴产业发展规划》的通知	国发〔2016〕67 号	采用 PPP 模式推进遥感卫星建设；积极运用 PPP 模式引导社会资本参与重大项目建设
	20	国务院关于鼓励社会力量兴办教育促进民办教育健康发展的若干意见	国发〔2016〕81 号	推广 PPP 模式，鼓励社会资本参与教育基础设施建设和运营管理

（续表）

发文机关	序号	文件名称	文号	主要内容
国务院	21	国务院关于印发《“十三五”推进基本公共服务均等化规划》的通知	国发〔2017〕9 号	引导社会力量参与，推进政府购买服务，推广 PPP 模式
	22	国务院关于印发《“十三五”促进就业规划》的通知	国发〔2017〕10 号	鼓励有条件的地区以 PPP 模式组织开发新领域、新业态的创业培训课程并实施创业培训；通过 PPP 引导带动社会资本扩大就业创业服务供给
	24	国务院关于印发《“十三五”现代综合交通运输体系发展规划》的通知	国发〔2017〕11 号	推动 PPP 在交通运输领域推广应用，鼓励通过特许经营、政府购买服务等方式参与交通项目建设、运营和维护
	25	国务院关于印发《“十三五”国家老龄事业发展和养老体系建设规划》的通知	国发〔2017〕13 号	以 PPP 方式支持社会力量举办养老机构
	26	国务院关于做好当前和今后一段时期就业创业工作的意见	国发〔2017〕28 号	推进实施政府和社会资本合作，大力发展研究设计、电子商务、文化创意、全域旅游、养老服务、健康服务、人力资源服务、服务外包等现代服务业
	27	国务院关于印发《新一代人工智能发展规划》的通知	国发〔2017〕35 号	积极运用 PPP 模式，引导社会资本参与人工智能重大项目实施和科技成果转化应用
	28	国务院关于进一步扩大和升级信息消费持续释放内需潜力的指导意见	国发〔2017〕40 号	鼓励各地采取政府购买服务、PPP 等方式加大对信息消费领域
	29	国务院关于印发《打赢蓝天保卫战三年行动计划》的通知	国发〔2018〕22 号	支持依法开展大气污染防治领域的 PPP 项目建设，鼓励开展合同环境服务
	30	国务院关于财政生态环保资金分配和使用情况的报告	2019 年 12 月 25 日第十三届全国人大常委会第十五次会议上	合理推广 PPP，健全排污权和碳排放权市场交易机制，社会资本进入存进绿色发展领域
	31	国务院关于印发《“十四五”残疾人保障和发展规划》的通知	国发〔2021〕10 号	PPP 等方式加快培育助残社会组织和企业，吸引社会力量和市场主体参与残疾人服务
	32	国务院关于今年以来国民经济和社会发展计划执行情况的报告		支持地方推广 PPP 模式，发挥政府资金引导带动作用，吸引民间资本参与市政、交通、生态环境、社会事业等补短板领域建设

（续表）

发文机关	序号	文件名称	文号	主要内容
国务院办公厅	1	国务院办公厅关于加强城市地下管线建设管理的指导意见	国办发〔2014〕27 号	开展城市基础设施和综合管廊建设等 PPP 试点，以 PPP 方式参与城市基础设施和综合管廊建设的企业可以探索发行企业债券、中期票据、项目收益债等市场化方式融资
	2	国务院办公厅关于推行环境污染第三方治理的意见	国办发〔2014〕69 号	对以 PPP 开展的第三方治理项目，要进行科学评估和充分论证，相关部门要加快前期建设条件的审查，各地区要改进审批方式提高审批效率
	4	国务院办公厅关于对全国第二次大督查发现的典型经验做法给予表扬的通报	国办发〔2015〕54 号	河北省固安县积极探索 PPP（政府和社会资本合作）模式。将基础设施和公益性设施建设项目以及产业招商等服务项目整体外包给社会资本。已引进签约项目 482 个，投资额达 638.19 亿元，发展形成了航空航天、高端装备制造、生物医药、电子信息、现代物流等五大产业集群
	5	国务院办公厅关于推进城市地下综合管廊建设的指导意见	国办发〔2015〕61 号	推广 PPP 模式，通过特许经营、投资补贴、贷款贴息等形式鼓励社会资本组建项目公司参与城市地下综合管廊建设和运营管理
	6	国务院办公厅关于进一步促进旅游投资和消费的若干意见	国办发〔2015〕62 号	支持企业通过 PPP 模式投资、建设、运营旅游项目
	7	国务院办公厅关于加快融资租赁业发展的指导意见	国办发〔2015〕68 号	探索融资租赁与 PPP 融资模式相结合
	8	国务院办公厅关于加快电动汽车充电基础设施建设的指导意见	国办发〔2015〕73 号	通过推广 PPP 模式，引导社会资本参与充电基础设施体系建设运营
	9	国务院办公厅关于推进海绵城市建设的指导意见	国办发〔2015〕75 号	坚持政府引导、社会参与，推广 PPP 吸引社会资本广泛参与海绵城市建设
	10	国务院办公厅转发卫生计生委、民政部、发展改革委、财政部、人力资源社会保障部、国土资源部、住房城乡建设部、全国老龄办、中医药局关于推进医疗卫生与养老服务相结合指导意见的通知	国办发〔2015〕84 号	拓宽市场化融资渠道，探索 PPP 投融模式

（续表）

发文机关	序号	文件名称	文号	主要内容
国务院办公厅	11	国务院办公厅关于加快发展生活性服务业促进消费结构升级的指导意见	国办发〔2015〕85 号	大力推广 PPP 模式，运用市场化融资手段支持生活性服务业发展
	12	国务院办公厅关于推进农村一二三产业融合发展的指导意见	国办发〔2015〕93 号	研究通过 PPP 模式带动社会资本投向农村产业融合领域
	13	国务院办公厅关于加快推进重要产品追溯体系建设的意见	国办发〔2015〕95 号	探索通过 PPP 模式建立追溯体系云服务平台
	14	国务院办公厅关于推进农业水价综合改革的意见	国办发〔2016〕2 号	通过 PPP 模式、政府购买服务等方式，鼓励社会资本参与农田水利工程建设和管护
	15	国务院办公厅转发《国家发展改革委〈关于"十三五"期间实施新一轮农村电网改造升级工程意见〉的通知》的通知	国办发〔2016〕9 号	探索通过 PPP 模式运用商业机制引入社会资本参与农村电网建设
	16	国务院办公厅关于印发《全民科学素质行动计划纲要实施方案（2016—2020 年）》的通知	国办发〔2016〕10 号	探索利用 PPP 的科普公共服务新模式
	17	国务院办公厅关于支持贫困县开展统筹整合使用财政涉农资金试点的意见	国办发〔2016〕22 号	通过 PPP 等方式发挥财政资金的引导作用和杠杆作用，桥东更多金融、社会资本参与脱贫
	18	国务院办公厅关于促进通用航空业发展的指导意见	国办发〔2016〕38 号	鼓励企业和个人投资通用航空业，支持以 PPP 模式建设、运营通用航空
	20	国务院办公厅关于加快培育和发展住房租赁市场的若干意见	国办发〔2016〕39 号	提高公租房运营保障力度，鼓励地方政府以购买服务或 PPP 方式将现有政府投资和管理的公租房交由专业化、社会化企业运营管理，提高管理和服务水平
	21	国务院办公厅关于促进和规范健康医疗大数据应用发展的指导意见	国办发〔2016〕47 号	推广运用 PPP 模式，鼓励引导社会资本参与健康医疗大数据基础工程、应用开发和运营服务
	22	国务院办公厅关于印发《国家残疾预防行动计划（2016—2020 年）》的通知	国办发〔2016〕66 号	推广 PPP 模式，吸引社会资本曾参与残疾预防性项目投资、运营管理，提高供给能力和效率

（续表）

发文机关	序号	文件名称	文号	主要内容
国务院办公厅	23	国务院办公厅关于加快发展健身休闲产业的指导意见	国办发〔2016〕77号	鼓励社会资本以市场化方式设立健身休闲产业发展投资基金，推动开展PPP示范
	24	国务院办公厅关于完善支持政策促进农民持续增收的若干意见	国办发〔2016〕87号	鼓励推广PPP模式，支持新型农业经营主体和工商资本投资土地整治和高标准农田建设
	25	国务院办公厅关于全面放开养老服务市场提升养老服务质量的若干意见	国办发〔2016〕91号	完善土地支持政策，对在养老服务领域采取PPP方式的项目，可以国有建设用地使用权作价出资或入股建设
	26	国务院办公厅关于印发《生产者责任延伸制度推行方案》的通知	国办发〔2016〕99号	鼓励采取PPP模式、第三方服务方式吸引社会资本参与废弃产品回收利用
	27	国务院办公厅关于印发《安全生产"十三五"规划》的通知	国办发〔2017〕3号	鼓励采用PPP等方式，吸引社会资本参与有合理回报和一定投资回收能力的安全基础设施项目建设和重大安全科技攻关
	28	国务院办公厅关于促进开发区改革和创新发展的若干意见	国办发〔2017〕7号	鼓励以PPP模式进行开发区公共服务、基础设施类项目建设
	29	国务院办公厅关于创新农村基础设施投融资体制机制的指导意见	国办发〔2017〕17号	对农村污水、污水垃圾处理等有一定收益的基础设施，建设投入以政府和社会资本为主，吸引引导农民投入；建立PPP合作机制，支持各地通过PPP模式引导社会资本投向农村基础设施
	30	国务院办公厅关于印发《东北地区与东部地区部分省市对口合作工作方案》的通知	国办发〔2017〕22号	在东北地区遴选收益可预期的项目，通过PPP模式吸引东部地区社会资本投资
	31	国务院办公厅关于进一步激发社会领域投资活力的意见	国办发〔2017〕21号	引导社会资本以PPP模式参与医疗、养老服务、教育机构，文化设施体育设施建设运营
	32	国务院办公厅关于加快推进畜禽养殖废弃物资源化利用的意见	国办发〔2017〕48号	支持采取PPP，调动社会资本积极性，形成畜禽粪污处理全产业链；鼓励地方政府和社会资本设立投资基金

（续表）

发文机关	序号	文件名称	文号	主要内容
国务院办公厅	33	国务院办公厅关于进一步激发民间有效投资活力促进经济持续健康发展的指导意见	国办发〔2017〕79 号	鼓励民间资本参与 PPP 项目，促进基础设施和公用事业建设；
	35	国务院办公厅关于推进农业高新技术产业示范区建设发展的指导意见	国办发〔2018〕4 号	通过 PPP 模式吸引社会资本向示范区集聚
	36	国务院办公厅关于进一步加强城市轨道交通规划建设管理的意见	国办发〔2018〕52 号	规范开展城市轨道交通领域 PPP，盘活存量
	38	国务院办公厅关于印发《“无废城市”建设试点工作方案》的通知	国办发〔2018〕128 号	在不增加地方债务的前提下，依法合规探索采用 PPP 模式
	40	国务院办公厅关于推进养老服务发展的意见	国办发〔2019〕5 号	境外资本在内地通过 PPP 方式参与发展养老服务的，同等享受境内资本待遇；利用 PPP 方式支持敬老院建设
	41	国务院办公厅关于全面推进城镇老旧小区改造工作的指导意见	国办发〔2020〕23 号	支持规范各类企业以 PPP 模式参与改造城镇老旧小区
	42	国务院办公厅转发国家发展改革委等部门《关于清理规范城镇供水供电供气供暖行业收费促进行业高质量发展意见》的通知	国办函〔2020〕129 号	支持通过 PPP 方式引导社会资本有序进入增加供给
	44	国务院办公厅转发国家发展改革委等部门《关于推动城市停车设施发展意见》的通知	国办函〔2021〕46 号	规范运用 PPP 模式推动共同投资运营停车设施

国家发改委有关鼓励推广 PPP 模式及 PPP 试点的文

分类	序号	文件名称	文号	主要内容
鼓励推广	1	关于加快推进健康与养老服务工程建设的通知	发改投资〔2014〕2091 号	新增健康和养老服务项目优先考虑社会资本，采取 PPP 方式参与医疗、养老、体育健身设施建设和公里机构改革
	2	国家发展改革委、国家开发银行关于推进开发性金融支持政府和社会资本合作有关工作的通知	发改投资〔2015〕445 号	拓宽 PPP 项目融资渠道

（续表）

分类	序号	文件名称	文号	主要内容
鼓励推广	3	关于鼓励和引导社会资本参与重大水利工程建设运营的实施意见	发改农经〔2015〕488号	鼓励和引导社会资本参与水利工程建设和运营
	4	关于印发《粮食收储供应安全保障工程建设规划（2015－2020年）》的通知	发改粮食〔2015〕570号	有效利用社会资源，能通过市场化解决的粮安工程建设，更多地吸引社会资本投入
	5	国家发展和改革委员会关于印发《东北城区老工业区搬迁改造专项实施办法》的通知	发改振兴〔2015〕493号	鼓励吸引社会资本参与，优先采取PPP模式
	6	关于进一步做好养老服务业发展有关工作的通知	发改办社会〔2015〕992号	鼓励以PPP等方式发展多层次多样化的养老服务
	7	关于进一步鼓励和扩大社会资本投资建设铁路的实施意见	发改基础〔2015〕1610号	推广PPP模式，支持社会资本建设和运营铁路，向社会资本开放铁路所有权和经营权
	8	国家发展和改革委员会、国家开发银行关于推进开发性金融支持国家级新区健康发展有关工作的通知	发改地区〔2015〕1584号	新区要重点按照推广PPP的部署、《关于在公共服务领域推广政府和社会资本合作模式的指导意见》（国办发〔2015〕42号）、《基础设施和公用事业特许经营管理办法》（国家发改委2015年第25号令）的有关要求，在基础设施建设、公共产品和服务供给等方面积极引入各类投资主体
	9	关于加强城市停车设施建设的指导意见	发改基础〔2015〕1788号	推广PPP模式在城市停车设施建设中的应用
	10	国家发展改革委关于加快配电网建设改造的指导意见	发改能源〔2015〕1899号	研究出台PPP建设经营配电网基础设施的具体措施
	11	关于促进具备条件的开发区向城市综合功能区转型的指导意见	发改规划〔2015〕2832号	积极引入社会资本，优先在基础设施、资源环境、公共服务等领域推广PPP模式
	12	国家发展改革委关于进一步加强区域合作工作的指导意见	发改地区〔2015〕3107号	建立区域合作资金保障机制，推广PPP模式
	13	国家发展和改革委员会关于印发《加快城市停车场建设近期工作要点与任务分工》的通知	发改基础〔2016〕159号	要求各地尽快出台相应财政、税收、金融政策，在停车场建设领域大力推广采用PPP模式。结合停车场项目特点，政府投入公共资源产权，采用放弃一定时期的收益权等形式保障社会资本的收益

（续表）

分类	序号	文件名称	文号	主要内容
鼓励推广	14	关于金融支持工业稳增长调结构增效益的若干意见	2016 年 2 月 14 日发布	鼓励中国企业采用 PPP 模式开展境外项目合作
	15	关于实施光伏发电扶贫工作的意见	发改能源〔2016〕621 号	鼓励通过特许经营等政府和社会资本合作方式，由企业承担光伏电站的运营管理或技术服务
	16	关于推进东北地区民营经济发展改革的指导意见	发改振兴〔2016〕623 号	在基础设施、公用事业、公共服务等领域推出一批 PPP 项目支持引导民间资本平等参与
	17	关于印发《关于进一步发挥交通扶贫脱贫攻坚基础支撑作用的实施意见》的通知	发改基础〔2016〕926 号	鼓励引导采用 PPP 模式进行项目建设
	18	关于印发《全国足球场地设施建设规划（2016—2020 年）》的通知	发改社会〔2016〕987 号	推动政府和社会资本合作，采取 PPP 等方式建设足球场地设施
	19	国家发展和改革委员会、国家能源局关于推进多能互补集成优化示范工程建设的实施意见	发改能源〔2016〕1430 号	积极支持采取 PPP 建设多能互补集成优化示范工程
	20	国家发展改革委印发《关于推动积极发挥新消费引领作用加快培育形成新供给新动力重点任务落实的分工方案》的通知	发改规划〔2016〕1553 号	提出发改委和财政部牵头，有关部门根据职能做好相关工作，推动健全 PPP 法律法规体系，明确并规范政府和社会资本的权责利关系
	21	国家发展改革委印发《关于加快推进国家“十三五”规划〈纲要〉重大工程项目实施工作的意见》的通知	发改规划〔2016〕1641 号	多渠道统筹建设资金，健全 PPP 机制，通过特许经营等方式，积极引导社会资本参与重大工程项目建设和运营
	22	关于推行合同节水管理促进节水服务产业发展的意见	发改环资〔2016〕1629 号	在高效节水灌溉、供水管网漏损控制和水环境治理等项目中，以政府和社会资本合作、政府购买服务等方式，积极推行合同节水管理
	23	国家发展改革委、环境保护部关于印发《关于培育环境治理和生态保护市场主体的意见》的通知	发改环资〔2016〕2028 号	推动环境污染第三方治理、政府和社会资本合作；研究制定环境 PPP 项目按效付费办法，建立受益者付费、政府付费、政府和受益者混合付费机制
	24	国家发展改革委、住房和城乡建设部关于开展重大市政工程领域政府和社会资本合作（PPP）创新工作的通知	发改投资〔2016〕2068 号	深化中小城市、市政领域相关行业的 PPP 创新工作

（续表）

分类	序号	文件名称	文号	主要内容
鼓励推广	25	国家发展改革委关于加快美丽特色小(城)镇建设的指导意见	发改规划〔2016〕2125号	创新特色小(城)镇建设投融资机制,大力推进政府和社会资本合作,鼓励利用财政资金撬动社会资金,共同发起设立美丽特色小(城)镇建设基金
	26	国家发展改革委印发《促进民间投资健康发展若干政策措施》的通知	2016年10月13日发布	大力推广PPP模式,进一步完善公共服务和基础设施领域鼓励民间投资参与的政策措施
	27	国家发展改革委、国家林业局关于运用政府和社会资本合作模式推进林业建设的指导意见	发改农经〔2016〕2455号	运用PPP模式推进林业建设;总体要求、重点实施领域、规范项目管理、完善扶持政策、组织实施
	28	国家发展改革委、农业部关于推进农业领域政府和社会资本合作的指导意见	发改农经〔2016〕2574号	在农业领域推进PPP模式;总体要求、重点领域、项目管理、政策支持
	29	关于印发《"十三五"节能环保产业发展规划》的通知	2016年12月22日发布	推进环境基础设施建设运营市场化,采取PPP等方式引导社会资本提供环境基础设施投资运营服务
	30	国家发展改革委、交通运输部关于进一步贯彻落实"三大战略"发挥高速公路支撑引领作用的实施意见	发改基础〔2016〕2806号	创新高速公路建设投融资模式,推广PPP吸引社会资本参与
	31	国家发展改革委关于加强分类引导培育资源型城市转型发展新动能的指导意见	发改振兴〔2017〕52号	推广PPP模式
	32	关于扎实推进高标准农田建设的意见	发改农经〔2017〕331号	采取PPP模式,支持地方和社会资本开展高标准农田建设
	33	国家发展改革委印发《关于深入推进农业供给侧结构性改革实施意见》的通知	发改农经〔2017〕452号	健全PPP合作机制,制定印发PPP建设重大水利工程操作指南
	34	关于促进健康旅游发展的指导意见	2017年5月12日发布	鼓励社会资本进入健康旅游产业,推广PPP模式
	35	关于支持"飞地经济"发展的指导意见	发改地区〔2017〕922号	鼓励按照市场化原则和方式开展飞地经济合作,鼓励采取PPP模式吸引社会资本参与园区开发和运营管理

（续表）

分类	序号	文件名称	文号	主要内容
鼓励推广	36	国家发展改革委、国家能源局关于印发《推进并网型微电网建设试行办法》的通知	发改能源〔2017〕1339 号	鼓励地方政府和社会资本合作，以特许经营方式开展微电网项目建设和运营
	37	国家发展改革委关于印发《北方地区清洁供暖价格政策意见》的通知	发改价格〔2017〕1684 号	鼓励社会资本通过 PPP 模式参与清洁供暖项目投资建设运营
	38	国家发展和改革委员会与香港特别行政区政府关于支持香港全面参与和助力“一带一路”建设的安排	2017 年 12 月 14 日签署生效	鼓励香港与内地企业、金融机构共同参与一带一路建设项目，探索以 PPP 模式推动项目建设
	39	关于加快浅层地热能开发利用促进北方采暖地区燃煤减量替代的通知	发改环资〔2017〕2278 号	鼓励社会资本以 PPP 模式参与千层地热能开发
	40	国家发展和改革委员会、国家能源局印发《关于加快储气设施建设和完善储气调峰辅助服务市场机制的意见》的通知	发改能源规〔2018〕637 号	推动 PPP 方式，吸引社会资本参与储气设施建设运营
	41	关于印发《京津冀及周边地区 2018—2019 年秋冬季大气污染综合治理攻坚行动方案》的通知	2018 年 9 月 21 日发布	支持依法合规开展大气污染防治领域的 PPP 项目建设
	42	印发《关于加快推进长江经济带农业面源污染治理的指导意见》的通知	发改农经〔2018〕1542 号	规范 PPP，引导社会资本投向农业废弃物资源化利用、农村垃圾污水治理等
	43	关于印发《加大力度推动社会领域公共服务补短板强弱项提质量促进形成强大国内市场的行动方案》的通知	发改社会〔2019〕0160 号	鼓励地方政府采取 PPP 等方式吸引社会力量参与建设运用公共服务；严禁以 PPP 等名义变相举债
	44	国家发展改革委、水利部关于印发《国家节水行动方案》的通知	发改环资规〔2019〕695 号	鼓励社会资本参与有一定收益的节水项目建设和运营
	45	国家发展改革委关于进一步落实国家在贫困地区安排的公益性建设项目取消县级和西部连片特困地区地市级配套资金政策的通知	发改投资〔2019〕1067 号	吸引社会资本广泛参与扶贫项目建设
	46	关于进一步加快推进中西部地区城镇污水垃圾处理有关工作的通知	发改环资〔2019〕1227 号	推动 PPP 运作，引导民营资本积极参与城镇污水垃圾处理设施投资、建设、运营

（续表）

分类	序号	文件名称	文号	主要内容
	47	国家发展改革委、财政部关于印发《关于深化农村公共基础设施管护体制改革的指导意见》的通知	发改农经〔2019〕1645号	拓宽农村公共基础设施管护经费来源渠道，运用PPP模式，努力开拓市场化筹资渠道
	48	国家发展改革委关于促进枢纽机场联通轨道交通的意见	发改基础〔2020〕576号	探索PPP模式，鼓励采用机场公司、航空公司入股等多种方式参与轨道交通建设和运营
试点	1	关于开展社会资本参与重大水利工程建设运营第一批试点工作的通知	发改办农经〔2015〕1274号	确定重大水利工程试点项目
试点	2	国家发展改革委关于做好社会资本投资铁路项目示范工作的通知	发改基础〔2015〕3123号	推出PPP示范项目予以政策支持
试点	3	国家发展改革委、住房和城乡建设部关于进一步做好重大市政工程领域政府和社会资本合作(PPP)创新工作的通知	发改投资〔2017〕328号	确定开展PPP创新工作的重点中小城市名单
试点	4	国家发展改革委办公厅关于印发重大市政工程领域重点PPP项目名单的通知	2017年7月14日发布	重大市政工程领域重点PPP项目名单
试点	5	国家发展改革委办公厅、国家林业局办公室关于印发《社会资本参与林业生态建设第一批试点项目》的通知	发改办农经〔2017〕1243号	领域试点
试点	6	国家发展改革委办公厅、农业部办公厅关于印发农业领域政府和社会资本合作第一批试点项目的通知	发改农经〔2016〕2574号	领域试点

财政部有关鼓励推广PPP模式及PPP试点的文

分类	序号	文件名称	文号	主要内容
鼓励推广	1	财政部、环境保护部关于推进水污染防治领域政府和社会资本合作的实施意见	财建〔2015〕90号	推进水污染防止领域PPP工作
鼓励推广	2	财政部、交通运输部关于在收费公路领域推广运用政府和社会资本合作模式的实施意见	财建〔2015〕111号	在收费公路领域鼓励PPP模式
鼓励推广	3	关于运用政府和社会资本合作模式推进公共租赁住房投资建设和运营管理的通知	财综〔2015〕15号	以PPP推广公租房建设运用的意义、目标和原则、适用条件和范围、规范措施、政策体系

(续表)

分类	序号	文件名称	文号	主要内容
鼓励推广	4	关于"十三五"新能源汽车充电基础设施奖励政策及加强新能源汽车推广应用的通知	财建〔2016〕7 号	鼓励以 PPP 模式建设运营新能源汽车充电设施
	5	关于金融支持工业稳增长调结构增效益的若干意见	2016 年 2 月 14 日发布	鼓励中国企业以 PPP 模式参与境外项目
	6	关于进一步共同做好政府和社会资本合作(PPP)有关工作的通知	财金〔2016〕32 号	推动 PPP
	7	关于申报 2017 年度文化产业发展专项资金的通知	财办文〔2017〕25 号	符合支持重点的 PPP 项目优先予以支持
	8	关于开展 2017 年电子商务进农村综合示范工作的通知	财办建〔2017〕30 号	鼓励采取 PPP 方式引导带动社会资本参与农村电子商务工作
	9	关于开展田园综合体建设试点工作的通知	财办〔2017〕29 号	探索推广 PPP 在田园综合体建设的应用
	10	财政部、农业部关于深入推进农业领域政府和社会资本合作的实施意见	财金〔2017〕50 号	引导鼓励社会资本参与农业公共服务产品和服务供给
	11	关于运用政府和社会资本合作模式支持养老服务业发展的实施意见	财金〔2017〕86 号	鼓励运用 PPP 推进养老服务业供给侧改革,加快养老服务业发展
	12	财政部关于国有资本加大对公益性行业投入的指导意见	财建〔2017〕743 号	采用 PPP 等方式加大对公益性行业投入
	13	关于印发《京津冀及周边地区 2018—2019 年秋冬季大气污染综合治理攻坚行动方案》的通知	2018 年 9 月 21 日发布	开展大气污染防治领域的 PPP 项目建设
	14	财政部、教育部关于印发《现代职业教育质量提升计划资金管理办法》的通知	财教〔2019〕258 号	支持有条件地方探索通过 PPP 模式加强职业院校实训基地建设,推广产教融合、校企合作
	15	关于深入推进财政法治建设的指导意见	财法〔2020〕4 号	依法规范推进 PPP
试点	1	财政部关于政府和社会资本合作示范项目实施有关问题的通知	财金〔2014〕112 号	示范项目公示
	2	财政部、住房和城乡建设部关于市政公用领域开展政府和社会资本合作项目推介工作的通知	财建〔2015〕29 号	项目推介目标、原则、要求、实施、保障措施
	3	关于进一步做好政府和社会资本合作项目示范工作的通知	财金〔2015〕57 号	推进示范项目实施、能进能出的项目示范机制

（续表）

分类	序号	文件名称	文号	主要内容
试点	4	财政部关于公布第二批政府和社会资本合作示范项目的通知	财金〔2015〕109 号	公布第二批示范项目,
	5	关于组织开展第三批政府和社会资本合作示范项目申报筛选工作的通知	财金函〔2016〕47 号	第三批 PPP 示范项目申请筛选
	6	关于申报水污染防治领域 PPP 推介项目的通知	财建〔2016〕453 号	申报水污染防止领域 PPP 项目
	7	财政部、住房和城乡建设部关于申报市政公用领域 PPP 推介项目的通知	财建〔2016〕495 号	组织申报市政公用领域推介项目，重点领域：城市供水、污水处理垃圾处理、供热供气、道路公共交通、城市地下综合管廊、海绵城市
	8	关于联合公布第三批政府和社会资本合作示范项目加快推动示范项目建设的通知	财金〔2016〕91 号	发布示范项目
	9	关于组织开展第四批政府和社会资本合作示范项目申报筛选工作的通知	财金〔2017〕76 号	示范项目申报
	10	财政部关于公布第四批政府和社会资本合作示范项目名单的通知	财金〔2018〕8 号	示范项目公布

江苏省 PPP 相关规范性文件一览

内容分类	序号	文件名称	发文机关	文号	具体内容/规范事项
直接规范以及相关规范	1	关于公布江苏省 PPP 项目首批专业咨询服务机构库名单的通知	江苏省财政厅	苏财金〔2014〕77 号	全省首批专业咨询服务机构名单；各市县此证据可以根据试点项目的情况，以约谈方式在库中挑选合适咨询机构，为当地拟实施的 PPP 项目提供咨询服务
	2	江苏省关于推进政府与社会资本合作（PPP）模式有关问题的通知	江苏省财政厅	苏财金〔2014〕85 号	PPP 模式意义、理念、管理机制；规范项目各流程工作；加强财政项目监督管理
	3	江苏省财政厅关于政府和社会资本合作（PPP）示范项目实施有关问题的通知	江苏省财政厅	苏财金〔2015〕1 号	规范 PPP 示范项目实施
	4	关于公布江苏省 PPP 项目第二批专业咨询服务机构库名单的通知	江苏省财政厅	苏财金〔2015〕36 号	全省第二批专业咨询服务机构名单

（续表）

内容分类	序号	文件名称	发文机关	文号	具体内容/规范事项
直接规范以及相关规范	5	江苏省财政厅关于实行中期财政规划管理的通知	江苏省财政厅	苏财预〔2015〕98 号	在财政支出政策方面针对政府与社会资本合作(PPP)项目财政补贴等支出情况，综合考虑财政承受能力、可持续发展能力，结合盘活存量资金，列出分年度工作任务和时间节点，有序安排支出
	6	江苏省人民政府关于在公共服务领域推广政府和社会资本合作模式的实施意见	江苏省人民政府	苏政发〔2015〕101 号	PPP 模式的意义、PPP 模式的总体要求、规范 PPP 项目实施的具体要求、PPP 政策制度保障、组织实施
	7	江苏省律师协会律师 PPP 项目服务业务操作指引	江苏省律师协会		律师 PPP 项目服务形式、前期筹备阶段法律服务内容、各阶段的法律服务内容、PPP 项目合同服务、服务方式、职责和义务、服务风险防范
	8	江苏省财政厅关于印发《政府和社会资本合作(PPP)项目奖补资金管理办法》的通知	江苏省财政厅	苏财规〔2016〕25 号	PPP 项目奖补资金规范
	9	江苏省人民政府关于加强政府性债务管理的实施意见	江苏省人民政府	苏政发〔2016〕154 号	划清政府与企业间债务责任。企业债务由企业负责偿还，不得将企业债务推给政府偿还，也不得将应由政府偿还的债务推给企业偿还。政府和社会资本合作项目，按约定规则依法承担相关责任。推行政府和社会资本合作(PPP)模式，可通过特许经营权、合理定价、财政补贴、使用者付费等事先公开的收益约定规则，鼓励社会资本参与或承担基础设施、公共服务等公益性事业投资和运营，使投资者有长期稳定收益。政府和社会资本合作项目的有关财政支出要按资金性质纳入相应的政府预算管

（续表）

内容分类	序号	文件名称	发文机关	文号	具体内容/规范事项
直接规范以及相关规范					理。创新体制机制，加大改革力度，采取政府和社会资本合作、政府购买服务等多种模式，通过注入优质资产或资本金、规范财政补贴、完善治理机构、加强经营管理等多项措施，理顺政府与融资平台公司关系，推动融资平台公司走向市场，自主经营、独立核算、自负盈亏
	10	转发关于进一步规范地方政府举债融资行为的通知	江苏省财政厅，江苏省发展和改革委员会，江苏省司法厅，中国人民银行南京分行，中国银行业监督管理委员会江苏监管局（已撤销），中国证券监督管理委员会江苏监管局	苏财债〔2017〕32号	要按照《通知》要求，对融资平台公司融资管理和政府与社会资本合作行为进行全面排查，凡不符合规定的，应立即采取措施进行整改。今后，各地不得出现《通知》禁止的各类行为
	11	江苏省人民政府关于发布《江苏省政府核准的投资项目目录（2017年本）》的通知	江苏省人民政府	苏政发〔2017〕71号	其他城建项目：采用政府和社会资本合作（PPP）方式投资建设的项目应实行核准管理，政府和社会资本合作（PPP）项目根据政府方层级分别由设区市、县（市、区）政府投资主管部门核准，县级以下政府和社会资本合作（PPP）项目由县（市、区）政府投资主管部门核准。其余项目按行业管理权属实行属地备案管理
	12	江苏省财政厅关于进一步推进政府和社会资本合作规范发展的实施意见	江苏省财政厅	苏财金〔2017〕92号	规范PPP项目库管理、完善PPP实施方案审核机制、建立财政支出责任台账、全面公开项目信息、加大监督检查力度

（续表）

内容分类	序号	文件名称	发文机关	文号	具体内容/规范事项
直接规范以及相关规范	13	江苏省财政厅关于进一步鼓励、支持民营资本参与政府和社会资本合作(PPP)项目的实施意见	江苏省财政厅	苏财金〔2017〕99号	民营资本参与PPP项目的重要意义、采取有效措施鼓励民营资本参与、推动合同双方诚信履约
	14	江苏省财政厅关于印发《江苏省PPP融资支持基金实施办法》的通知	江苏省财政厅	苏财规〔2017〕43号	江苏省财政厅发起设立“江苏省PPP融资支持基金”，并制定以下实施办法
	15	江苏省政府关于印发《江苏省加强政务诚信建设实施意见》等文件的通知	江苏省人民政府	苏政发〔2018〕23号	加强政府和社会资本合作领域政务诚信建设。强化政府的契约意识、诚信意识和责任意识，建立政府和社会资本合作失信违约记录。规范政府在合作项目中的履约行为，提高政府履约能力，切实履行法定义务，优化社会资本参与公共基础设施建设项目的信用环境。明确政府和社会资本合作项目政府方责任人及其在项目识别、项目准备、项目采购、项目执行、项目移交等阶段的诚信职责，建立项目责任回溯机制，并将有关政府失信行为及时纳入各级公共信用信息系统
	16	关于印发《江苏省政府和社会资本合作(PPP)专家库管理办法(试行)》的通知	江苏省财政厅	苏财规〔2018〕3号	PPP专家库管理办法
	17	关于印发《江苏省政府和社会资本合作(PPP)试点项目管理工作规则》的通知	江苏省财政厅	苏财金(2018)70号	试点项目管理工作规则
	18	江苏省财政厅关于印发《江苏省政府和社会资本合作(PPP)项目入库管理工作规则》的通知	江苏省财政厅	苏财金〔2018〕76号	项目入库管理工作规则
	19	江苏省高级人民法院关于印发《关于充分发挥审判职能作用切实加强产权司法保护的实施意见》的通知	江苏省高级人民法院	苏高法发〔2018〕6号	对因招商引资、政府与社会资本合作等活动引发的纠纷，要认真审查行政协议不能履行的原因、清晰界定违约责任，切实维护行政相对人的合法权益

（续表）

内容分类	序号	文件名称	发文机关	文号	具体内容/规范事项
直接规范以及相关规范	20	关于印发《政府和社会资本合作(PPP)项目奖补资金管理办法》的通知	江苏省财政厅	苏财规（2018）16号	PPP项目奖补资金管理办法
	21	关于建立全省政府和社会资本合作项目全生命周期法律顾问制度的意见	江苏省财政厅	苏财规（2018）19号	全生命周期法律顾问制度
	22	江苏省人民政府办公厅关于进一步加大基础设施领域补短板力度的实施意见	江苏省人民政府办公厅	苏政办发〔2019〕24号	鼓励通过发行公司信用类债券、转为合规的政府和社会资本合作(PPP)等市场化方式开展后续融资。规范有序推进政府和社会资本合作(PPP)项目。严禁以政府投资基金、政府和社会资本合作(PPP)、政府购买服务等名义变相举债
	23	江苏省财政厅关于进一步提高政府和社会资本合作项目信息公开质量的意见	江苏省财政厅	苏财金〔2019〕21号	PPP项目公开的重要意义、明确职责落实主体责任、多举措提高信息质量
	24	江苏省人民政府办公厅关于对真抓实干成效明显地方进一步加大配套激励支持力度的通知	江苏省人民政府办公厅	苏政办发〔2019〕33号	按照政府和社会资本合作(PPP)项目奖补资金管理办法，对列为省级试点的PPP项目给予前期费用补贴，按社会资本方出资资本金的1%～5%给予奖补，单个项目补助金额最高为2 000万元。对民营企业作为主要社会资本方或绿色环保领域的项目，奖补标准上浮10%；对评为省级示范的PPP项目，省财政给予每个项目100万～500万元奖补
	25	关于进一步加强政府和社会资本合作(PPP)项目财政监督的意见	江苏省财政厅	苏财金（2019）53号	财政监督总体要求、监督组织、监督的主要内容
	26	江苏省住房城乡建设厅省发展改革委印发《关于推进房屋建筑和市政基础设施项目工程总承包发展实施意见》的通知	江苏省住房和城乡建设厅	苏建规字（2020）5号	鼓励社会资本投资项目、政府和社会资本合作(PPP)项目采用工程总承包方式

（续表）

内容分类	序号	文件名称	发文机关	文号	具体内容/规范事项
直接规范以及相关规范	27	江苏省省级财政专项资金管理办法	江苏省人民政府	江苏省人民政府令第138号	用于政府与社会资本合作的，应当按照国家和省有关规定开展财政承受能力论证，针对政府付费、可行性缺口补助等方式确定支付机制或者给予奖补资金支持
	28	江苏省社会信用条例（尚未生效）	江苏省人民代表大会常务委员会	江苏省第十三届人民代表大会常务委员会公告第63号	对信用状况良好的信用主体，国家机关、法律法规授权的具有管理公共事务职能的组织可以在权限范围内给予下列激励：参与政府投资或者政府与社会资本合作的建设项目，予以减免保证金；地方失信惩戒措施补充清单确定的惩戒措施，应当限制在下列范围：限制参与政府投资或者政府与社会资本合作的建设项目，或者予以提高保证金比例
	29	江苏省中小企业促进条例（2021修订）（尚未生效）	江苏省人民代表大会常务委员会		地方各级人民政府和有关部门应当全面履行在招商引资、政府与社会资本合作等活动中与中小企业依法签订的合同，不得以行政区划调整、政府换届、机构或者职能调整以及相关责任人更替等为由违约毁约

内容分类	序号	文件名称	发文机关	文号
转发中央部委文件	1	江苏省财政厅关于转发财政部《政府与社会资本合作模式操作指南（试行）》的通知	江苏省财政厅	苏财金〔2014〕91号
	2	江苏省财政厅关于转发财政部《政府和社会资本合作项目政府采购管理办法》的通知	江苏省财政厅	苏财购〔2015〕13号
	3	江苏省财政厅关于转发财政部《政府采购竞争性磋商采购方式管理暂行办法》的通知	江苏省财政厅	苏财购〔2015〕12号

（续表）

内容分类	序号	文件名称	发文机关	文号
转发中央部委文件	4	江苏省财政厅关于转发财政部《规范政府与社会资本合作（PPP）合同管理工作的通知》	江苏省财政厅	苏财金〔2015〕9 号
	5	江苏省财政厅关于转发财政部《政府和社会资本合作项目财政承受能力论证指引》的通知	江苏省财政厅	苏财金〔2015〕29 号
	6	江苏省财政厅转发《财政部关于实施政府和社会资本合作项目以奖代补政策的通知》	江苏省财政厅	苏财金〔2016〕7 号
	7	江苏省财政厅、江苏省水利厅转发《财政部、水利部关于印发〈农田水利设施建设和水土保持补助资金使用管理办法〉的通知》	江苏省财政厅，江苏省水利厅	苏财农〔2016〕6 号
	8	转发财政部《政府和社会资本合作项目财政管理暂行办法》的通知	江苏省财政厅	苏财金〔2016〕98 号
	9	转发《财政部关于在公共服务领域深入推进政府和社会资本合作的通知》	江苏省财政厅	苏财办〔2017〕4 号
	10	江苏省人民政府办公厅转发省卫生计生委等部门《关于深入推进医疗卫生与养老服务相结合实施意见》的通知	江苏省人民政府办公厅	苏政办发〔2017〕98 号
	11	江苏省财政厅转发《财政部关于规范政府和社会资本合作（PPP）综合信息平台项目库管理的通知》	江苏省财政厅	苏财金〔2017〕109 号
项目入库以及示范试点项目选定	1	江苏省财政厅关于报送 2015 年度政府和社会资本合作（PPP）项目的通知	江苏省财政厅	苏财金〔2015〕21 号
	2	关于江苏省 2015 年度第二批政府和社会资本合作（PPP）项目入库的通知	江苏省财政厅	苏财金〔2015〕123 号
	3	江苏省财政厅关于做好 2016 年度 PPP 项目入库和试点工作的通知	江苏省财政厅	苏财金〔2016〕14 号
	4	江苏省财政厅关于 2016 年度第一批政府和社会资本合作（PPP）项目入库的通知	江苏省财政厅	苏财金〔2016〕34 号
	5	江苏省财政厅关于做好国家第三批政府和社会资本合作示范项目实施有关问题的通知	江苏省财政厅	苏财金〔2016〕95 号

（续表）

内容分类	序号	文件名称	发文机关	文号
项目入库以及示范试点项目选定	6	江苏省财政厅关于2017年度第一批政府和社会资本合作(PPP)项目入库和试点的通知	江苏省财政厅	苏财金〔2017〕13号
	7	江苏省财政厅关于2017年度第二批政府和社会资本合作(PPP)项目入库的通知	江苏省财政厅	苏财金〔2017〕73号
	8	江苏省财政厅关于2017年度第三批政府和社会资本合作(PPP)项目入库的通知	江苏省财政厅	苏财金〔2017〕84号
	9	江苏省财政厅关于2017年度第四批政府和社会资本合作(PPP)项目入库的通知	江苏省财政厅	苏财金〔2017〕95号
	10	江苏省财政厅关于2018年度第二批政府和社会资本合作(PPP)项目入库和试点的通知	江苏省财政厅	苏财金(2018)80号
	11	江苏省财政厅关于2018年度第三批政府和社会资本合作(PPP)项目入库的通知	江苏省财政厅	苏财金(2018)107号
	12	江苏省财政厅关于2019年度第一批政府和社会资本合作(PPP)项目入库和试点的通知	江苏省财政厅	苏财金〔2019〕29号
	13	江苏省财政厅关于2019年度第二批政府和社会资本合作(PPP)项目入库和试点的通知	江苏省财政厅	苏财金〔2019〕71号
	14	关于开展江苏省政府和社会资本合作(PPP)示范项目申报工作的通知	江苏省财政厅	苏财金(2019)89号
	15	江苏省财政厅关于2019年度第三批政府和社会资本合作(PPP)项目入库和试点的通知	江苏省财政厅	苏财金〔2019〕124号
	16	江苏省财政厅关于2020年度第一批政府和社会资本合作(PPP)项目入库和试点的通知	江苏省财政厅	苏财金〔2020〕25号
	17	江苏省财政厅关于2020年度第二批政府和社会资本合作(PPP)项目入库和试点的通知	江苏省财政厅	苏财金〔2020〕42号

内容分类	序号	文件名称	发文机关	文号	主要内容
推广PPP	1	江苏省人民政府办公厅关于加强城市地下管线建设管理的实施意见	江苏省人民政府办公厅	苏政办发〔2014〕110 号	开展城市基础设施、综合管廊建设等政府和社会资本合作机制（PPP）试点。鼓励社会资本参与城市基础设施投资和运营
	2	江苏省人民政府关于加快发展体育产业促进体育消费的实施意见	江苏省人民政府	苏政发〔2015〕66 号	鼓励社会资本以独资、控股、参股、特许经营等方式参与体育场馆建设运营；鼓励引导社会资本参与体育服务综合体建设运营。推广运用政府和社会资本合作模式，支持引导社会资本投资体育产业；设立由社会资本筹资的体育产业投资基金
	3	江苏省人民政府关于创新重点领域投融资机制鼓励社会投资的实施意见	江苏省人民政府	苏政发〔2015〕86 号	进一步鼓励社会资本特别是民间资本投资公共服务、资源环境、生态建设、基础设施等重点领域；积极推广政府和社会资本合作
	4	江苏省人民政府办公厅关于支持农民工等人员返乡创业的实施意见	江苏省人民政府办公厅	苏政办发〔2015〕94 号	可采取购买服务、政府与社会资本合作等方式，引导农民工等人员创设的企业和社会组织参与建设、管护和运营；支持乡镇政府、农村集体经济组织与社会资本合作共建电商物流仓储基地
	5	江苏省人民政府办公厅关于推进海绵城市建设的实施意见	江苏省人民政府办公厅	苏政办发〔2015〕139 号	积极推广政府和社会资本合作（PPP）、特许经营等模式，吸引社会资本广泛参与海绵城市建设
	6	江苏省人民政府关于供给侧结构性改革去杠杆的实施意见	江苏省人民政府	苏政发〔2016〕48 号	推进政府和社会资本合作。在基础设施和公共服务领域积极推进 PPP 模式，鼓励政府存量债务项目改造为 PPP 模式，大力吸引社会资本。扩大江苏省 PPP 融资支持基金规模，吸收金融及其他社会资本参与，通过股权、债权、担保等多种形式，为全省 PPP 项目提供融资增信支持。建立健全省级 PPP 项目推进管理机制，进一步完善各级 PPP

（续表）

内容分类	序号	文件名称	发文机关	文号	主要内容
推广PPP					项目库。对列入省级试点PPP项目，给予一定的前期费用补贴；对在规定时间内完成落地，经验收合格的PPP项目，按吸引社会资本额的一定比例给予以奖代补资金支持；对采用PPP模式的基础设施和公共服务项目在财政专项资金上给予优先安排
	7	江苏省人民政府办公厅关于加快融资租赁业发展的实施意见	江苏省人民政府办公厅	苏政办发〔2016〕32号	引导我省有实力的融资租赁公司参与政府与社会资本合作项目
	8	江苏省人民政府办公厅关于推进城市地下综合管廊建设的实施意见	江苏省人民政府办公厅	苏政办发〔2016〕45号	推广政府和社会资本合作（PPP）模式，通过特许经营权、投资补贴、贷款贴息等形式，鼓励社会资本参与城市地下综合管廊建设和运营管理，并通过优化合同管理，确保项目合理稳定回报
	9	江苏省人民政府办公厅关于印发《江苏省城市黑臭水体整治行动方案》的通知	江苏省人民政府办公厅	苏政办发〔2016〕44号	积极引入社会资本，鼓励采取政府购买服务、政府与社会资本合作（PPP）等方式，实施城市黑臭水体整治和后期养护
	10	江苏省人民政府办公厅关于推进农业水价综合改革的实施意见	江苏省人民政府办公厅	苏政办发〔2016〕56号	利用政府与社会资本合作等方式，吸引金融资本、工商资本等社会资金投入农田水利建设和管护
	11	关于推动人防工程建设与城市地下空间开发融合发展的意见	江苏省人民政府办公厅	苏政办发〔2016〕72号	适时开展政府与社会资本合作模式（PPP）试点，通过特许经营、投资补助、政府购买服务等形式，鼓励社会资本以独资、合资、联营、租赁等方式，参与人防工程和兼顾设防工程建设
	12	江苏省人民政府关于加强长江流域生态环境保护工作的通知	江苏省人民政府	苏政发〔2016〕96号	积极推进财政资金与社会资本合作，引导鼓励社会资本以PPP等形式参与生态环境治理与保护

（续表）

内容分类	序号	文件名称	发文机关	文号	主要内容
推广PPP	13	江苏省人民政府办公厅关于开展全省消费品工业“三品”专项行动促进产业加快转型升级的实施意见	江苏省人民政府办公厅	苏政办发〔2016〕103号	鼓励地方各级人民政府与社会资本合作建立产业基金支持消费品工业创新发展
	14	江苏省人民政府关于进一步加强文物工作的实施意见	江苏省人民政府	苏政发〔2016〕124号	建立健全社会力量参与文物保护奖励激励机制，推广政府和社会资本合作（PPP）模式
	15	江苏省人民政府关于进一步完善特困人员救助供养制度的实施意见	江苏省人民政府	苏政发〔2016〕148号	鼓励运用政府和社会资本合作（PPP）模式，采取公建民营、民办公助等方式，支持供养服务机构建设
	16	江苏省人民政府办公厅关于印发《江苏省重要产品追溯体系建设工作实施方案》的通知	江苏省人民政府办公厅	苏政办发〔2016〕130号	探索通过政府和社会资本合作模式建设追溯体系云服务平台
	17	关于印发《江苏省“十三五”农村扶贫开发规划》的通知	江苏省人民政府办公厅	苏政办发〔2016〕143号	推广政府与社会资本合作、政府购买服务等扶贫模式
	18	江苏省人民政府关于印发《江苏省土壤污染防治工作方案》的通知	江苏省人民政府	苏政发〔2016〕169号	通过政府和社会资本合作（PPP）模式，发挥财政资金撬动功能，带动更多社会资本参与土壤污染防治
	19	江苏省人民政府办公厅关于推进农村一二三产业融合发展的实施意见	江苏省人民政府办公厅	苏政办发〔2017〕4号	探索采取政府和社会资本合作、设立基金、贷款贴息等方式，带动社会资本投向农村产业融合领域
	20	江苏省政府关于加快发展先进制造业振兴实体经济若干政策措施的意见	江苏省人民政府	苏政发（2017）25号	鼓励发展中高端制造业。采取政府与社会资本合作模式，加大战略性新兴产业、先进制造业投资力度，突破先进制造业15个重点领域重大装备和技术瓶颈制约，每年实施一批重大产业化项目
	21	江苏省人民政府办公厅关于加快推进农业农村电子商务发展的实施意见	江苏省人民政府办公厅	苏政办发〔2017〕53号	通过政府和社会资本合作、设立基金、贷款贴息等方式，带动社会资本投向农业农村电子商务领域

（续表）

内容分类	序号	文件名称	发文机关	文号	主要内容
推广PPP	22	江苏省人民政府关于扩大对外开放积极利用外资若干政策的意见	江苏省人民政府	苏政发〔2017〕33 号	积极推广政府和社会资本合作(PPP)投资模式，进一步完善外商投资参与的配套政策措施，研究出台相关行业和领域 PPP 实施细则，去除不合理门槛，优化价格形成机制，健全项目退出机制，加强风险控制
	23	江苏省人民政府办公厅关于加快发展健身休闲产业的实施意见	江苏省人民政府办公厅	苏政办发〔2017〕74 号	鼓励采取政府和社会资本合作(PPP)等模式实施一批重点健身休闲产业项目
	24	关于开展田园综合体建设试点工作的通知	江苏省财政厅	苏农改办〔2017〕8 号	探索推广政府和社会资本合作，综合考虑运用先建后补、贴息、以奖代补、担保补贴、风险补偿金等，撬动金融和社会资本投向田园综合体建设
	25	江苏省政府关于进一步加快推进高速公路和干线航道建设的意见	江苏省人民政府	苏政发(2017)79 号	鼓励社会资本通过政府和社会资本合作模式(PPP)，参与高速公路和干线航道的投资、建设、运营与维护
	26	江苏省人民政府办公厅关于进一步激发社会领域投资活力的实施意见	江苏省人民政府办公厅	苏政办发〔2017〕103 号	加大力度引导社会资本以政府和社会资本合作(PPP)模式参与医疗机构、养老服务机构、教育机构、文化设施、体育设施建设运营。鼓励社会领域 PPP 项目进入省 PPP 项目库。对在养老服务领域 PPP 项目，可用国有建设用地使用权作价出资或者入股建设
	27	江苏省人民政府办公厅关于创新农村基础设施投融资体制机制的实施意见	江苏省人民政府办公厅	苏政办发〔2017〕102 号	建立政府和社会资本合作机制。支持各地通过政府和社会资本合作模式，引导社会资本投向农村基础设施领域。鼓励按照“公益性项目、市场化运作”理念，通过政府和社会资本合作(PPP)模式，创新农村基础设施建设和运营模式
	28	江苏省人民政府办公厅转发省发展改革委《关于当前深化全省经济体制改革重点工作意见》的通知	江苏省人民政府办公厅	苏政办发〔2017〕108 号	更快推进政府和社会资本合作(PPP)项目规范运作和落地实施

（续表）

内容分类	序号	文件名称	发文机关	文号	主要内容
推广PPP	29	江苏省国土资源厅关于优化资源配置促进富民工作的实施意见	江苏省国土资源厅（已撤销）	苏国土资发〔2017〕313号	鼓励采取政府和社会资本合作（PPP）模式、以奖代补等方式，积极引导农村集体经济组织、农户和新型农业经营主体等，按照相关规定投资或参与土地综合整治项目
	30	江苏省人民政府关于全面放开养老服务市场提升养老服务质量的实施意见	江苏省人民政府	苏政发〔2017〕121号	对在养老服务领域采取政府和社会资本合作（PPP）方式的项目，可以国有建设用地使用权作价出资或者入股建设。推广养老服务类项目政府和社会资本合作（PPP）发展模式，鼓励、支持社会资本发挥专业化优势，运用多种运作模式，参与医养结合类、社区居家服务类养老服务项目的合作建设、管理运营
	31	江苏省人民政府办公厅关于印发《江苏省足球改革发展实施意见》的通知	江苏省人民政府办公厅	苏政办发〔2017〕133号	采用政府和社会资本合作模式，鼓励社会资本参与足球场地设施建设运营
	32	江苏省政府办公厅关于加快推进省太湖流域生态农业建设的意见	江苏省人民政府办公厅	苏政办发〔2017〕153号	发挥财政资金引导作用，探索政府和社会资本合作（PPP）模式。鼓励地方政府通过购买服务方式，引导各类社会资本参与生态农业建设
	33	江苏省政府办公厅关于进一步激发民间有效投资活力促进经济持续健康发展的实施意见	江苏省人民政府办公厅	苏政办发〔2018〕4号	大力推进政府和社会资本合作（PPP）项目，拓展合作规模和层次
	34	江苏省政府关于鼓励社会力量兴办教育促进民办教育健康发展的实施意见	江苏省人民政府	苏政发〔2018〕31号	推广政府和社会资本合作模式，探索举办混合所有制职业院校
	35	关于印发《江苏省促进道路货运行业健康稳定发展行动计划实施方案》的通知	江苏省交通运输厅	苏交运〔2018〕27号	研究制定道路货运领域政府和社会资本合作的政策举措，引导更多社会资金投入

（续表）

内容分类	序号	文件名称	发文机关	文号	主要内容
推广PPP	36	江苏省政府关于进一步扩大和升级信息消费持续释放内需潜力的实施意见	江苏省人民政府	苏政发〔2018〕58 号	对属于投资规模较大、需求长期稳定、价格调整机制灵活、市场化程度较高的基础设施及公共服务类项目，鼓励采用政府购买服务、政府和社会资本合作（PPP）模式
	37	江苏省人民政府关于加快推进职业教育现代化的若干意见	江苏省人民政府	苏政发〔2018〕68 号	推广政府和社会资本合作（PPP）模式，引导社会资金支持职业教育
	38	江苏省政府办公厅关于印发《江苏省城乡生活垃圾治理工作实施方案》的通知	江苏省人民政府办公厅	苏政办发（2018）113 号	鼓励地方依法合规采用政府和社会资本合作（PPP）等方式，开展生活垃圾治理领域基础设施和公共服务项目建设运营，充分发挥社会资本的专业优势，提高公共产品供给质量
	39	江苏省职业教育校企合作促进条例	江苏省人民代表大会常务委员会	江苏省人大常委会公告第 18 号	通过政府和社会资本合作、购买服务等多种形式扶持和保障校企合作
	40	江苏省海洋经济促进条例	江苏省人民代表大会常务委员会	江苏省人大常委会公告第 17 号	县级以上地方人民政府应当加强海洋公共服务多元化供给体系建设，鼓励采用政府和社会资本合作模式，推进适应海洋经济发展需要的交通、电力、水利、信息通信等公共服务基础设施建设运营
	41	江苏省人民政府办公厅关于推进农业高新技术产业示范区建设发展的实施意见	江苏省人民政府办公厅	苏政办发〔2019〕46 号	建立多元化投资机制，通过政府和社会资本合作（PPP）等模式，吸引社会资本参与示范区基础设施建设
	42	江苏省人民政府办公厅关于印发《聚焦企业关切大力优化营商环境行动方案》的通知	江苏省人民政府办公厅	苏政办发〔2019〕48 号	继续规范有序推进政府和社会资本合作（PPP）项目建设，在核查清理后的 PPP 项目库基础上，加大对符合规定的 PPP 项目推进力度，依法依规落实已承诺的合作条件，切实加快项目进度

（续表）

内容分类	序号	文件名称	发文机关	文号	主要内容
推广PPP	43	江苏省人民政府办公厅关于印发《江苏省医疗卫生领域、科技领域、教育领域、交通运输领域省与市县财政事权和支出责任划分改革方案》的通知	江苏省人民政府	苏政办发〔2020〕14号	充分发挥政府投资的引导作用，完善政府和社会资本合作模式，促进社会资本加大对交通运输领域投资力度
	44	江苏省人民政府办公厅关于促进文化和旅游消费若干措施的通知	江苏省人民政府	苏政办发〔2020〕15号	引导各类资金支持文化和旅游基础设施建设，通过政府和社会资本合作（PPP）模式、社会领域产业企业专项债券等方式，鼓励支持社会力量参与文化、旅游基础设施建设

图书在版编目(CIP)数据

PPP 项目运作与法律实务 / 宗延军，张璐著. -- 南京：南京大学出版社，2021.11

ISBN 978-7-305-24932-7

Ⅰ. ①P… Ⅱ. ①宗… ②张… Ⅲ. ①政府投资—合作—社会资本—法规—研究—中国 Ⅳ. ①D922.280.4

中国版本图书馆 CIP 数据核字(2021)第 209313 号

出版发行 南京大学出版社
社　　址 南京市汉口路 22 号　　邮　编 210093
出 版 人 金鑫荣

书　　名 PPP 项目运作与法律实务
著　　者 宗延军　张　璐
责任编辑 黄隽翀　　编辑热线 025-83592409

照　　排 南京南琳图文制作有限公司
印　　刷 苏州市古得堡数码印刷有限公司
开　　本 787×1092　1/16　印张 13.25　字数 279 千
版　　次 2021 年 11 月第 1 版　2021 年 11 月第 1 次印刷
ISBN 978-7-305-24932-7
定　　价 88.00 元

网址：http://www.njupco.com
官方微博：http://weibo.com/njupco
官方微信号：njupress
销售咨询热线：(025) 83594756